國家出版基金資助項目

# 中國琉球文獻史料集成

【第六卷】

賀聖遂
李夢生
主編

賀聖遂 李夢生 張喆
秦潔 賀詩菁 熊輝
校點

寧波出版社
復旦大學出版社

# 第六卷目録

# 清實録

# 校點説明

《清實録》包涵《滿洲實録》及太祖至德宗十一朝實録附《宣統政紀》，合計四千四百三十三卷。本次輯録，所據爲中華書局影印本，各實録有關編纂及鈔本等情況，請參該局書前之「影印説明」。

《清實録》與《明實録》相仿，主要採集上諭、奏摺、起居注及相關檔案彙編而成，以編年體形式記録各年大事，於各類事件取捨標準，亦大略同《明實録》。《明實録》枝蔓蕪雜，尤其是成篇鈔録奏章、大段引用墓志銘，久爲後人詬病；但《明史》經幾代人琢磨，纂述者又多萬斯同等高手，使之成爲官修正史中最好的一部，除纂修者博學多識外，還得益於明人注意史志的撰述，留下了大量私家史録、野史、史料筆記供採擇。清代也許是康、雍兩朝的文字獄都幾乎與撰史有違礙語有關，故清人撰述，鮮及本朝歷史，即使是史料筆記，也多注重考證，於當代事實，多載趣事佚聞，毛舉細故，故民國初編《清史稿》成書之粗疏，也就在情理之中了。相反，《清實録》記事簡潔，提取精練，行文流暢，其保存的史實也就更加顯得珍貴重要了。

《清實録》所記有關琉球事，起自順治四年（一六四七），止於光緒二十四年（一八九八）。所記事與《明實録》相同，主要是琉球國來華朝貢及清廷派使册封事，以及救助遭風遇難的琉球人。與《明實録》略異的是，《清實録》在記載琉球朝貢事時，喜歡渲染細節，演繹禮節，以體現中國之尊貴與對外夷的懷柔；而對明人所津津樂道的册封琉球事却有些漫不經心，往往一筆帶過，如同治年間清廷派趙新等册封中山王尚泰，何時任命、出行，均不及一語，僅於趙新返國時記其代奏乞琉球官生入學一事。相比之下，於記録撫卹琉球難民事則不厭其煩，自道光朝後，或一月或一月數次，少則數月一次，必記云「撫卹琉球國遭風難民如例」。如道光元年至三年，這類記載即達二十一次之多。

《清實録》與《明實録》不同在於注重記録上諭而很少收奏章，這對我們今天要直接從中瞭解某一事件的來龍去脈顯然是不利的，幸好此類原始材料還存世不少，自民國至今也不斷得到整理公之於世，相信能疏解實録所記事實的材料會日益繁富。

（秦　潔）

# 目録

# 世祖實録

卷三十　順治四年二月癸未

東南海外琉球、安南、暹邏、日本諸國，附近浙、閩，有慕義投誠、納款來朝者，地方官即爲奏達，與朝鮮等國一體優待，用普懷柔。

卷三二　順治四年六月丁丑

初，琉球、安南、吕宋三國，各遣使於明季進貢，留閩未還。大兵平閩，執送京師。命賜三國貢使李光耀等衣帽、緞布，仍各給敕諭，遣赴本國招諭國王。諭琉球國王敕曰：「朕撫定中原，視天下爲一家，念爾琉球自古以來，世世臣事中國，遣使朝貢，業有往例。今故遣人敕諭爾國，若能順天循理，可將故明所給封誥印敕，遣使齎送來京，朕亦照舊封錫。」諭安南、吕宋二國文同。

卷六〇　順治八年九月

壬午，賜琉球國王敕諭曰：「爾國恪承天命，奉表投誠，朕甚嘉焉。奏内有云『獻琛稍寬於來祼』，以故館留周國盛等三人在京。隨於七年五月遣梁庭漢等十九人回諭爾國。迄今故明敕印未繳，併去使亦無消息，意者海道迂遠，風濤險阻，抑有别故，未達爾國耶？來使留京日久，朕甚憫念。今賞賜表裏、銀兩遣歸，沿途給與口糧，並增駕船夫役，偕通官謝必振回報爾國，聽爾國便宜復命，用示朕懷柔至意。特諭。」

卷七六　順治十年閏六月戊子

琉球國中山王世子尚質遣使表貢方物，兼繳故明敕印。

卷八二　順治十一年三月丁酉

琉球國中山王世子尚質遣使進貢方物，併繳故明敕印，請頒新敕印。命所司議奏。

卷八三　順治十一年四月丁丑

賜琉球國中山王世子尚質及其妃蟒緞、綵緞、閃緞、織錦、紗羅等物；來使馬宗毅、蔡祚隆等緞疋、銀兩等物有差。

卷八四　順治十一年六月甲申

宴琉球國王舅馬宗毅等於禮部。

卷八五　順治十一年七月戊子

遣兵科副理事官張學禮、行人司行人王垓齎敕印，封琉球國中山王世子尚質爲中山王。賜之詔曰：「帝王祇德底治，協於上下，靈承於天，時則薄海通道，罔不率俾，爲藩屏臣。朕懋纘鴻緒，奄有中夏，聲教所綏，無間遐邇，雖炎方荒略，亦不忍遺。故遣使招徠，欲俾仁風暨於海澨。爾琉球國越在南徼，世子尚質達時識勢，祇奉明綸。即令王舅馬宗毅等獻方物，稟正朔，抒誠進表，繳上舊詔敕印，朕甚嘉之。故特遣正使兵科副理事官張學禮、副使行人司行人王垓齎捧詔印，往封爾爲琉球國中山王，仍錫以文幣等物。爾國官僚及爾氓庶，尚其輔乃王，飭乃侯度，協攄乃藎，守乃忠誠，慎乂厥職，以凝休祉，綿於奕世。故茲詔示，咸使聞知。」賜尚質蟒色緞十五片，金二，紬、紗、羅十二；妃粧閃色緞十片，金二，紗、羅八。

卷一一八　順治十五年六月丙戌

命徹册封琉球兵科副理事官張學禮、行人司行人王垓回京，俟海寇平日，另行差遣。

卷一二〇　順治十五年九月壬寅

欽天監五官靈臺郎黄道隆以隨封琉球國病卒閩中，命與祭葬。

卷一三五　順治十七年五月己未

琉球國王舅馬宗毅，初奉其國王之命來貢，歸至福州，以海氛未靖，留閩七年，至是病卒。事聞，命具禮以殮，並賜祭。

# 聖祖實録

卷七　康熙元年九月甲辰

禮部奏請賞琉球國使臣。得旨：「琉球使臣前來年久，殊爲可憫，其賞賚著比前加一倍，以彼國貴重之物給與。」

卷十二　康熙三年七月己亥

琉球國中山王尚質遣使臣吴國用謝順治十一年敕封恩，附貢方物。賞賚如例。

卷十六　康熙四年九月癸巳

琉球國中山王尚質遣使臣英長春等進慶賀登極禮物，并世祖章皇帝品香一炷。宴賚如例。

卷一九　康熙五年七月辛巳

琉球國中山王尚質遣陪臣英常春等朝貢，并以前次貢船漂失補進金銀器皿等物。得旨：「尚質恭順可嘉，所補進貢物，俱令齎回。至該國既稱瑪瑙、烏木等十件原非土産，此後免貢。」

卷二五　康熙七年二月己亥

命福建督撫重建柔遠館驛，以駐琉球國使。

卷二八　康熙八年二月甲戌

琉球國中山王尚質遣陪臣英常春進貢。宴賚如例。

卷三六　康熙十年八月戊申

琉球國世子尚貞遣陪臣富茂昌等進貢。宴賚如例。

卷四六　康熙十三年二月庚申

琉球國中山王世子尚貞遣陪臣吴美德進貢。宴賚如例。

卷八三　康熙十八年八月庚寅

禮部議准福建巡撫吴興祚疏言：「琉球國王世子尚貞咨稱，康熙十三、十五兩年，正當貢期，聞閩省變亂，未曾入貢，今特進康熙十七年分所貢方物，至來年冬汛，再遣使補康熙十三、十五兩年之貢。」得旨：「琉球國康熙十三、十五兩年貢物，免其補進。」

卷八八　康熙十九年二月甲子

琉球國王嗣尚貞遣使進貢。宴賚如例。

卷九八　康熙二十年十一月癸亥

琉球國中山王世子尚貞遣陪臣毛見龍等表貢方物，并疏言：「臣父尚質於康熙七年十一月十七日卒，謹遵舊典，請賜襲封。」下禮部議。

卷九九　康熙二十年十二月

壬辰，賜朝鮮、琉球國進貢使臣等銀幣有差。

卷九九　康熙二十年十二月辛丑

禮部題：「琉球國中山王世子尚貞應照例襲封爲中山王，并賜故王尚質卹銀一百兩、絹五十疋，令來使賫去。又查順治十一年，初封尚質，加賜王緞三十疋、妃緞二十疋，曾奉有後不爲例之旨，應無庸議。」得旨：「琉球國世子尚貞，父子世守臣節，忠誠可嘉，王與妃可照前例賞賜。」

卷一〇一　康熙二十一年正月壬申

禮部題：「琉球進貢來使毛見龍等請命廷臣往封伊國王，今議將封敕交與來使賫回。」得旨：「伊等輸誠，懇求遣使，應特遣官往封。」

卷一〇二　康熙二十一年四月辛卯

命翰林院檢討汪楫爲正使，内閣中書舍人林麟焻爲副使，往封琉球國世子尚貞爲琉球國中山王。詔曰：「朕恭膺天眷，統御萬邦；聲教誕敷，遐邇率俾。粤在荒服，悉溥仁恩；奕葉承祧，並加寵錫。爾琉球國地居炎徼，職列藩封，中山王世子尚貞屢使來朝，貢獻不懈。當閩疆反側、海寇陸梁之際，篤守臣節，恭順彌昭，克殫忠誠，深可嘉尚。兹以序當纘服，奏請嗣封。朕惟世繼爲國家之常經，爵命乃朝廷之鉅典，特遣正使翰林院檢討汪楫、副使内閣中書舍人林麟焻賫詔往封爲琉球國中山王。爾國臣僚以暨士庶，尚其輔乃王，慎修德政，益勵悃忱，翼戴天家，慶延宗祀，實惟爾海邦無疆之休！」

卷一〇四　康熙二十一年八月庚子

奉使琉球翰林院檢討汪楫、内閣中書舍人林麟焻陛辭。上諭曰：「琉球海外小國，爾等前往，務持大體，待以寬和，以副朕懷柔遠人之意。」賜琉球國王御書「中山世土」四大字。

卷一〇九　康熙二十二年五月甲子

先是，福建總督姚啓聖疏言：「海賊劉國軒遣僞官黄學齋書至，請照琉球、高麗等外國例稱臣進貢，不薙髮登岸。應否如所請，請旨定奪。」上曰：「臺灣賊皆閩人，不得與琉球、高麗比。如果悔罪，薙髮歸誠，該督撫等遴選賢能官前往招撫。或賊聞知大兵進剿，計圖緩兵，亦未可料。其審察確實，倘機有可乘，可令提督即遵前旨進兵。」至是，姚啓聖奏，遣福州副將黄朝用往諭，劉國軒等仍如前言，上乃趣施琅速進兵。

卷一一二　康熙二十二年十月丁巳

琉球國王嗣尚貞遣陪臣毛文祥等進貢。宴賚如例。

卷一一五　康熙二十三年六月丁未

禮部議覆：「册封琉球國王使臣翰林院檢討汪楫、内閣中書林麟焻奏言：『中山王尚貞親詣館舍，懇臣等轉奏，願令陪臣子弟四人赴京受業。』考之史册，唐貞觀中，新羅、百濟俱遣子入學，琉球自明初内附，洪武、永樂、宣德、成化間，琉球官生俱入監讀書。今國王尚貞遠被皇仁，傾心嚮學，應准所請，聽其遣陪臣子弟入監讀書。」從之。

卷一一六　康熙二十三年八月丙午

琉球國中山王尚貞遣陪臣王明佐等進貢，并謝册封恩。宴賚如例。

卷一一六　康熙二十三年九月戊辰

上御太和門視朝，文武陞轉各官謝恩，次琉球國、暹羅國使臣等行禮。

卷一二三　康熙二十四年十一月

乙亥，琉球國中山王尚貞遣使進貢方物，部議如例賞賚。得旨：「觀所賜琉球等外國恩賚之物甚菲，於厚往薄來之道尚未允協。著内閣會同禮部察頒錫外國之例，酌量增益所賞儀物，確議具奏。」

卷一二三　康熙二十四年十二月辛卯

上御太和門視朝，文武陞轉各官謝恩，次喀爾喀、厄魯特進貢使臣等行禮。内閣、禮部遵旨議覆：「賞賚外國例，朝鮮、西洋、荷蘭賜物素厚，不必復增。及暹羅王妃賞賜，亦仍如常遵行。嗣後琉球國王應增緞三十疋；安南國王增緞二十疋；暹羅國王增緞十六疋，凡表裏各五十疋；吐魯番亦增緞六疋。」從之。

卷一三三　康熙二十七年二月己酉

琉球國中山王尚貞遣使入貢，請以子弟梁成楫等三人入監讀書。允之。

卷一三七　康熙二十七年十月癸卯

琉球國中山王尚貞以蒙恩准陪臣子弟入監讀書，遣使入謝，并貢方物。宴賚如例。

卷一四二　康熙二十八年十月甲子

琉球國中山王尚貞遣陪臣毛起龍等進貢。賞賚如例。

卷一四二　康熙二十八年十月庚午

琉球國中山王尚貞疏言：「舊例外國進貢船，定數三隻，船中貨物免其收税。今琉球進貢船止二隻，尚有接貢船一隻，未蒙免税，請照例免收，以足三隻之數。又人數許帶一百五十人，萬里汪洋，駕船人少，不能遠涉，乞准加增。」部議：「接貢船准免收税，其增添人數，不准行。」得旨：「琉球國誠心進貢年久，該王具疏懇請增添人數，准加增至二百人。」

卷一五三　康熙三十年九月癸丑

琉球國中山王尚貞遣陪臣温允傑等齎表進貢方物。宴賚如例。

卷一五三　康熙三十年九月丙寅

上御太和門視朝，文武陞轉各官謝恩，次安南國、琉球國使臣等行禮。

卷一六〇　康熙三十二年九月丙寅

琉球國中山王尚貞遣陪臣馬廷器等進貢方物，並請入監讀書官生梁成楫等歸國。宴賚如例。

卷一六八　康熙三十四年九月丁丑

琉球國中山王尚貞遣陪臣翁敬德等進貢。宴賚如例。

卷一九五　康熙三十八年九月辛丑

琉球國中山王尚貞遣陪臣毛龍圖等表貢方物。宴賚如例。

卷一九七　康熙三十九年正月己未

禮部題：「朝鮮國王李焞疏稱：『本國薩厄等船隻被風漂至琉球，琉球國將薩厄等解京師，奉旨發回本國，今遣使進謝恩禮物。』應送内務府查收。」得旨：「朝鮮人民被風飄流，朕一體軫恤，令回本國，這謝恩貢物不必收。嗣後因此等事奏謝，著停其進貢禮物。」

卷二〇五　康熙四十年八月丁丑

琉球國貢使毛得範於浙江錢塘縣病故，予祭一次。

卷二〇五　康熙四十年九月癸卯

琉球國王尚貞遣陪臣鄭職臣等進貢。宴賚如例。

卷二〇九　康熙四十一年九月

戊午，浙江巡撫趙申喬題：「琉球國進貢來使遭風船壞，救出二人，請旨定奪。」上曰：「琉球國失水二人拯救復甦，著該地方官加意贍養，俟便船資給發還。此等船隻損壞，人被溺傷，皆因修造不堅所致，嗣後琉球貢使回國時，該督撫須驗視船隻，務令堅固，以副朕矜恤遠人之意。」

卷二一三　康熙四十二年九月

丙辰，琉球國中山王尚貞遣陪臣毛興隆等進表、貢方物。宴賚如例。

卷二二二　康熙四十四年九月

庚寅，琉球國中山王尚貞遣陪臣温開榮等進貢。宴賚如例。

卷二三一　康熙四十六年十一月

癸丑，琉球國中山王尚貞遣陪臣馬元勳等進貢方物。宴賚如例。

卷二三九　康熙四十八年十月壬戌

琉球國中山王尚貞遣陪臣向英等表貢方物。宴賚如例。

卷二四八　康熙五十年十一月辛卯

琉球國中山王世孫尚益遣陪臣孟命時等進貢。宴賚如例。

卷二五七　康熙五十二年十一月乙丑

琉球國中山王尚貞遣陪臣毛九經等進貢方物。宴賚如例。

卷二六六　康熙五十四年十一月庚子

琉球國中山王世曾孫尚敬遣使進貢。宴賚如例。

卷二七七　康熙五十七年二月丁亥

兵部議覆廣東、廣西總督楊琳疏言：據原任碣石總兵官陳昂條奏：臣詳察海上日本、暹羅、廣南、噶囉吧、吕宋諸國形勢，東海惟日本爲大，其次則琉球。西則暹羅爲最。東南番族最多，如文萊等數十國盡皆小邦，惟噶囉吧、吕宋最强。

卷二七七　康熙五十七年二月

庚子，琉球國中山王世子尚敬遣陪臣夏執中等，訃告故曾祖尚貞、故父尚益喪，并請襲封，表貢方物。宴賚如例。

卷二七九　康熙五十七年五月

庚辰，遣翰林院檢討海寶、編修徐葆光諭祭琉球國故中山王尚貞、尚益，並册封世曾孫尚敬爲中山王。敕諭曰：「朕惟昭德懷遠，盛世之良規；修職獻琛，藩臣之大節。輸誠匪懈，寵賚宜頒。爾琉球國中山王世曾孫尚敬，屬在遐方，克抒丹悃，遣使齎表納貢，忠藎之忱，良可嘉尚。是用降敕獎諭，并賜王文綺等物。王其祗承，益勵忠貞，以副朕眷。」

卷二八六　康熙五十八年十一月

丙申，琉球國中山王尚敬遣陪臣向秉乾等進貢方物。宴賚如例。

卷二八八　康熙五十九年七月庚子

琉球國中山王尚敬疏請伊國官生入監讀書。允之。

卷二八九　康熙五十九年九月甲午

琉球國中山王尚敬遣陪臣向龍翼等進貢方物。宴賚如例。

卷二九五　康熙六十年十月己卯

琉球國中山王尚敬遣陪臣毛廷輔等表貢方物。宴賚如例。

# 世宗實録

卷五　雍正元年三月癸巳

禮部議覆：「福建巡撫黄國材疏奏：『琉球國進貢頭號船内貢使、表文及方物一半沉海。』所到二號船内彝目，應准其返國，令補具表文方物進呈。」得旨：「琉球國進貢使臣毛宏健等所坐頭號船内人員，俱衝礁覆没，甚屬可憫。所失表文、方物，免其補進。二號船内所存方物，交與來使帶回，仍准作進貢。其賞給之處，著察例具奏。所賞之物，行文該地方官賞給，令其起程。」

卷十七　雍正二年三月丁亥

琉球國王尚敬遣陪臣翁國柱等表賀登極，附貢方物，并遵旨遣官生鄭秉哲、鄭繩、蔡宏訓三人入監讀書。

卷十七　雍正二年三月

癸巳，琉球國王尚敬遣陪臣翁國柱恭上聖祖仁皇帝香。

卷二六　雍正二年十一月己酉

〔諭〕朝鮮國守職恪順，百年有餘，今琉球來使亦甚恭謹。伊等歸國時，一切應賞之物，擇其佳者給與，務使得沾實惠。嗣後除理藩院蒙古賓客外，朝鮮、鄂羅斯、暹羅、安南等國，遣使來朝，所給食物，歸時所頒賞賜，爾會同該部辦理，或有應行加賞之處，酌量定議奏聞。
卷二六　雍正二年十一月
乙卯，上御太和殿視朝，文武陞轉各官謝恩，次琉球國使臣行禮謝恩。
卷二六　雍正二年十一月戊午
宴琉球國王尚敬使臣翁國柱等於禮部，賞賚緞布有差。
卷三六　雍正三年九月辛酉
琉球國中山王尚敬遣陪臣毛健元、蔡淵等進貢方物。賞賚如例。
卷四九　雍正四年十月丙戌
禮部奏：「琉球國中山王尚敬遣陪臣向得功等進表謝賜匾額、玉器、綵緞等恩，并貢方物，應照例察收。」得旨：「琉球國王因朕頒賜御書匾額及玉器、綵緞等物，特遣使臣進表謝恩，貢獻禮儀，具見誠悃。朕加恩遠藩，不欲收其貢物。但既航海遠來，不忍令其帶回本國。著交內務府存留，准作二年一次正貢，以示朕體恤遠人之至意。」
卷五十　雍正四年十一月
壬辰，上召見琉球國使臣向得功於乾清宮，頒賜該國王尚敬內府玉器、玻璃器皿、端硯、綵緞等物，及向得功銀緞，隨賜向得功等宴於禮部。
卷五八　雍正五年六月丙申

蘇禄國王蘇老丹臣母漢末母拉律林表言：臣僻居荒服，遠隔神京，幸際昌期，末由趨覲。邇來天無烈風霆雨，海不揚波，知中國必有聖人。臣捧閱歷朝紀事，原有覲光之例，是用遣使臣龔廷綵、阿石丹奉臣赤心，仰陳彤陛。敬獻本國所産土物，聊效野人負暄之意。得旨：「蘇禄國隔越重洋，未通職貢。今該國王輸誠向化，遣使遠來進貢方物，奏辭懇切，具見悃忱。其有應行議奏之處，著大學士、九卿詳議以聞。」尋議：東南海外諸國，琉球、荷蘭、安南、暹羅初次奉表納貢，頒敕諭一道，即令來使齎捧還國。其使臣賜宴頒賞，遣官伴送。

卷六六　雍正六年二月

雍正六年戊申，二月壬午朔，琉球國中山王尚敬遣使表貢方物。宴賚如例。

卷八十　雍正七年四月

甲申，福建巡撫劉世明疏奏：「琉球國中山王尚敬差耳目官毛鴻基等進貢方物，據稱荷蒙天恩，准停六年正貢。小國因未接到禮部咨文，所以辦齊方物，至期虔申貢典。雖外邦誠敬，殊難固却，但未合例，不敢冒昧施行。」得旨：「朕以琉球歷來恪守臣節，不失貢期，而地處重洋之外，使臣遠涉風濤，深可軫念。是以令其以四年進貢方物，准作六年正貢，其六年應進表文，俟八年正貢一併恭進。所以寬其朝貢之期，與海邦休息之意也。今該國王以未接部文，仍按期遣使，並非有違成例，且其船隻已經進港，行李已經安頓館驛，豈可以其不合例而却之，使遠島旅臣，空往返於洪濤巨浪中乎？著照例准其入貢，該督撫委員伴送來京，一應廩餼舟楫，從厚辦給，以示朕綏懷遠人之至意。」

卷八七　雍正七年十月

辛亥，琉球國中山王尚敬遣陪臣毛鴻基等表謝賜敕書、蟒緞、玉器恩，并貢方物。得旨：「琉球地處重洋之外，奉表修貢，遠涉風濤，朕心深爲軫念。是以從前降旨，令將雍正四年該國王謝恩所貢儀物，准作雍正六年正貢，以示恩眷。今該國王以六年正貢之期，仍遵定制，遣使航海遠來，奉表進貢，情詞懇切，具見悃忱。著將六年進貢之物，准作八年正貢。若八年貢物已經遣使起程，即准作十年正貢。著行文該國王知之。」

卷一〇六　雍正九年五月癸亥

琉球國王尚敬遣陪臣向克濟等奉表謝恩，進貢方物。宴賞如例。

卷一一二　雍正九年十一月

己丑，禮部議覆：「琉球國中山王尚敬奏請：『遵依舊典，嗣後仍二年一貢。』應如所請。」得旨：「朕因琉球地處重洋之外，奉表修貢，遠涉風濤，深爲軫念。曾經降旨，將雍正八年貢物准作十年正貢。今該國王奏請按期入貢，情詞懇切，具見悃誠。著仍遵前旨，若十年貢物已經遣使起程，即准作十二年正貢，十一年不必遣使前來。將此行文該國王知之。」

卷一三九　雍正十二年正月庚子

琉球國中山王尚敬遣陪臣温思明等上表進貢方物。宴賚如例。

# 高宗實録

卷四〇　乾隆二年四月癸亥

予故琉球國貢使耳目官毛光潤卹典，致祭如例。

卷五〇　乾隆二年九月壬辰

〔世宗〕賜安南以隙地，減朝鮮、琉球貢物，厚朝鮮、俄羅斯國人之賞賚，給琉球來學者歸國之道齎，不獨澤流方外，而聲教亦漸被於遐荒。

卷五二　乾隆二年閏九月庚午

命恩恤難夷，諭：「聞今年夏秋間，有小琉球中山國裝載粟米、棉花船二隻，遭值颶風，斷桅摺柁，飄至浙江定海、象山地方，隨經大學士嵇曾筠等查明人數，資給衣糧，將所存貨物一一交還，其船隻器具，修整完固，咨赴閩省，附伴歸國。朕思沿海地方，常有外國船隻遭風飄至境内者，朕胞與爲懷，内外並無歧視，外邦民人既到中華，豈可令一夫之失所。嗣後如有似此被風飄泊之人船，著該督撫督率有司，加意撫恤，動用存公銀兩，賞給衣糧，修理舟楫，並將貨物查還，遣歸本國，以示朕懷柔遠人之至意。將此永著爲例。」

卷五九　乾隆二年十二月壬寅

琉球國王尚敬遣使表貢方物。宴賚如例。

卷六〇　乾隆三年正月甲寅

御太和殿，賜王、貝勒、貝子、公、文武大臣官員、蒙古外藩、朝鮮、琉球國使臣宴。

卷八三　乾隆三年十二月戊戌

琉球國王尚敬遣陪臣王舅向啓猷、正議大夫金震等表賀登極，並貢方物。奏入報聞。

卷八七　乾隆四年二月丙申

召琉球國使臣向啓猷、金震進見，賜其國王尚敬御書「永祚瀛壖」扁額，并加賞緞有差。

卷九九　乾隆四年八月甲辰

〔閩浙總督郝玉麟、署福建巡撫布政使王士任〕又奏：「琉球中山國夷民順天西表、首里大屋子等三十六人，又新垣仁等十人，在洋遇風進口，加恩安插，賞恤養贍，併撥項修理原船，於乾隆三年八月，令其隨貢船歸國，因船小難行，仍行進口。今分配各難夷，令附貢船歸國，所存原船不能變價，僅堪摺作柴薪之用，得價無幾，仰懇免其歸補，俾夷民以爲還鄉盤費。」得旨：「此亦可行之事，但必使難夷得實惠則可。若地方猾吏有通同作弊之處，則汝將來亦不能免咎也。」

卷一〇二　乾隆四年十月戊子

署福建巡撫布政使王士任疏報：「遣回琉球國飃風難夷男婦等一百九名口。」下部知之。

卷一一〇　乾隆五年二月壬申

琉球國中山王尚敬遣陪臣耳目官向維豪、正議大夫蔡墉等表進方物。宴賚如例。

卷一一〇　乾隆五年二月甲申

命禮部郎中李治運伴送琉球使臣歸國。

卷一四五　乾隆六年六月辛酉

賜邮故琉球國使臣蔡其棟致祭一次。

卷一五七　乾隆六年十二月辛亥

琉球國中山王尚敬使陪臣翁鴻業、蔡其棟表貢乾隆五年方物。得旨：「覽王奏，進貢方物，具見悃忱。知道了。該部知道。」又表謝賜御書扁額，報聞。

卷一六〇　乾隆七年二月己亥

琉球國中山王尚敬遣紫巾官翁鴻業等表進正貢。賞賚筵宴如例。

卷一六二　乾隆七年三月庚申

召琉球國使臣翁鴻業等進見。

卷一六七　乾隆七年五月己卯

禮部等部會同内務府議覆：「禮部左侍郎張廷璐奏稱：『京師舊設有會同館南北二處，爲各國貢使居住之所。設如朝鮮、琉球等國使臣，同時並集，臨期未免周章。若借住寺廟，兵丁看守，固屬不便，於規制亦覺非體。請令内務府將空閒官房指定一二處，以備各國貢使，屆期分住。』應如所奏。」

從之。

卷一六七　乾隆七年五月丁亥

諭：「據浙江提督裴鉽奏稱『江南商民徐維華等五十三人，被風飄入琉球國葉壁山地方，彼處官員撈救人貨，供給養贍，該國王遣都通事阮爲標護送福建交卸』等語。中國商民被風飄入外洋，該琉球國王加意照看，養贍資送，不令失所，甚屬可嘉，著該部行文傳旨嘉獎之。其遣來之都通事阮爲標，著該督撫賞賚之。」

卷一九〇　乾隆八年閏四月丙辰

琉球國王尚敬遣使表貢方物。賞賚筵宴如例。

卷二〇六　乾隆八年十二月癸亥

琉球國中山王尚敬遣使表貢方物。賞賚筵宴如例。

卷二三九　乾隆十年四月辛未

福州將軍兼管閩海關事新柱奏：「本年二月，江南吴縣商人游仲謀等在洋遭風飄入琉球國境，該國王遣都通事蔡宏謨等護送入閩，足徵恭順，所有都通事及難商附帶貨税，爲數無多，已飭閩安鎮口委員，一例免徵。」得旨：「是，知道了。」

卷二四七　乾隆十年八月壬戌

户部議准：「閩浙總督馬爾泰疏稱：『江南吴縣商民游仲謀等八十二人，因在中洋遭風，飄至琉球國地方。彼處官員多方援救，安頓養贍，復遣通事蔡宏謨等護送來閩，足徵遠藩愛戴之忱。』現在員役人等，除照例安插廪給外，並請酌賞緞紗、布疋。其解送船隻，亦爲驗勘修葺。」從之。

卷二七一　乾隆十一年七月己未

福建巡撫周學健奏：「琉球國難夷多良間親雲上等，船隻遭風漂流，照例撫卹安插。」下部知之。

卷三〇八　乾隆十三年二月癸亥

〔禮部〕又題：「琉球國中山王尚敬遣使表進乾隆十一年正貢，併補進九年表文。」賞賚筵宴如例。

卷三一八　乾隆十三年七月庚寅

又議覆：「福建巡撫潘思榘奏稱：『琉球國額貢硫磺一萬二千六百觔外，夷目水手多帶餘磺，向有奸商代售。臣飭諭該夷使據實報出，官爲收買。』查閩省各標協營操演火藥，每年以貢磺撥用。遇有不敷，前經議往臺郡淡水、雞籠地方開採磺泥。淡水孤懸海外，番民雜處，磺廠一開，恐聚匪滋事。若收買琉球餘磺，免至淡水開採，海區更爲嚴密，應如所請。」從之。

卷三三七　乾隆十四年三月

乙丑，諭曰：「琉球國前届貢使毛允仁等事竣回國，在洋遭風壞船，經該督喀爾吉善奏聞，朕已諭令修整。嗣據該貢使呈請，俟十三年貢船到閩，一同回國。此次貢使向永成等呈稱『夷船修理做法與內地不同，情願購備物料，自行修理』等語。琉球素稱恭順，夷使毛允仁等因進貢回國，遭風壞船，宜加優卹。既據此次夷使向永成等稟懇自行修理，所需工料銀兩，著於司庫存公銀内賞給。俾得修理完竣，駕駛回國，示朕柔遠之意。」

卷三五八　乾隆十五年二月甲申

琉球國中山王尚敬遣耳目官向永成，表進乾隆十三年分正貢方物至京。賞賚如例，筵宴二次。

卷三六三　乾隆十五年四月庚寅

又諭：「據閩浙總督喀爾吉善、巡撫潘思榘奏稱『乾隆十四年十一、十二兩月，内地出洋船隻遭風，飄至琉球國者，先後共十船。該國王將船身堅固之林仕興等六船，商人水手一百三十名，撥給桅木、廪餼回籍。復將被水失舟之吴永盛、陳得昌等四船九十二名，給廪備舟，遣都通事阮超群等送回福建』等語。琉球國中山王尚敬素稱恭順，内地商船遭風，飄往該國，加意資送回籍，誠款可嘉。著賞賜該國王蟒緞二疋、閃緞二疋、錦二疋、綵緞四疋，以示嘉獎。其伴送之都通事阮超群、東觀旭等，著該督撫優加賞賚。該部行文該國王知之。」

卷三七二　乾隆十五年九月甲辰

賞琉球國護送難商都通事阮超群等口糧、緞疋有差。

卷三九〇　乾隆十六年閏五月

己卯，諭軍機大臣等：「潘思榘所奏飄到琉球番船一摺，内稱『該番是否實係送米伊國，抑係販往别處，箱内均係何物，行令密查』等語。外番船隻，如果係遭風飄泊到境，其情形蹤跡，不難立辨，自應照例安頓遣回，以昭撫卹，何用輾轉飭查，失天朝懷柔遠人之義。且地方官辦事習套，所謂查察者，不過行一牌，具一稟，便塞責了事，而遠人已不免疑忌。此乃奉行陋習，有名無實，深所不取。如實見其中，不無情僞，則該督撫等又當實力嚴查，悉心籌辦，非可徒以文移往返，因循故套也。嗣後遇有此等番船飄至内地，量其實係被風，即令宿頓驛館，乘便送歸。不必多方飭查，以滋外夷疑畏。著傳諭該督喀爾吉善、該撫潘思榘知之。」

卷三九八　乾隆十六年九月丁卯

予故琉球國貢使毛元烈祭一次。

卷三九八　乾隆十六年九月丁丑

又諭：「據福建巡撫潘思榘奏稱『琉球國使臣毛如苞等進貢二號船隻在洋遭風，業經收回本島。該國王將原船修葺完固，并將閩縣遭風船户蔣長興等、常熟縣商民瞿張順等留養三年，給予口糧，隨船護送來閩』等語。中山王尚敬素稱恭順，今進貢船隻在洋遭風，堪爲軫念。又將内地遭風商民留養三年，附送至閩，甚屬可嘉。著於進貢常例之外，賞賜該國王蟒緞二疋、閃緞二疋、錦二疋、綵緞四疋、素緞四疋，以示優獎。其在船之官伴水梢人等，著該督撫分别賞賚。該部仍行文該國王知之。」

卷四一四　乾隆十七年五月乙丑

琉球國中山王尚敬遣使臣阮爲標表進方物。賞賚筵宴如例。

卷四一七　乾隆十七年六月癸丑

又諭：「據福建巡撫陳宏謀奏稱『同安縣船户林順泰商船於上年十一月内在洋遭風，失去篷桅，飄至琉球國宇天港地方。該番目遵依國王之令，代爲修葺船隻，資給口糧，俾得回棹。並稱已報知國王，俟進貢時，自有文書聲説』等語。琉球遠隔重洋，該國王等素稱恭順。今番目遵伊王令，將内地遭風商船代爲修葺，並資送回籍，誠款可嘉。著賞賜該國王蟒緞二疋、閃緞二疋、錦二疋、綵緞四疋、素緞四疋，以示嘉獎。其宇天港番目等，亦著該督撫優加賞賚，交與該國王查明頒給。俱俟貢使回國之便帶往。該部先行文該國王知之。」

卷四一九　乾隆十七年七月戊子

閩浙總督喀爾吉善等奏：「前奉旨令近邊各省將附近番夷形貌衣飾繪圖呈覽。查閩省界在東南，外夷番衆甚多。臣等繪圖進呈，通計畲民二種，生熟社番十四種，琉球等國外夷十三種。種各有圖，圖各有説，凡風土嗜好，道里遠近，無不具載。」報聞。

卷四二〇　乾隆十七年八月己丑

琉球國使臣鄭國貞在閩病故。賜卹如例。

卷四五五　乾隆十九年正月丁丑

琉球國中山王世子尚穆遣使奉表入貢。頒敕宴賚如例。

卷四八七　乾隆二十年四月戊辰

禮部題：「據福建巡撫鍾音疏稱，琉球國世子尚穆遣陪臣毛元翼等入貢，并以服闋請封。應遣使前往册封。」從之。

卷四八七　乾隆二十年四月己巳

禮部議准：「調任福建巡撫陳宏謀奏稱，琉球國王鍍金銀印應照例改鑄清篆，請鑄造新印，即交封使帶交該國，舊印令繳。」從之。

卷四八八　乾隆二十年五月庚辰

以翰林院侍講全魁充册封琉球國正使，編修周煌充副使。

卷五〇二　乾隆二十年十二月甲辰

琉球國中山王世子尚穆遣陪臣耳目官毛元翼、正議大夫蔡宏謨等表請襲封。得旨：「琉球國世守藩服，恭順有年。今世子尚穆承祧繼序，奏請襲封，已命侍講全魁充正使、編修周煌充副使，賫詔前往。」予故琉球國中山王尚敬致祭如例。

卷五〇二　乾隆二十年十二月戊申

賜琉球國世子綴疋，使臣毛元翼、蔡宏謨等宴賚如例。

卷五三五　乾隆二十二年三月己未

諭軍機大臣等：「鍾音奏『琉球國王咨稱，使臣全魁、周煌在洋遭風，該國王兩次撫卹隨封人等，共計銀五萬一千餘兩』等語。全魁等出使海外，隨從之人俱經照例賞賜，自足敷用。即在洋猝遇颶風，貨物、衣服或致損失，有需資給，亦酌量動項辦理。詎可因天使册封，致令小國費至數萬餘兩？且匠役等賞卹，亦何必每名即需百餘兩之多？鍾音即照該國王所咨辦理，殊屬非體。著傳諭該督喀爾吉善，所有該國王用過銀兩，並全魁等駕回彼國之船，自應一併發還。其兵丁、匠役，該督查明，照例酌量撫卹可也。」

卷五三七　乾隆二十二年四月

壬午，諭軍機大臣等：「前據鍾音奏『琉球國王咨稱使臣全魁、周煌在洋遭風，兩次撫卹隨封人等銀兩』一事。彼時以天朝遣使册封，致令小國費至數萬，似屬非體，是以傳諭喀爾吉善，將該國王用過銀兩發還。其兵丁、匠役等，令該督查明，酌量撫卹。今全魁、周煌於行在復命，奏及在洋遭風情形。而該國照例撫卹兵役，出於至誠，且每人所得不過七八十金至百餘金，自屬可以收受。著傳諭喀爾吉善、鍾音等，所有該國王撫卹兵役銀兩，如經傳諭該使臣，則仍遵前旨發還，另於庫貯公項内照數補給各兵役等；若尚未經傳諭，則聽其收受，如無此事可也。若已經傳諭該使臣，斷不可因此旨少有迴護，謂未曾傳諭也。仍即速行迴奏。」

卷五三七　乾隆二十二年四月丁亥

諭軍機大臣等：「册封琉球使臣在洋遭風，該國王咨給兵役等銀五萬一千餘兩，前經降旨，照數給還該國王，其兵丁等照例酌量撫卹。嗣因使臣全魁等面奏，實出於該國王恭順之誠，因復有旨諭，如前旨未發，即不必辦理。今據喀爾吉善奏到，隨往兵役人等有在琉球角口打降情事。觀此，則兵役在外，不能安静，已可概見。可傳諭喀爾吉善，若前旨發還該國王銀兩之處，尚未行知，自可遵照續降諭旨辦理；看來前旨當已頒發，此等生事兵丁，亦何庸例外從優賞給，照初降諭旨辦理爲是。其角口打降兵丁，仍當審明情節，分別查辦。但事關國體，務須從實辦理，斷不可因有續降之旨，稍存成見，致輕重失宜也。著一併傳諭知之。」尋奏：「該國使臣於四月進京謝恩未回，前降發還撫卹銀兩諭旨尚未傳諭。但兵役在番，種種不法，現在審擬辦理。所有分得撫卹銀兩，應勒限歸款，請仍先動公項，俟該使臣回國，照數給還。」得旨：「如此甚好。」

卷五三八　乾隆二十二年五月甲辰

禮部議覆：「册封琉球使臣侍講全魁等奏：『在洋遭風，虔禱天后，俱獲安全，請加封號。』應如所請加封，定爲誠感咸孚天后。並請於册封之年，别頒諭祭文二道，與海神並舉，似未分晰，應定諭祭天后祈報文二道，於怡山天后宫舉行，另頒祭南海龍神祈報文二道，於江岸望祭舉行。」從之。

卷五四八　乾隆二十二年十月

甲子，上御太和殿，受哈薩克使臣亨集噶爾等、琉球國使臣馬宣哲等朝。

卷五四八　乾隆二十二年十月癸亥

琉球國中山王尚穆差正使法司王舅馬宣哲、副使紫金大夫鄭秉哲等齎表謝封。賞賚筵宴如例。

卷五八六　乾隆二十四年五月甲午

禮部議奏：「福建巡撫吴士功疏稱『琉球國王尚穆遣使臣表進戊寅年貢物，並請令陪臣子弟梁允治等入監肄業』。」得旨：「前經降旨，令將二十一年所進方物，留作下次正貢。今該國王仍將戊寅年應進貢物，奉表恭進，情詞懇摯，且貢物業已到閩，不便令其帶回。著仍照前旨，留作庚辰年正貢，用昭柔遠之意。其所遣陪臣子弟梁允治等，均准其入監肄業。」

卷五九五　乾隆二十四年八月丁未

琉球國貢使耳目官毛世俊在閩病故。致祭如例。

卷六〇三　乾隆二十四年十二月丁酉

琉球國王尚穆遣使表謝册封，並進方物。下部知之。

卷七〇一　乾隆二十八年十二月戊戌

又諭：「琉球國疏請購買絲觔，部臣議駁，自屬遵循例禁。第念該國爲海澨遠藩，織紝無資，不足以供章服。據奏情詞懇切，著加恩照暎咭唎國例，准其歲買土絲五千觔、二蠶湖絲三千觔，用示嘉惠外洋至意，餘悉飭禁。如舊所有稽察各關口岸及出入地方，仍加意覈查，以杜影射。」

卷七三三　乾隆三十年三月乙巳

又會同福建巡撫定長奏：「琉球國貢帶土物，自乾隆二十八年，准歲買土絲五千觔、二蠶絲三千觔。茲該國王尚穆咨請於歲買絲觔數内，量買綢緞二千觔，每綢緞千觔扣抵絲一千二百觔。請旨施行。」得旨：「此何不可之有。」

卷七五四　乾隆三十一年二月丙午

琉球國中山王尚穆遣使表貢方物。頒敕宴賚如例。

卷八〇三　乾隆三十三年正月乙卯

琉球國中山王尚穆遣使表貢方物。頒敕宴賚如例。

卷八一二　乾隆三十三年六月丁卯

予故琉球國副使阮大鼎祭一次。

卷八五一　乾隆三十五年正月辛丑

禮部奏：「查閩撫咨報，琉球國王遣使入貢，於上年九月自閩起程，乃到部竟遲至正月，明係伴送知縣因循逗留，致海國陪臣不得與元會之盛。請嗣後令該撫遴同知、通判一員護送，不得仍委試用知縣等官，起程前豫知照前途備辦舟車，接送官按省派委，不得以一人長送，致呼應不靈。其來使整頓衣裝，暨守風守凍，各若干日，責令護送官會同地方官，申報備查。」得旨：「禮部所奏是。依議。崔應階派員伴送貢使，僅派試用人員，又不飭令按程赴京，所司何事？著明白回奏。至試用知縣王紹曾職司伴送，不知催令貢使按例至京，以致遲誤行禮，亦屬不合，著交部察議。」

卷八五三　乾隆三十五年二月甲子

禮部題：琉球國中山王尚穆遣使表貢方物。賞賚筵宴如例。

卷八五六　乾隆三十五年四月丙辰

諭：「前以崔應階派員伴送琉球國貢使赴京，並不按期行走，以至遲誤元旦行禮，因降旨將委員王紹曾交部察議，並令該督明白回奏。今據崔應階奏稱『閩省向來派委伴送貢使，本無到京限期。此次貢使人等或製衣守凍，或患病調治，非無故逗遛』等語。所奏非是。琉球貢使向來俱於歲内抵都，從無後期者。豈歷次貢使等皆無在途製衣諸事？何以並未貽誤朝正，此次獨致遲延如許之久？崔應階向來尚屬認真不姑息者，該督理應查明，附摺參奏，乃轉以本無定限爲辭，意存迴護，而於委員不能妥慎之處，又不自行引咎，均屬不合。崔應階著傳旨申飭。」

卷八八五　乾隆三十六年五月丙寅

又諭：「據諾穆親奏『南掌國遣使貢象到滇，即照向例派員伴送起程。復檢查乾隆三十五年部議，嗣後外國入貢，俱令按省派員伴送，更換交代，毋許一人長送。乃並未詳查新例，仍照上屆辦理，實屬錯誤，請交部嚴加議處』等語。已批該部議奏矣。此事禮部新定之例，未爲妥協。該部因福建伴送琉球貢使到京逾期，議定派出伴送之員，按省更替，毋許一人長送，意在防其沿途稽滯，而未能切當事情。如福建之於琉球，雲南之於南掌，貢使初至，該省皆有應行照料事宜，既派有承辦伴送之員，即當始終其事。而派員與貢使伴行日久，一切與之相習，途中屢易生手，亦覺非宜。若慮派員在路託故遷延，止須於經過各省，添派妥員護送趲行，自不虞其任意遲緩。若以此而議停長送專員，何異因噎廢食？所有外國貢使來京及由京歸國，派員伴送，及各省添員護送之例，著該部另行定議具奏。諾穆親雖未照禮部新例，而辦理未爲錯誤，毋庸交部議處。」尋奏：「嗣後各省貢使到境，該撫即於同知、通判内遴委一員，護送趲行。惟伴行長送，酌派守備一員。回國時，仍令委員長送，經過各省，仍遴員護送。再查朝鮮國貢使回，現派鳳凰城防禦一員伴送，毋庸更換。至琉球、蘇禄、安南等貢使回國，向例臣部揀派司員引見，嗣後司員伴送，應請停止。」從之。

卷九〇一　乾隆三十七年正月乙丑

琉球國中山王尚穆遣使表貢方物。頒敕宴賚如例。

卷九〇七　乾隆三十七年四月甲午

福建巡撫余文儀奏：「琉球國難夷智汝沃等二十人及流犯比嘉、徒犯保佐共二十二名，係琉球國那霸府人，前往八重山收取米粟，並配流徒二犯安插。乾隆三十七年二月十七日在洋遭風，至三月初一日飄至福建亭頭怡山院地方，於三月初九日安插館驛，照例每名加賞布、棉、酒、肉、烟、麵等項。以安插之日爲始，每名日給米一升、鹽菜銀六釐，回國時各給行糧一月，以示優卹，俱於存公銀內動給請銷。至該夷等所坐原船，應令自行修葺完固，派撥接貢船内水梢代爲駕駛，遣發回國。」下部知之。

卷九五一　乾隆三十九年正月壬午

禮部題：「朝鮮國王李昑遣使表賀萬壽、冬至、元旦三大節，及進歲貢方物。琉球國中山王尚穆遣使表貢方物。均賞賚筵宴如例。」

卷九六四　乾隆三十九年八月壬辰

福建巡撫余文儀疏報：「琉球國難番崎山等二十一人，船隻遭風漂泊連江縣内港。安插撫卹如例。」

卷九九八　乾隆四十年十二月辛亥

琉球國中山王尚穆奏：「謹遣陪臣向崇猷、蔡懿等進貢方物。」得旨：「覽王奏進貢方物，具見悃忱。知道了。該部知道。」

卷一〇〇一　乾隆四十一年正月戊戌

賜琉球國中山王尚穆使臣宴賚如例。

卷一〇〇三　乾隆四十一年二月戊午

又諭：「據永德奏，琉球貢船回國，兑買絲綢布匹等物，免過税銀，共一千二百餘兩，似較向來爲數過多。因薩哈岱現隨行在，令軍機大臣就近詢問。據稱伊前管閩海關任内，所辦琉球免過税銀，雖不能一律，大概總未出五百兩以外等語。屬國進貢回洋攜帶内地貨物，准予免税，原屬柔遠之經。然加惠外藩，亦當稍有節制。若向來俱少，此次獨多，恐伊等視以爲常，或且效尤滋甚，勢將何所底止。設或向無定額，其免税多少，悉由將軍等臨時覈定，更未爲妥協。著交鍾音詳悉確查，該關於琉球回船免税有無約略定數，并歷年免税若干，此次免税，因何多至如許，逐一據實覆奏，勿稍隱飾。若永德所奏有沽名示寬處，即行參奏，不可又相徇隱，慎之。」尋奏：「查該國貢船，順治年間准其貿易，康熙年間復予免税。經前督臣喀爾吉善奏准，以帶銀置貨，並無限額，恐欺隱滋弊，嗣後令據實報明，經官公辦。其入口、出口税銀若干，向係閩海關之南臺口委員，查照則例覈數，申報將軍照驗，免税放行。現查歷年免税底册，自乾隆三十一年以後，該國進貢船二隻，入口不出三百兩，出口皆在五百兩外。接貢船一隻，入口皆在二百兩内外，出口不出五百兩。至三十六年，入口免税二百四十九兩，出口八百一十九兩，較之往年，爲數已多。今四十年較前更多，實因來船帶銀及置貨，視歷年加增之故。」報聞。

卷一〇二二　乾隆四十一年十一月甲午

〔諭〕又如朝鮮、安南、琉球、日本、南掌及東洋、西洋諸國，凡沿邊沿海等省分，夷商貿易之事，皆所常有，各該將軍督撫等，並當體朕此意，實心籌辦。遇有交涉詞訟之事，斷不可徇民人以抑外夷。

卷一〇五〇　乾隆四十三年二月丁酉

禮部題：「朝鮮國王李祘遣使恭進萬壽、冬至、元旦三大節歲貢方物，暨琉球國中山王尚穆遣使恭進歲貢方物，俱賞賚如例，停止筵宴。」

卷一一〇〇　乾隆四十五年二月乙卯

〔禮部〕又題：「琉球國中山王尚穆遣使表貢方物，賞賚筵宴如例。」

卷一一一二　乾隆四十五年八月戊午

諭曰：「朝鮮國王世守藩封，素稱恭順，歲時職貢，祇慎可嘉。間遇特頒敕諭及資送歸國等事，如琉球等國，亦俱奉章陳謝，惟朝鮮國王必備具土物，附表呈進，藉達悃忱。向因專使遠來，若令齎回，徒滋跋涉，是以歷次例准留作正貢，以示優卹。」

卷一一一四　乾隆四十五年九月甲申

琉球國貢使蔡煥事竣歸國，在閩病故。賜卹如例。

卷一一四九　乾隆四十七年正月癸亥

琉球國中山王尚穆遣使表貢方物。賞賚筵宴如例。

卷一一五八　乾隆四十七年六月丁丑

福建巡撫雅德奏：「琉球國難番伊波等二十四人駕船裝載米布，於上年七月十二日自八重山開行，八月初放洋，遇風吹斷桅篷，漂至浙江寧海縣，經該營救護，照例撫卹，護送來閩，於今年四月初五日進口。當經安插館驛，每人日給米一升、鹽菜銀六釐，回國日各給行糧一月，並於進貢船内搭裝原載貨物回國。」下部知之。

卷一一六一　乾隆四十七年七月甲寅

予故琉球國貢使正議大夫毛景昌祭葬如例。

卷一一九六　乾隆四十九年正月乙未

上御撫辰殿大幄次，賜蒙古王、貝勒、額駙、台吉及年班杜爾伯特公烏呼斯等二人，烏什等處回子伯克塞普拉等十六人，朝鮮國陪臣黄仁點等四人，琉球國陪臣毛廷棟等二人宴。

卷一一九六　乾隆四十九年正月庚子

御撫辰殿大幄次，賜蒙古王、貝勒、額駙、台吉及年班杜爾伯特公烏呼斯等二人，烏什等處回子伯克塞普拉等十六人，朝鮮國陪臣黄仁點等四人，琉球國陪臣毛廷棟等二人宴。

卷一一九七　乾隆四十九年正月丙辰

琉球國中山王尚穆遣使表貢方物。賞賚筵宴如例。

卷一二四六　乾隆五十一年正月癸丑

上御紫光閣，賜蒙古王、貝勒、額駙、台吉及喀爾喀扎薩克多羅郡王、土爾扈特台吉、杜爾伯特台吉、年班回部並朝鮮國、琉球國使臣等宴。

卷一二四八　乾隆五十一年二月丙子

琉球國中山王尚穆遣使表貢方物。賞賚筵宴如例。

卷一二五一　乾隆五十一年三月乙丑

又諭：「現據穆騰額奏稱，暹羅國貢船到關，每有隨帶船十餘隻，及藉名探貢船隻，俱係内地商船，夾帶貨物，向來該監督查明應徵税銀，報明督撫具題，概行免其納税等語。外藩呈進方物，其正副貢船，自應免其徵納税銀，至内地商船，藉名影射，何得概行免税？已傳諭該督撫監督等，不必形諸奏牘，惟當於該國貢船抵關時，除正副貢船照例具題免税外，其餘夾帶客商私船，俱逐一查明，按貨納税，以杜弊混。因思福建省亦有琉球貢船到閩海關，有無似粤省夾帶商船情事？該將軍向來如何辦理？倘亦有夾帶船隻，一例免税之事，該將軍應遵照現降諭旨，於貢船到關時，逐一查驗。除正副貢船，仍照舊辦理免税外，所有夾帶商船，俱著查明，一體按貨納税。將此傳諭常青知之。」

卷一二九五　乾隆五十二年十二月

甲寅，上幸瀛臺。浩齊特多羅郡王敏珠爾多爾濟等二十一人，喀爾喀多羅貝勒齊默特多爾濟等七人，青海扎薩克台吉吹忠扎布等二人，厄魯特台吉瑚勒哈齊等四人，革布什咱安撫司諾爾布湛都爾等二十二人，琉球國正使翁秉儀等四人，於西苑門外瞻覲。
卷一二九五　乾隆五十二年十二月
癸亥，上御保和殿，筵宴朝正外藩，左翼科爾沁和碩親王恭格喇布坦、多羅郡王鄂勒哲特穆爾額爾克巴拜、喇什端羅布多羅貝勒古穆扎布、輔國公納遜巴圖、諾觀達喇、公品級一等台吉拉旺、和碩額駙敏珠爾多爾濟……朝鮮國正使俞彦鎬等六人，琉球國正使翁秉儀等四人，及領侍衛内大臣等……至御座前賜酒成禮。
卷一二九六　乾隆五十三年正月
壬申，上御紫光閣，賜蒙古王、貝勒、貝子、公、台吉及回部阿奇木伯克等並金川土司、朝鮮國、琉球國使臣等宴。
卷一二九七　乾隆五十三年正月己丑
禮部題：「朝鮮國王李祘遣使表賀萬壽、冬至、元旦三大節及進歲貢方物，琉球國王尚穆遣使表貢方物，均賞賚筵宴如例。」
卷一三二七　乾隆五十四年四月丁未
諭軍機大臣等：前因内地大黄一種，爲俄羅斯必需之物，恐致透漏，節次傳諭新疆駐劄大臣，嚴密查禁，並諭令瀕臨海口各省，一體實力稽查，毋許奸商私行偷販。本日，據伍拉納等覆奏「每年令興泉道官買五百觔，帶交臺灣鎮道配發各鋪，繳價領售。其琉球貢使回國，購買藥料時，所需大黄，每歲不得逾三五百觔之數，無許官伴人等夾帶」等語。所辦甚是。

卷一三二九　乾隆五十四年五月癸酉

福建巡撫徐嗣曾奏：「琉球國番民平良等十六人，乾隆五十三年十月裝載棉花至中山王府交納，回至大洋，遭風破船，其十人不知去向，平良等六人得生，經臺灣府委員護送抵省，照例安插撫卹。」報聞。

卷一三四五　乾隆五十四年十二月壬申

回部阿克蘇三品阿奇木伯克貝子品級輔國公邁默特阿布都拉及烏什、庫車、葉爾羌、喀什噶爾、和闐、伊犁等處伯克，朝鮮國正使李性源、副使趙宗鉉，琉球國正使向處中、副使鄒永功，暹羅國正使帕史滑里遜通亞排那赤突、副使唧喎汶悉呢嚟喔無突，廓爾喀使臣巴拉叭都爾喀哇斯、哈哩薩野等，於西華門外瞻覲，命隨至瀛臺賜食。

卷一三四五　乾隆五十四年十二月

甲戌，上御撫辰殿大幄次，賜王、貝勒、貝子、公、額駙、大臣，蒙古王、貝勒、貝子、公、額駙、台吉，回部伯克，朝鮮、琉球、暹羅、廓爾喀等國使臣宴。

卷一三四五　乾隆五十四年十二月

辛巳，上御保和殿，賜朝正外藩筵宴。左翼烏珠穆沁和碩親王瑪哈索哈、巴林親王品級多羅郡王巴圖、固山貝子和碩額駙德勒克、公品級一等台吉索特納木多爾濟、賽尚阿、多羅額駙丹津……及朝鮮國正使李性源，副使趙宗鉉，琉球國正使向處中，副使鄭永功，暹羅國正使帕史滑里遜通亞排那赤突、副使啷嘎汶悉呢嚵喔無突，廓爾喀使臣巴拉叭都爾喀哇斯、哈哩薩野及領侍衛内大臣等……至御座前，賜酒成禮。

卷一三四六　乾隆五十五年正月丁亥

上御紫光閣，賜蒙古王、貝勒、貝子、公、額駙、台吉，回部伯克，朝鮮、安南、琉球、暹羅、廓爾喀等國使臣宴。

卷一三四六　乾隆五十五年正月己丑

禮部奏：「本年恭遇皇上八旬萬壽，頒詔天下，其朝鮮國應頒詔書例派大臣侍衛齎送。此次正值該國貢使在京，應請即交帶回。」得旨：「知道了。其安南、琉球、暹羅三國亦著照朝鮮國之例，一體頒發恩詔，即交該國貢使齎回。」

卷一三四六　乾隆五十五年正月辛卯

命於乾清門頒賜萬壽恩詔於朝鮮、安南、琉球、暹羅等國，使臣行禮祇領如儀。

卷一三四六　乾隆五十五年正月

癸巳，上御山高水長大幄次，賜王、貝勒、貝子、公、大臣、蒙古王、貝勒、貝子、公、額駙、台吉，回部伯克，朝鮮、安南、琉球、暹羅、廓爾喀等國使臣宴。

卷一三四六　乾隆五十五年正月

甲午，上御山高水長大幄次，賜王、貝勒、貝子、公、大臣，蒙古王、貝勒、貝子、公、額駙、台吉，回部伯克，朝鮮、安南、琉球、暹羅、廓爾喀等國使臣茶果，並賞賚有差。

卷一三四七　乾隆五十五年正月己酉

又諭：「琉球國王恪守藩封，素稱恭順，重洋遠隔，職貢維虔。此次於例貢之外，恭進謝恩方物，使臣等恐照向例留作下次正貢，具呈禮部，請爲代奏，恩准賞收，下次仍請如期入貢。並稱臨行時，國王再三諄囑，令使臣具呈籲請，情詞懇切，誠悃可嘉。著照所請，該部即將所進謝恩方物，准予賞收，下次正貢屆期，該國遣使來京，再當優加恩眷，以示朕懷柔藩服之至意。」

卷一三五一　乾隆五十五年三月丁未

福州將軍魁倫、閩浙總督覺羅伍拉納、福建巡撫徐嗣曾奏：「查大黄一種，遵旨嚴禁出洋，惟琉球歲勤貢獻，恪守藩封，前經奏明，移咨該國王，酌計每年准買三五百觔之數。此次夷船回棹，應准其購用，第令自行買運，恐鋪户以例禁出口，高擡價值，否則任意透漏。臣等酌議，委官代買三百觔，飭夷官繳價領運。」批：「是。」又奏：「一體免税，仍移行該國咨覆備查。」得旨：「覽。」

卷一三七〇　乾隆五十六年正月丁亥

諭軍機大臣等：「本日長麟奏遭風琉球難夷護送歸國一摺，内稱『據通州詳報，乾隆五十五年九月初二日，東七甲港口有外來船一隻，查係琉球國人運送粟米，遇風漂至港口泊住。詳經孫士毅、福崧批飭，妥爲撫卹。令將如何遣回本國之處，查議具詳。兹據查明，該難夷願坐原船回國。即移會陳大用撥兵護送至閩歸國』等語。朕閱此摺，乃知上年九月間即經通州詳報，孫士毅等既已據詳飭查，自應將該難夷遭風情節一面奏聞，一面查辦。乃直至長麟到任後，查明具奏，殊屬遲緩。朕辦理庶務，惟以爽速爲要。著傳諭孫士毅，嗣後遇有此等事件，即一面飭查，一面奏聞。將此傳諭孫士毅，並令長麟知之。」

卷一三八二　乾隆五十六年七月乙亥

諭軍機大臣曰：「魁倫奏琉球船隻出口照例免税一摺。細閲單内所開，除大黄一項，係遵照奏定章程官爲代買外，其綢緞、絲布及川芎、川連紙、涇縣紙等件，俱係内地貨物。而洋蔘、蘇木等物乃外洋所出，又似帶至内地售賣之件。該夷使既置買内地物件，帶回該國，何以外洋之物，復轉向内地購買帶回？魁倫所開單内殊屬牽混，著該將軍詳晰奏明。又大黄係向何鋪代買，來自何處，即行覆奏。」尋奏：「洋蔘、蘇木俱出西洋暹羅等國，並非琉球所産。大黄一項，據承買藥材行户等供稱『各樣藥材，俱由江西樟樹鎮販運來閩銷售。但江西亦不産大黄，聞得陝西涇陽縣爲大黄匯集之所，轉發漢口、樟樹等處行銷』等語。復詢據琉球國通事魏廷玉稟稱『琉球與西洋暹羅諸國相距窵遠，向無商賈貿易洋蔘、蘇木，故就閩購買。至大黄每歲或買數百觔及數千觔不等，自飭禁後覈定數目，官爲代買，帶運回國，並無轉售他處』等情。」報聞。

卷一三八二　乾隆五十六年七月己卯

福建巡捕浦霖奏：「琉球國番民安仁屋等於乾隆五十五年六月内駕船回國，於洋面遭風摺桅，漂至浙江臨海縣地方，當經護送到閩，照例安插撫卹。」報聞。

卷一三八九　乾隆五十六年十月辛未

又諭：「據魁倫奏，琉球國貢船到關，遵例免稅一摺，内稱『此次正、副使貢船二隻進口，逐一查驗，與免稅之例相符，隨照例寬免。旋據該通事梁元魯率領來使馬繼謨等赴闕叩謝天恩』等語。琉球國既差使臣齎進貢物，現在船隻到關，經魁倫驗明免稅，該撫即應將該國貢使到境日期及約計程站何時可以到京，專摺具奏，乃僅照例具題，而於該貢使何時可以到京，並未奏及，殊屬拘泥遲緩。著傳諭浦霖，即將該使臣能否於年内到京之處據實覆奏。」尋奏：「琉球國正副使馬繼謨、陳天龍於八月二十、二十一日先後到閩，十月初二日，派員伴送啓程，十九日已出閩境，計十二月二十日以前定可到京。」報聞。

卷一三九〇　乾隆五十六年十一月丙子

又諭：「據浦霖題稱『琉球國王遣使齎進表文方物，循例給咨，令該使臣馬繼謨等於十月初二日起程赴京』等語。該國使臣在途行走或恐未能迅速，致誤年底筵宴之期。著傳諭沿途各督撫，於該國使臣經過地方委員妥爲護送，務於臘月二十内到京，以便與蒙古外藩一體同與宴賚。但計算時日尚寬，途次儘可從容行走，亦不必過於迫促也。」

卷一三九三　乾隆五十六年十二月

辛酉，上幸瀛臺，杜爾伯特汗瑪克蘇爾扎布、杜爾伯特扎薩克台吉布達什哩、土爾扈特台吉策伯克扎布、回部穆拉特伯克伊斯拉木、喀爾喀納嚕班禪呼圖克圖、歸化城扎薩克喇嘛那遜格爾格圖、伯克巴拉呼圖克圖，琉球國正使馬繼謨、副使陳天龍，安南國正使阮文典、副使阮琎，緬甸國正使啞扎覺蘇、副使得滿覺等，於西苑門外瞻覲。

卷一三九三　乾隆五十六年十二月

庚午，上御保和殿，賜朝正外藩筵宴。左翼科爾沁和碩親王恭格喇布坦、多羅郡王喇什噶勒當、輔國公哈達、錫達什哩、公品級固山額駙鄂勒哲特穆爾額爾克巴拜、巴林親王品級多羅郡王巴圖、固山貝子和碩額駙德勒克、公品級一等台吉索特納木多爾濟……琉球國正使馬繼謨、副使陳天龍，安南國正使阮文典、副使阮琎，緬甸國正使啞扎覺蘇、副使得滿覺，朝鮮國正使金履素、副使李祖源及領侍衛內大臣等……至御座前賜酒成禮。

卷一三九四　乾隆五十七年正月乙亥

上御紫光閣，賜蒙古王、貝勒、貝子、公、額駙、台吉及回部、番部並朝鮮、琉球、安南、緬甸國使臣等宴。

卷一三九四　乾隆五十七年正月

癸未，上御山高水長，賜王、公、大臣，蒙古王、貝勒、貝子、公、額駙、台吉及回部、番部並朝鮮、琉球、安南、緬甸國使臣等食。至乙酉皆如之。

卷一三九五　乾隆五十七年正月

己丑，上御山高水長，賜王、公、大臣，蒙古王、貝勒、貝子、公、額駙、台吉及回部、番部並朝鮮、琉球、安南、緬甸國使臣等食。

卷一四三〇　乾隆五十八年六月丙子

諭軍機大臣曰：「奇豐額奏『據通州知州稟稱，有琉球國遭風夷船一隻漂至海口，現將該難夷護送至省，其遭風船隻及粟、麥等項，該難夷情願變賣，俟料理妥協，即委員伴送遣歸本國』等語。外國遭風難夷漂至内地，自應加意撫恤，妥爲安頓，遣歸本國。該船雖摺斷大桅，船身損壞，但此項海舶置造時價值不輕，今將原船及粟、麥等物在内地變價，該督撫司道府縣以至書吏等遇有地方應行估變物産，尚不及半價，何况此等外夷物件，即少爲估變，隨意給予價值，亦無憑考覈，甚而從中染指者，往往有之，殊屬非是。外夷船隻因失風漂至内地，所有應行估變物件，地方官必當格外體恤，於照值變價外，略予便宜，方爲懷柔遠人之道。此次琉球遭風船隻及粟、麥等項地方官如何估變，給予價值若干之處，著奇豐額逐一查明，迅速覆奏，毋許地方官估變稍有短少，致爲外夷所輕也。將此傳諭知之。」

卷一四三二　乾隆五十八年七月甲辰

諭軍機大臣曰：「奇豐額覆奏『從前琉球遭風難夷船隻漂至崇明，經撫臣長麟委員勘估，計船板變價銀三百餘兩，濕米每石一兩。此次遭風難夷潮濕粟、麥，仍照一兩給價，其船料照上次增估銀一百兩』等語。各省奏報糧價，原不能盡歸覈實，即如每米一石估銀一兩，似此價值，京城固無從糴買，即江浙等省出米之鄉，市價亦不能如此平減。至海船船身高大，即係拆板，又豈止值銀三四百兩？此次經奇豐額飭令加估銀兩，尚止有此數，則從前地方官任意少估，短給價值，其弊更不可問。外夷船隻遭風漂至内地，自當格外矜恤，於照值變價外，再與便宜，方爲懷柔遠人之道，豈可轉有短少？若地方官漫無查察，復任吏胥人等，從中尅扣侵漁，日引月長，尤屬不成事體。著傳諭沿海各省分督撫，嗣後遇有此等遭風難夷船隻應行估變物件，務飭屬寬爲給價，不可復有短估尅減等弊，以副朕施恩遠夷，體恤周詳至意。」

卷一四三八　乾隆五十八年十月庚午

又諭曰：「魁倫奏琉球國貢船到關照例免税一摺。該國進貢船隻到關，所帶貨物，自應照例免税。但貢船於八月初一、三十等日，先後進江，迄今業逾兩月，其貨物俱已查明，經魁倫具奏，該督撫具奏之摺，何以至今未到？浦霖有一奏，亦未明晰。至該國所遣使臣係屬年例進貢，現距年節兩月有餘，爲期尚寬。著傳諭伍拉納等即飭伴送之員，按程從容行走，並咨會沿途各省一體遵照，祇須於封篆前届時照例到京，以便與年班各外藩同與宴賚也。」

卷一四四〇　乾隆五十八年十一月癸卯

諭軍機大臣等：「本日伍拉納由驛遞到奏摺，朕以爲必係地方有何緊要事件，及披閱所奏，止係覆奏琉球國貢使到閩及委員護送起程日期。此等覆奏事件，何關緊要？現在題本早已到閣，又何須該督專摺馳奏，徒勞驛馬？此即爲不曉事之一端。著傳旨申飭。」

卷一四四二　乾隆五十八年十二月

丁卯，上幸瀛臺，琉球國正使毛國棟、副使毛廷桂於西苑門外瞻覲。

卷一四四四　乾隆五十九年正月

庚寅，上御紫光閣，賜蒙古王、貝勒、貝子、公、額駙、台吉，回部郡王、台吉，朝鮮、琉球國使臣並金川土司等宴。

卷一四四四　乾隆五十九年正月辛丑

御山高水長，賜蒙古王、貝勒、貝子、公、額駙、台吉，回部郡王、台吉，朝鮮、琉球國使臣並金川土司等食。至癸卯皆如之。

卷一四四五　乾隆五十九年正月

丙午，諭：「據禮部奏，琉球國使臣呈稱『國王此次恭進謝恩方物，懇照五十五年准予賞收，免抵下次正貢』等語。該國王因前此特賜福字、如意等件，專遣使臣呈進方物，向來俱令抵作下次正貢，原以昭體恤，省陪臣之勞往來而示柔懷。今據該使臣呈稱，伊等臨行時，國王再三囑令將所進方物懇請准予賞收，免抵下次正貢。具見該國王抒忱效悃，誠懇可嘉。所有此次呈進方物，既已賞收，著照所請，下次正貢時，仍當優加錫賚，用彰厚往薄來至意。該部即傳諭該使臣，令於回國時轉告該國王知之。」

卷一四五六　乾隆五十九年六月乙酉

福建巡撫浦霖奏：「琉球回國貢船駛至五虎門外洋，陡遭颶風，船身被浪漂没，當經委員將夷官人等護送至省，安置館驛，給予口糧，仍於存公銀内酌賞一千兩，令料理回國。」報聞。

卷一四七九　乾隆六十年五月己卯

福建巡撫浦霖奏：「接准盛京將軍衙門咨稱，琉球國番民米精兼个段、那田、真勢等三人在洋遭風，漂入朝鮮國。又准浙江巡撫吉慶咨稱，琉球國番民比嘉等三人在洋遭風，漂至象山縣地方。並委員護送來閩，照例撫卹，送回本國。」報聞。

卷一四八三　乾隆六十年七月癸酉

諭曰：「長麟等奏琉球國貨船在浙江温州洋面被劫一摺，實屬不成事體。各省附近洋面地方，近年屢有劫盜之案，節經嚴飭督撫等董率將弁，實力查拏，乃盜風仍未盡熄，竟至外國貨船亦被搶劫。可見地方文武於捕盜並未認真辦理，以致洋面劫盜肆行無忌。現據長麟等奏『查照該國通事開報失單，著落地方官賠補』，所辦尚未允協。目下該國通事如尚未回棹，即著長麟等傳諭該通事，宣示朕旨，以中國洋面盜風未戢，該國貨船竟有被劫之事，朕亦引以爲媿。所有該國被劫貨價，即著落失事地方官加一倍賠償。此案盜犯並嚴飭地方文武躧緝務獲，勿令遠颺。向來辦理洋盜，罪止斬梟，此等行劫外國船隻盜犯，拏獲之日，竟當凌遲處死，庶盜匪共知畏懼，洋面可期寧謐。其該管督撫及疎防各員並著查明交部嚴加議處。」

諭軍機大臣曰：「長麟等奏琉球國貨船一隻在温州洋面被劫一摺，已降旨將該督撫等交部嚴加議處矣。閩浙洋面地方文武，平時不能實力巡查，至於盜劫頻聞，已非綏靖海疆之道，今竟劫至外夷船隻。該夷人回國，告知該國王，以内地洋面漫無查察，任聽海盜公行，豈不貽笑外國，實屬不成事體！况地方遇有此等要件，自應由驛馳奏，何得視同泛常，仍照例差人齎遞，可謂不知輕重。長麟、魁倫俱著傳旨嚴行申飭，仍著該督撫即董飭所屬，將此案盜犯上緊嚴拏，務期必獲，不得視爲海捕具文，致令盜犯遠颺，自蹈咎戾。再據魁倫奏『漳、泉等處米價自二兩七錢至三兩二錢』等語，因命軍機大臣將順天府奏京城糧價比較，漳、泉米價貴至八錢及一兩三錢不等，雖較春夏間糧價已屬大減，但每石尚至三兩左右，究未免昂貴。著傳諭該督撫上緊設法調劑，以平市價而便民食。」

卷一四八四　乾隆六十年八月壬午

諭軍機大臣曰：「吉慶奏『盜匪經浙江官兵合力兜捕，仍由外洋南竄。有福建糖船來浙，據該船户稱，在福建洋面見有盜船數十隻，自北向南逃竄。又盤獲鎮海縣人張達昂供，盜匪欲潛回福建。現飛咨閩省四路圍捕，並恐有落後藏匿浙省洋面者，仍飭各鎮派配兵船巡緝』等語。浙省洋面盜匪，經吉慶董率官兵出境追拏，盜犯被追窮蹙，紛紛潛竄，所辦尚好。現在盜匪既逃至閩洋，自必思潛回原籍，希圖藏匿。此等盜匪膽敢搶奪官米，又復劫掠琉球貨船，實屬可惡，必當悉數擒拏，從重懲辦。現經浙省追拏緊急，南竄至閩，著再傳諭長麟、魁倫，即督率將弁實力截拏，並於各隘口分投巡查搜捕，以期必獲。若長麟等視爲海捕具文，致任漏網，必將該督等一併治罪，決不寬貸。仍將近日曾否獲有盜船，迅速具奏。」

卷一四八四　乾隆六十年八月己丑

諭軍機大臣曰：「吉慶奏『琉球貨船在洋被劫一案，前經拏獲盜犯林玉頂等供出盜首林發枝、蔡大等曾在温州南麂山外洋行劫，並於所獲盜船内起出番衣、番布、旗等物，是琉球貨船其爲林發枝等劫去無疑』等語。此案盜犯，膽敢在浙江洋面搶奪官米，並行劫外夷貨船，實爲可惡，必當按名拏獲，從重懲治。現在盜首林發枝、蔡大已逃入閩洋，尚未就獲。著再傳諭長麟、魁倫務即遵照此旨，嚴飭水師將弁，與浙省兵船合力兜擒，並於各隘口派兵役嚴密稽查，以期必獲，毋得視爲海捕具文，致令首犯漏網稽誅。但海洋風信靡常，盜犯蹤跡往來無定。此時雖已向南竄，安知匪徒等不因閩省搜捕緊急，又思北竄？浙江洋面係吉慶專管，仍著責成該撫董率文武留心偵緝，不可因現回省城，日久生懈。至琉球國貨船被劫物件，據吉慶奏『即遵前旨著落失事地方官照數加一倍賠償，委員解交閩省，給與該夷人收領』等語。並著長麟等於給發時，即令通事傳知該夷人等，以此係大皇帝念伊遠來被劫，格外體恤，特加一倍給還，俾該夷人敬聆恩諭，回國告知該國王，自必倍深感激也。」

卷一四八九　乾隆六十年十月乙未

又諭：「據魁倫奏『琉球國貢使到閩，委員護送進京』及『遣送朝鮮國遭風難民回國』二摺，琉球國貢使於本年五月内即已到閩，朝鮮國遭風難民亦於三月内抵省安插，俱應早爲具奏。乃伍拉納、浦霖在任時並不即時奏辦，是伊等廢弛貽誤，於地方内外諸事一概置之不問，但知受賄延挨時日而已，可見死有餘辜。長麟、魁倫接任後亦應查明早奏，何以遲至此時始行具奏，咎實難辭。除長麟業經革職外，魁倫著交部議處。所有朝鮮遭風難民，閩省既無通曉伊等言語之人，自應即交護送琉球國貢使之委員，於十二月封篆内一併伴送進京，俟朝鮮年班貢使回國時順便帶回，以示體恤。」

卷一四九一　乾隆六十年十一月癸亥

又諭曰：「朱珪奏『拏獲海洋盜犯，審明辦理』一摺。前據福建省奏到，拏獲在洋行劫官米並琉球貨物各盜，其案内尚有未獲之犯。此次廣東所獲各盜，與福建雖係隔省，但盜匪踪跡靡定，於行劫官米及琉球貨船，有無幫同爲匪之處，摺内未據訊及。著朱珪再行提訊確情，毋任狡展。至梁興發各犯是否被淹身死，抑係乘間脱逃，並著嚴拏務獲，不得稍有漏網。昨據吉慶等奏，拏獲積年洋匪並疊次行劫夥盜，所辦尚爲認真，各督撫等若皆如吉慶等督率所屬，實力查拏，自可期盜風斂戢，綏靖海疆。並著傳諭沿海各督撫一體留心，實力督辦，毋得稍存玩懈，致干咎戾。」尋朱珪奏：「訊據各犯堅供，粤洋西路離東路甚遠，實未到過閩、浙，梁興發等委係受傷落水，自必身死，似係實在情形。」報聞。

卷一四九二　乾隆六十年十二月

戊戌，上幸瀛臺，哈密回部郡王額爾德錫爾等、土爾扈特使臣博多克等、杜爾伯特使臣察罕博𡊮克等、廓爾喀使臣噶箕迺爾興等、琉球國使臣向文鳳等、安南國使臣阮光裕等、暹羅國使臣呸雅梭挖粒巡段押撥蔴昭突等於西苑門外瞻覲。

卷一四九三　乾隆六十年十二月甲辰

敕諭琉球國世孫尚温曰：「朕惟共球翕集，聿昭有截之規；琛賮虔通，用表維藩之節。爾中山國王世孫尚温，攝領疆隅，恪循世守。值朕紀年周甲，來歲丙辰元旦，傳位皇太子，改爲嘉慶元年，朕稱太上皇帝，國慶駢蕃，適該國貢表遠至，是用降敕嘉諭，并賜世孫文綺等物，爾其敬受，以俟錫封。自丙辰年以後，凡有進呈表文，俱書嘉慶年號。至朕傳位後，凡軍國大政及交涉外藩事件，朕仍訓示嗣皇帝，一切錫賚綏懷，悉循恒典。爾其祇承恩賜，益勵藎誠，以副寵眷。」

卷一四九七　嘉慶二年七月

丙辰，太上皇帝幸瀛臺，回部四品伯克瑪穆特等二人、五品伯克謨們聶咱爾阿布都里體布等四人，朝鮮國正使金文淳、副使申耆等三人，琉球國正使東邦鼎、副使毛廷桂等二人於西華門外瞻覲。

卷一四九八　嘉慶二年七月

乙丑，太上皇帝同皇帝御保和殿，筵宴朝正外藩。左翼科爾沁和碩親王拉旺、多羅郡王和碩額駙索特納木多布齋、多羅郡王喇什噶勒當、輔國公哈達……朝鮮國正使金文淳、副使申耆等，琉球國正使東邦鼎、副使毛廷桂等，隨文武大臣依次就坐，諸樂並作。

卷一四九八　嘉慶三年正月

丙子，太上皇帝同皇帝御山高水長，賜蒙古王、貝勒、貝子、公、額駙、台吉，回部伯克，朝鮮、琉球國使臣等宴，並賞賚有差。

卷一四九八　嘉慶三年正月

庚辰，太上皇帝同皇帝御正大光明殿，賜朝正外藩等宴。左翼科爾沁和碩親王拉旺、多羅郡王和碩額駙索特納木多布齋、多羅郡王喇什噶勒當、輔國公哈達、錫達什里……朝鮮國正使金文淳、副使申者，琉球國正使東邦鼎、副使毛廷桂等隨大學士、領侍衛内大臣以次就坐，諸樂並作。太上皇帝同皇帝進酒，召左翼科爾沁和碩親王拉旺、多羅郡王和碩額駙索特納木多布齋、多羅郡王喇什噶勒當、巴林親王品級多羅郡王巴圖喀喇沁、親王品級多羅郡王和碩額駙滿珠巴咱爾……並各國正副使臣至御座前賜酒成禮。

御山高水長賜王公大臣，蒙古王、貝勒、貝子、公、額駙、台吉及外藩各國使臣等食。

# 仁宗實録

卷四　嘉慶元年四月己丑

撫卹琉球國遭風難夷如例。

卷一九　嘉慶二年六月

丁酉，諭軍機大臣等：「魁倫等奏琉球國王世孫尚温，因傳位大典，於常貢外備物申賀，忱悃可嘉，未便駁回，致阻其向化之誠。至朝鮮難民李唱寶等出洋遭風，漂至琉球國，該國給與衣食，並將難民等附搭貢船至閩，所有護送之人，著該督撫等量加獎賞。」

卷二五　嘉慶二年十二月

丙辰，上侍太上皇帝幸瀛臺，閱冰技。回部四品伯克瑪穆特等二人、五品伯克謨們聶咱爾阿布都里體布等四人，朝鮮國正使金文淳、副使申耆等三人，琉球國正使東邦鼎、副使毛廷桂等二人，於西苑門外瞻覲。

卷二六　嘉慶三年正月辛卯

琉球國中山王尚温遣使表貢方物。賞賚筵宴如例。

卷二六　嘉慶三年正月癸巳

上奉太上皇帝敕諭琉球國中山王世孫尚温：「惟昭德懷遠，盛世之良規；修職獻琛，藩臣之大節。輸誠匪懈，寵賚宜頒。爾琉球國中山王世孫尚温，屬在遐方，克抒丹悃，遣使齎表納貢，忠藎之忱，良可嘉尚。是用降敕奬諭，並賜文綺等物。再爾世孫以天朝疊慶重釐，倍呈方物，固見輸誠效順。但國家厚往薄來，字小柔遠，自有定制。惟念爾國僻處海陬，梯航遠至，已飭所司將此次貢物俱行收受，格外加賞，嗣後祇須照例呈進一分，毋庸增添，用示體卹，其祇承休命，世勵忠貞，以副恩眷。欽哉！故敕。」

卷三二　嘉慶三年六月

戊午，撫卹琉球遭風難夷如例。

卷四六　嘉慶四年六月戊子

以故琉球國王尚穆孫温襲爵命，翰林院修撰趙文楷爲正使、内閣中書李鼎元爲副使往封。

卷五六　嘉慶四年十二月丁亥

賜故琉球國中山王尚穆祭一次，絹五十匹。

卷五八　嘉慶五年正月己卯

琉球國中山王世孫尚温遣使奉表謝恩及進貢方物。賞賚如例，停止筵宴。

卷五八　嘉慶五年正月壬午

加封天后「垂慈篤祜」四字神號，命册封琉球國正使翰林院修撰趙文楷齎往福建致祭。

卷七七　嘉慶五年十二月

乙丑，諭軍機大臣等：「琉球國正使向必顯等現已到閩，若令守候多時，殊非體卹遠人之道。且該國王欲令使臣於明春到京，原爲七年朝正得以隨班行禮。今朕明年釋服後即應御殿，該使臣到京後，自可隨班行禮，何必遲至次年。著玉德傳知該使臣，並派員伴送，令於明年四月十五日以前到京，俾不致久於旅館，並可早遂其瞻覲之忱。至護送册封正、副使之署遊擊陳瑞芳在琉球病故，該國王備葬費五百兩，表奏請旨，已足將恭順之意，何必復有贈遺及其子孫，所有另備銀兩，自不應再爲收受，著玉德一併諭知該使臣可也。」

卷八一　嘉慶六年三月甲午

琉球國王尚温以册封王爵，遣使奉表謝恩，恭進方物。命留抵下次正貢，賞賚如例。

卷八二　嘉靖六年四月

壬子，諭内閣：「禮部奏：『琉球國使臣呈稱，該國此次恭進謝恩方物，懇予賞收，免抵下次正貢。』該國王因特賜御書、扁額等件，專遣使臣呈進謝恩方物，曾經該部具奏，降旨准作下次正貢，原以昭體卹而示柔懷。今據該使臣呈稱，伊等臨行時，國王再三諄囑，懇請准予賞收，免抵下次正貢，具見該國王抒忱效悃，誠懇可嘉。著照所請，此次所進方物，准予賞收，下次正貢届期，該國遣使來京時，再當優加賞賚，用昭柔惠遠藩至意。該部即傳諭該使臣，令於回國時轉告該國王知之。」

卷八二　嘉慶六年四月

辛酉，上御太和殿，宣制册立皇后，王以下文武大臣官員及朝鮮、琉球國使臣等行慶賀禮。

卷九八　嘉慶七年五月庚辰

加賞故琉球國副使鄭得功銀三百兩治喪，並予祭如例。

卷一〇七　嘉慶八年正月己未

諭内閣：「據玉德等奏『查明琉球國二號貢船在洋遭風，漂至臺灣地方衝礁擊碎，救援人口上岸撫卹緣由』一摺。外藩尋常貿易船隻，遭風漂至内洋，尚當量加撫卹。此次琉球國在大武崙洋面衝礁擊碎船隻，係屬遣使入貢裝載貢品之船，尤應加意優卹，其撈救得生之官伴、水梢人等，著照常例加倍給賞。至所裝貢物，除常貢各件業經沉失外，其正貢船隻，據稱既與常貢船同時開駕，至今尚未到閩，自係同時遭風。現經玉德等移知浙、粤等省沿海口岸，一體確查，如查無蹤跡，或亦已漂没沉失，所有正貢、常貢物件，均毋庸另備呈進。該督等即繕寫照會，行知該國王，以此次該國遣使入貢船隻，在洋遭風衝礁擊碎，人口幸無傷損，所有貢物行李盡皆沉失，此實人力難施，並非該使臣等不能小心護視所致。現已奏明，特奉恩旨優加撫卹，其沉失貢物，遠道申虔，即與齎呈賞收無異，諭令不必另行備進。所有此次齎貢使臣等回國，該國王毋庸加以罪責，以副天朝柔懷遠人至意。嗣後遇有外藩貢船遭風漂没沉失貢物之事，均著照此辦理。」

卷一一九　嘉靖八年八月乙酉

撫卹琉球國進貢難夷如例。

卷一五五　嘉慶十年十二月

庚子，上幸瀛臺，閱冰技。喀什噶爾三品伯克伊斯堪達爾等四人、喀喇沙爾四品伯克固爾班默特等二人、和闐五品伯克阿勒瑪斯、阿克蘇六品伯克公邁瑪特伊布拉伊木等二人、庫車六品伯克岳勒達什、伊犂六品伯克奈納克沙等二人、琉球國正使毛廷勷等三人、四川土司甲木參諾爾布等三十人於西苑門外瞻覲。

卷一五六　嘉慶十一年正月乙亥

琉球國中山王尚温遣使表貢方物。賞賚筵宴如例。

卷一七二　嘉慶十一年十二月丙戌

賞閩洋禦賊、保護琉球夷船之署守備陳琴都司銜，以守備即用。

卷一七二　嘉慶十一年十二月

庚寅，諭内閣：「阿林保等奏『參劾玩視捕務及隨緝不力各守備，請旨分别降革治罪』一摺。守備李萬青管帶兵船出洋捕盜，因遇匪船伺劫，輒敢收泊澳内任意觀望，經總兵徐錕再三催促，猶以並非所轄不遵調遣，實屬怠玩已極。此次蔡逆幫船，在三沙口外浮鷹洋面圖劫遭風琉球夷船，經署守備陳琴帶領兵船，奮力抵敵，得以保護無虞。前據阿林保奏到後，朕即降旨將陳琴優加獎擢。李萬青係與陳琴同一出洋捕盜之人，乃竟畏葸恇怯，至於如此，不可不加之懲創。李萬青著革職，即在三沙地方加枷號三箇月示衆，滿日重責，發往新疆效力贖罪。守備沈鋐隨同出洋緝匪，毫不得力，人亦多病，著即革職。守備張彪緝捕無能，惟年力尚强，著以把總降補，仍令隨同出洋巡緝，以觀後效。又賽沖阿奏『查閱臺灣南路營伍情形』一摺。據稱『遊擊廖國年老技生，難資操防訓練』等語，廖國著革職。」

卷一七三　嘉慶十二年正月戊午

諭軍機大臣等：「賽沖阿奏『琉球國進貢船隻遭風飄至澎湖洋面，其二號船衝礁擊碎，現在查明撫卹』一摺。此次琉球貢船航海内渡，在洋陡遇颶風，以致船隻被擊損壞，官伴、水梢人等幸經漁船救濟得生，情殊可憫。現在正貢船已經派員護送，安穩内渡。所有二號船隻沈失貢物，毋庸再令補進。阿林保當即照會該國王，以該貢使等在洋遭風，人力難施，非由奉使不慎所致；業經奏聞，蒙大皇帝恩施，諭令無庸將沈失貢物補行呈進，亦無庸將該貢使等加以咎責，俾知感激，以副懷柔。至該貢使攜帶銀貨行李，均已失水，現經賽沖阿給與卹賞，著阿林保於貢使等内渡時，再行酌量加以賞賚。至該貢使等自閩起程，可令緩程行走，於四月底到京。前據永保等奏，南掌國貢使於上年十月起身，亦已諭令於本年四月二十日以後到京，五月閒正可一同錫宴，並邀恩賚也。將此傳諭知之。」

卷一八三　嘉慶十二年七月乙巳

以故琉球國中山王尚温孫灝襲爵，命翰林院編修齊鯤爲正使、工科給事中費錫章爲副使往封。

卷一八七　嘉慶十二年十一月丁未

予故琉球國中山王尚温，並追封國王故世子尚成，祭賞如例。

卷一八八　嘉慶十二年十一月乙丑

又諭：「阿林保等奏『琉球國接貢船隻遭風擊碎，淹斃人口，請將接護遲延之水師副將徐湧革職，及攔阻不力之署同知于天澤、代理海壇左營遊擊候補守備何文上交部嚴加詳處等情』一摺。琉球國接貢船隻在洋遭風，若該副將於接到札委後，立即前往，或尚可阻止開行，並乘時救護。乃徐湧於接到委札，輒以現帶兵船僅有七隻，稟請添派兵船幫同往護爲詞。試思以兵船七隻護一夷船，有何不敷？尚如此飾詞推諉，若令其出洋捕盜，必更遷延躲避，似此怯懦無能，實屬有負職守。僅予革職，尚屬輕縱。徐湧著革職發往烏嚕木齊效力贖罪。署同知于天澤等於夷船開出澳口放洋，阻止不力，亦難辭咎。署平潭同知候補知府于天澤、代理海壇左營遊擊候補守備何文上，著交吏、兵二部嚴加議處。」

撫卹琉球國接貢船遭風難夷，并賞淹斃夷人家屬銀五百兩。

卷一九〇　嘉慶十二年十二月

丙戌，諭內閣：「阿林保等奏『請捐賞琉球船隻遭風沈失該國王世孫銀兩』一摺。該國王世孫因來年有册封使臣到國，發交夷官銀五千兩，備辦迎接應用物件，儀制攸關。今因船隻在洋遭風，此項銀兩漂失，該夷官等呈懇借給以資購備，自應加之體卹，量予恩施。所有該國沈失銀五千兩，著加恩賞給庫項銀二千五百兩，其餘銀二千五百兩，准該省督撫司道大員捐資發給，均免其繳還，用示懷柔至意。餘著照所請行。」

卷一九〇　嘉慶十二年十二月

戊子，上幸北海，閱冰技。科爾沁扎薩克郡王敏珠爾多爾濟等六人、喀爾喀扎薩克郡王達瑪琳扎布等十五人、杜爾伯特扎薩克貝勒齊默多爾濟等七人、喀喇沁輔國公色楞多爾濟等五人、青海扎薩克台吉棍布扎布等四人、土爾扈特台吉諾海等四人、額魯特總管博本等六人、阿克蘇三品伯克玉素布等三人、葉爾羌六品伯克伊斯喇木等六人、伊犂五品商伯克索丕之子等二人、暹羅國正使丕雅史滑里巡段亞排那車突等四人、琉球國副使梁邦弼於神武門外瞻覲。

卷一九〇　嘉慶十二年十二月

丁酉，上御保和殿，筵宴朝正外藩。科爾沁、喀喇沁、巴林、敖漢、翁牛特、喀爾喀、柰曼、阿拉善、阿巴噶、浩齊特、蘇尼特、烏珠穆沁、土默特、阿巴哈納爾、鄂爾多斯、杜爾伯特、綽羅斯、青海、土爾扈特、額魯特王、貝勒、貝子、公、額駙、台吉、塔布囊等及朝鮮、暹羅、琉球國正副使等隨文武大臣依次就坐，諸樂並作。

卷一九一　嘉慶十三年正月甲子

琉球國中山王尚灝遣使表貢方物。賞賚筵宴如例。

卷一九八　嘉慶十三年七月

乙亥，撫卹琉球國遭風難夷如例。

卷二〇三　嘉慶十三年十一月癸酉

琉球國貢使楊克敦在途病故，賜卹如例。

卷二〇七　嘉慶十四年二月癸丑

琉球國中山王尚灝遣使表謝册封，並奏該國餽送册使宴金，請旨敕賜收受。得旨：「此項宴金使臣等卻還，原屬仰體朕意，不欲滋擾外藩，今仍不必收受，令來使帶回。」

卷二一一　嘉慶十四年五月癸亥

又諭「禮部奏『請將新定時憲書如何發交琉球國祗領之處，敕下福建巡撫詳議章程』一摺。琉球久列藩封，極爲恭順，惟因地懸海外，不能剋期往來，是以歷來時憲書均未經頒發。今必責令每年專遣使臣遠涉重洋前來祗領，非所以示體卹。若將時憲書存貯福建巡撫處，遇便發交，則節候已過，頒發徒爲具文，轉非覈實之道。所有琉球應領之時憲書，竟可毋庸頒給，祗將該國星度、節候詳細推準，增入時憲書内，以垂久遠。該部即遵諭行。」

卷二一九　嘉慶十四年十月戊子

撫卹琉球國遭風難夷如例。

卷二四九　嘉慶十六年十月丙午

琉球國中山王尚灝遣使表貢方物。賞賚筵宴如例。

卷二四九　嘉慶十六年十月

己未，諭内閣：「本日禮部具奏『福建原派伴送琉球國貢使來京之同知那紱病故，請旨飭令直隸總督派員來京伴送起程，並照例行知沿途督撫派員接替護送』等語。直隸總督温承惠現在山海關一帶查閲營伍，著交順天府府尹先行揀派明幹之員二人由京伴送琉球國貢使起程，即行知直隸藩司方受疇於知府、丞倅中揀派二員，於河閒一帶接替護送出境。其經過之山東、江蘇、浙江、福建各督撫一體遵照，派員於各省交界處所接替伴護。至向例貢使來京，由入境省分派員護送，原應遴派二三員，沿途妥爲照料。此次琉球國貢使來京，張師誠僅派同知一員，以致該員病故，無人伴送回閩，辦理殊屬不合。張師誠著交部察議。嗣後福建、廣東、廣西、雲南等省，遇有外藩使臣入貢，著各該督撫均於文武員弁内揀派明幹者兩三員伴送來京，以昭慎重，毋得止委一員，致有貽誤。」

卷二六五　嘉慶十八年正月乙未

琉球國中山王尚灝、暹羅國王鄭佛遣使表貢方物。賞賚筵宴如例。

卷二七二　嘉慶十八年八月丁未

撫卹琉球國遭風難夷如例。

卷二九八　嘉慶十九年十月癸酉

撫卹琉球國遭風難夷如例。

卷三〇一　嘉慶十九年十二月

戊寅，上幸瀛臺，閱冰技。科爾沁郡王棟默特等三人、敖漢扎薩克郡王達爾瑪濟爾迪等二人、蘇尼特扎薩克郡王巴勒珠爾雅喇木丕勒、四子部落扎薩克郡王彭楚克桑嚕布、茂明安貝勒丹丕勒、巴林扎薩克貝子多爾濟帕勒瑪、阿巴噶扎薩克郡王瑪呢巴達喇等九人、鄂爾多斯扎薩克貝子額爾德呢桑、郭爾羅斯扎薩克鎮國公古嚕扎布、喀喇沁額駙巴勒丹蘊丹、青海扎薩克郡王車凌端多布等二人、茂明安扎薩克頭等台吉托克托瑚、土爾扈特扎薩克親王恩克濟爾噶勒等四人、綽羅斯三等台吉衮布等四人、杜爾伯特汗齊旺喇布坦等差來使十六人、熱河額魯特總管呢瑪等六人、回部阿奇木伯克巴彦岱等十五人、土司丹紫江楚等三十二人、琉球國使臣向斌等二人，於西苑門外瞻覲。

卷三〇一　嘉慶十九年十二月

丙戌，上御保和殿，筵宴朝正外藩。巴林、喀喇沁、科爾沁、敖漢、蘇尼特、浩齊特、四子部落、扎賚特、茂明安、土默特、阿巴哈納爾、喀爾喀、鄂爾多斯、郭爾羅斯、阿巴噶、翁牛特、土爾扈特、杜爾伯特、青海、綽羅斯王、貝勒、貝子、公、額駙、台吉等及朝鮮、琉球國正副使等隨文武大臣依次就坐，諸樂並作。

卷三〇二　嘉慶二十年正月庚戌

琉球國中山王尚灝遣使表貢方物。賞賚筵宴如例。

卷三二五　嘉慶二十一年十二月丙申

幸瀛臺，閲冰技。科爾沁扎薩克郡王敏珠爾多爾濟等五人、蘇尼特扎薩克郡王喇特納錫第、阿巴噶扎薩克郡王瑪呢巴達喇等三人、喀爾喀扎薩克郡王巴圖鄂齊爾等九人、阿巴哈納爾扎薩克貝勒瑪哈巴拉、烏珠穆沁扎薩克貝勒圖克濟扎布等三人、土默特輔國公濟魯布、青海扎薩克輔國公伊什達爾濟等二人、伊克明安扎薩克輔國公呢瑪藏布、土爾扈特扎薩克輔國公拜濟瑚等二人、和碩特輔國公丹津扎布等五人、回部扎薩克郡王邁瑪薩伊特等十六人及琉球國使臣毛維憲等二人，於神武門外瞻覲。

卷三二五　嘉慶二十一年十二月

甲辰，上御保和殿，筵宴朝正外藩。科爾沁、喀喇沁、奈曼、蘇尼特、浩齊特、阿巴噶、阿巴哈納爾、烏珠穆沁、鄂爾多斯、巴林、土默特、敖漢、喀爾喀、吐魯番、翁牛特、青海、伊克明安、土爾扈特、和碩特王、貝勒、貝子、公、額駙、台吉及朝鮮、琉球國正副使等隨文武大臣依次就坐，諸樂並作。

卷三二六　嘉慶二十二年正月庚午

琉球國中山王尚灝遣使表貢方物。賞賚筵宴如例。

卷三五二　嘉慶二十三年十二月乙酉

幸北海，閲冰技。烏珠穆沁扎薩克親王多爾濟濟克默特納木濟勒、阿巴噶郡王喇特納錫第、科爾沁貝勒色楞多爾濟等二人、喀爾喀扎薩克貝勒忠濟勒車淩等十一人、郭爾羅斯扎薩克輔國公恩克托克托瑚、蘇尼特輔國公額琳沁、克什克騰扎薩克頭等台吉旺楚克喇布坦、青海扎薩克輔國公喇特納錫第、察哈爾和碩特扎薩克頭等台吉達什沙木丕勒等四人、土爾扈特台吉鄂齊爾、回部沙雅爾阿奇木伯克諾什咱特等十五人、琉球國正副使毛維新等二人，於神武門外瞻覲。

卷三五二　嘉慶二十三年十二月

癸巳，上御保和殿，筵宴朝正外藩。巴林、科爾沁、奈曼、敖漢、阿巴噶、喀喇沁、扎嚕特、喀爾喀、土默特、鄂爾多斯、烏喇特、郭爾羅斯、克什克騰、蘇尼特、翁牛特、阿巴哈納爾、烏珠穆沁、青海、綽羅斯、土爾扈特王、貝勒、貝子、公、台吉、塔布囊等及朝鮮、琉球國正副使等隨文武大臣依次就坐，諸樂並作。

卷三五三　嘉慶二十四年正月己未

琉球國中山王尚灝遣使表貢方物。賞賚筵宴如例。

卷三六四　嘉慶二十四年十一月戊寅

撫卹琉球國遭風難夷如例。

# 宣宗實録

卷四　嘉慶二十五年九月壬戌

諭軍機大臣等："「皇考大行皇帝遺詔，前經頒發直省外藩，昨内閣繕呈遺詔副本，朕恭讀之下，末有皇祖降生避暑山莊之語，係軍機大臣擬繕錯誤，當經降旨宣示中外。所有頒發琉球、暹羅、越南、緬甸四國遺詔應由福建、廣東、廣西、雲南四省轉發，計算程期，此時尚未行抵該省，著諭知各該督撫，暫將頒往四國遺詔敬謹存留該省，俟更正發往後，再由該督撫轉發，仍將原奉遺詔繳回。將此由六百里各諭令知之。」

卷十一　嘉慶二十五年十二月癸卯

喀爾喀貝勒索諾木多布沁等八人、青海扎薩克輔國公伊什達爾濟等二人、察哈爾旗分綽羅斯三等台吉喇特納巴咱爾等四人，並琉球國使臣向邦正等二人，於神武門外瞻覲。

卷十二　道光元年正月戊寅

琉球國王尚灝遣使奉表謝恩，進貢方物。賞賚如例，停止筵宴。

卷十四　道光元年三月己未

撫卹琉球國遭風難夷如例。

卷十五　道光元年三月庚辰
撫卹琉球國遭風難夷如例。
卷二二　道光元年八月壬午
撫卹琉球國遭風難夷如例。
卷二三　道光元年九月辛亥
撫卹琉球國遭風難夷如例。
卷二四　道光元年十月甲申
撫卹琉球國遭風難夷如例。
卷二八　道光二年正月癸酉
撫卹琉球國遭風難夷如例。
卷二九　道光二年二月辛巳
撫卹琉球國遭風難夷如例。
卷三一　道光二年三月辛亥
撫卹琉球國遭風難夷如例。
卷三五　道光二年五月丁亥
撫卹琉球國遭風難夷如例。

卷三八　道光二年七月癸酉

琉球國使臣向廷謀等二人於午門外瞻覲。

卷三八　道光二年七月丁亥

琉球國王尚灝遣使表賀登極，進貢方物。賞賚如例。

卷三八　道光二年七月庚子

撫卹琉球國遭風難夷如例。

卷三九　道光二年八月甲寅

撫卹琉球國遭風難夷如例。

卷四一　道光二年九月己亥

撫卹琉球國遭風難夷如例。

卷四六　道光二年十二月乙巳

又諭：「葉世倬奏『琉球國貢船遭風，請分别撫卹』一摺。琉球國例貢二號船，在閭頭外洋遭風擊碎，淹斃夷使人等十名，情殊可憫。除該撫照例優卹外，著加恩賞銀一千兩，給夷官雇覓商船回國。其沈失貢物，毋庸另備呈進，以示加惠遠人至意。」

卷四七　道光二年十二月己巳

琉球國使臣毛樹德等二人於午門外瞻覲。

卷四七　道光二年十二月

庚午，上御保和殿，筵宴朝正外藩。科爾沁、蘇尼特、浩齊特、阿巴噶、翁牛特、阿嚕科爾沁、喀喇沁、烏珠穆沁、阿巴哈納爾、喀爾喀鄂爾多斯、敖漢、土默特、巴林、杜爾伯特、青海、茂明安、和碩特、綽羅斯王、貝勒、貝子、公、額駙、台吉、塔布囊等及琉球、暹羅正副使等隨文武大臣依次就坐，諸樂並作。

卷四八　道光三年正月癸未

諭内閣：「禮部奏『琉球國使臣呈稱，國王此次恭進方物，懇照乾隆五十五年、五十九年、嘉慶六年、十四年准予賞收，免其留抵』等語。該國王因慶賀登極，專遣使臣呈進方物，曾降旨准其留抵正貢，原以昭體恤而示柔懷。今據該使臣等呈稱，伊等臨行時，國王再三諄囑，懇請准予賞收，免抵下次正貢，具見該國王抒忱效悃，誠懇可嘉。著照所請，此次所進方物，准予賞收。下次正貢屆期，該國遣使來京時，再當優加賞賚，用昭柔惠遠藩至意。該部即傳諭該使臣，令於回國時轉告該國王知之。」

卷四八　道光三年正月戊子

琉球國王尚灝遣使表貢方物。賞賚筵宴如例。

撫卹琉球國遭風難夷如例。

卷四九　道光三年二月丙午

諭軍機大臣等：「朕御書『海表同文』扁額賜朝鮮國王，『屏翰東南』扁額賜琉球國王，『永奠海邦』扁額賜暹羅國王。現在各該國使臣俱已起程出京，晉昌、趙慎畛、阮元接奉御書扁額，著於該使臣等過境時，發給該使臣齎回本國，交該國王祇領。將此各諭令知之。」

卷四九　道光三年二月己未

撫卹琉球國遭風難夷如例。

卷五二　道光三年五月丁丑

撫卹琉球、吕宋遭風難夷如例。

卷五三　道光三年六月丙寅

撫卹琉球國遭風難夷如例。

卷五八　道光三年九月丁卯

撫卹琉球國遭風難夷如例。

卷五九　道光三年九月壬辰

撫卹琉球國遭風難夷如例。

卷六〇　道光三年十月癸丑

撫卹琉球國遭風難夷如例。

卷六一　道光三年十一月乙亥

撫卹琉球國遭風難夷如例。

卷六一　道光三年十一月癸未

撫卹琉球國遭風難夷如例。

卷六三　道光三年十二月

壬子，諭内閣：「孫爾準奏『琉球國王遣護廣東遭風難民來閩，照例辦理』一摺。廣東客民鄭仁記等船隻在洋遭風，漂至琉球地方，經該國安置養贍。現在該國王差都通事等配船送回内地，已抵閩省。所有官伴水梢，著自安插日爲始，分别日給蔬薪、鹽菜、口糧，回國之日，另給行糧一箇月，並著加賞都通事等緞紗、布匹及修船銀兩。該夷帶來土産貨物，准其開館貿易，事竣照（料）〔例〕遣回。至難民鄭仁記等著即給照，由陸路遞送回籍。」

卷六五　道光四年六月丙辰

撫卹琉球國遭風難夷如例。

卷六八　道光四年五月乙酉

撫卹琉球國遭風難夷如例。

卷七一　道光四年閏七月戊午

撫卹琉球國遭風難夷如例。

卷七二　道光四年八月丙戌

撫卹琉球國遭風難夷如例。

卷七四　道光四年十月丁亥

撫卹琉球國遭風難夷如例。

卷七七　道光四年十二月丙子

撫卹琉球國遭風難夷如例。

卷七七　道光四年十二月丁亥

朝鮮國使臣李光憲等二人、琉球國使臣向廷楷等二人於午門外瞻覲。

卷七七　道光四年十二月

戊子，上御保和殿，筵宴朝正外藩。科爾沁、巴林、喀喇沁、奈曼、敖漢、扎嚕特、喀爾喀、杜爾伯特、阿巴噶、郭爾羅斯、烏拉特、蘇尼特、阿巴哈納爾、烏珠穆沁、阿拉善、鄂爾多斯、青海、土默特、扎哈沁、和碩特、綽羅斯王、貝勒、貝子、公、額駙、台吉、塔布囊等並朝鮮、琉球國正副使隨文武大臣以次就坐，諸樂並作。

卷七八　道光五年正月甲寅

琉球國王尚灝遣使表貢方物。賞賚筵宴如例。

卷八〇　道光五年三月乙巳

撫卹琉球國遭風難夷如例。

卷九三　道光五年十二月戊寅

撫卹琉球國遭風難夷如例。

卷九五　道光六年二月乙丑
撫卹琉球國遭風難夷如例。
卷九八　道光六年五月乙酉
撫卹琉球國遭風難夷如例。
卷一〇五　道光六年九月戊子
撫卹琉球國遭風難夷如例。
卷一〇七　道光六年十月己酉
撫卹琉球國遭風難夷如例。
卷一〇七　道光六年十月癸亥
撫卹琉球國遭風難夷如例。
卷一一二　道光六年十一月
丙子，上御保和殿，筵宴朝正外藩。科爾沁、巴林、喀喇沁、敖漢、翁牛特、蘇尼特、扎賚特、扎嚕特、土默特、茂明安、喀爾喀、阿巴哈納爾、鄂爾多斯、郭爾羅斯、阿拉善、青海、伊克明安、和碩特、土爾扈特、綽羅斯王、貝勒、貝子、公、額駙、台吉及朝鮮、琉球國正副使、土司等隨文武大臣依次就坐，諸樂並作。
卷一一三　道光七年正月己卯

諭内閣：昨因元旦朝賀禮成，百官甫退，有穿補服二人，自東而西在太和門階下趨過，降旨查詢。本日據那清安等奏：向來朝會，有御史、禮部司官、侍衛等分列左右，糾察失儀，請將該員等察議等語。朝會大典，自應整齊嚴肅，該員等於任意趨走之人，竟不照例指拏，所司何事？並聞侍衛處久未派員，自係相沿積習，亦屬疏忽，本應照例將該堂官懲處，姑念由來已久，並非起自近年，著吏部查取此次專司越班失儀御史，及禮部司員各職名，照例察議。嗣後丹墀南仍派禮部司員四人，儀仗後仍派御史四人、禮部司員四人，並著添派侍衛四人，分列昭德貞度門内階下左右，專司朝儀，遇有越班行走者，立即指拏奏辦。儻再怠忽從事，定將各該堂官一併懲處不貸。再向來朝鮮、琉球諸國，俱列在西班百官之末，蒙古台吉、回子伯克在東班行禮者，亦俱參差不齊，殊屬非是。此後著理藩院派司官二人帶領另爲一班，或應在東班之末，或原有一定制例，著理藩院查明議奏。並著護軍統領於升殿前稽查彈壓，一切隨從人等，勿許混入，以肅朝儀。

卷一一三　道光七年正月戊戌

琉球國王尚灝遣使表貢方物。賞賚筵宴如例。

卷一一六　道光七年四月甲子

撫卹琉球國遭風難夷如例。

卷一二一　道光七年七月癸丑

琉球國王尚灝遣使護送内地遭風難民到閩。賞賚如例。

卷一二四　道光七年八月甲午

撫卹琉球國遭風難夷如例。

卷一二九　道光七年十一月己酉

撫卹琉球國遭風難夷如例。

卷一三一　道光七年十二月辛卯

撫卹琉球國遭風難夷如例。

卷一三二　道光八年正月庚午

撫卹琉球國遭風難夷如例。

卷一三三　道光八年二月甲申

撫卹琉球國遭風難夷如例。

卷一四〇　道光八年八月壬申

撫卹日本、琉球二國遭風難夷如例。

卷一四九　道光八年十二月戊子

琉球國使臣毛世輝等二人於西苑門外瞻覲。

卷一四九　道光八年十二月

乙未，上御保和殿，筵宴朝正外藩。科爾沁、巴林、喀喇沁、浩齊特、蘇尼特、阿巴噶、翁牛特、阿嚕科爾沁、阿巴哈納爾、鄂爾多斯、郭爾羅斯、烏珠穆沁、烏喇特、杜爾伯特、喀爾喀、阿拉善、青海、和碩特、額魯特、土爾扈特、土默特、綽羅斯王、貝勒、貝子、公、額駙、台吉、塔布囊等及章嘉呼圖克圖、朝鮮、琉球國正副使隨文武大臣依次就坐，諸樂並作。

卷一五〇　道光九年正月辛酉

琉球國王尚灝遣使表貢方物。賞賚筵宴如例。

卷一五二　道光九年二月辛卯

撫卹琉球國遭風難夷如例。

卷一六五　道光十年正月戊午

撫卹琉球國遭風難夷如例。

卷一七一　道光十年七月乙酉

撫卹琉球國遭風難夷如例。

卷一七二　道光十年八月甲辰

撫卹琉球國遭風難夷如例。

卷一七七　道光十年十月癸卯

撫卹琉球國遭風難夷如例。

卷一八一　道光十年十二月丁酉

撫卹琉球國遭風難夷如例。

卷一八二　道光十年十二月癸卯

烏珠穆沁扎薩克車臣親王多爾濟濟克默特納木濟勒、科爾沁扎薩克冰圖郡王林沁扎勒贊等六人、鄂爾多斯扎薩克郡王巴保多爾濟等二人、阿巴噶郡王那木薩喇多爾濟等二人、杜爾伯特扎薩克貝子鄂綽爾呼雅克圖、喀爾喀貝子阿第雅等三人、翁牛特鎮國公豐伸保、烏喇特扎薩克鎮國公巴圖鄂齊爾、郭爾羅斯扎薩克輔國公阿勒坦鄂齊爾、蘇尼特輔國公額林沁、克什克騰扎薩克頭等台吉畢瑪拉吉哩第、喀喇沁額駙德勒克桑保等二人、附在察哈爾旗下和碩特扎薩克頭等台吉翰克博羅特等四人、土爾扈特四等台吉圖薩圖及琉球國使臣向國璧等二人、暹羅國使臣拍針倫素攀那密等二人，於神武門外瞻覲。

卷一八二　道光十年十二月

甲寅，上御保和殿，筵宴朝正外藩。科爾沁、烏珠穆沁、巴林、喀喇沁、奈曼、敖漢、阿巴噶、鄂爾多斯、土默特、杜爾伯特、喀爾喀、翁牛特、烏喇特、郭爾羅斯、蘇尼特、克什克騰、阿拉善、土爾扈特、茂明安、青海、和碩特、察哈爾王、貝勒、貝子、公、額駙、台吉、塔布囊等及琉球、暹羅國正副使等隨文武大臣依次就坐，諸樂並作。

卷一八三　道光十一年正月己卯

撫卹琉球國遭風難夷如例。

卷一八三　道光十一年正月辛巳

琉球國王尚灝遣使表貢方物。賞賚筵宴如例。

卷一八六　道光十一年三月庚辰

撫卹琉球國遭風難夷如例。

卷一九八　道光十一年十月壬午

撫卹琉球國遭風難夷如例。

卷二〇三　道光十一年十二月丁酉

撫卹琉球國遭風難夷如例。

卷二〇五　道光十二年二月庚寅

撫卹琉球國遭風難夷如例。

卷二〇七　道光十二年三月己酉

撫卹琉球國遭風難夷如例。

卷二一一　道光十二年五月

丁未朔，諭内閣：「魏元烺奏『夷船因風漂泊請將防範不力之將弁摘去頂帶』一摺。閩省南北洋面，向惟琉球國船隻准其往來，其餘夷船，概不准其停泊。」

卷二一二　道光十二年五月丙寅

撫卹琉球國遭風難夷如例。

卷二二一　道光十二年閏九月庚辰

撫卹琉球國遭風難夷如例。

卷二二八　道光十二年十二月癸亥

撫卹琉球國遭風難夷如例。

卷二二八　道光十二年十二月庚午

撫卹琉球國遭風難夷如例。

卷二二八　道光十二年十二月辛未

琉球國使臣向永昌等二人於午門外瞻覲。

卷二二八　道光十二年十二月

壬申，上御保和殿，筵宴朝正外藩。科爾沁、巴林、喀喇沁、奈曼、敖漢、蘇尼特、四子部落、扎嚕特、茂明安、喀爾喀、鄂爾多斯、郭爾羅斯、翁牛特、阿拉善、哈密、青海、扎哈沁、杜爾伯特、土爾扈特、和碩特、綽羅斯王、貝勒、貝子、公、額駙、台吉等並朝鮮、琉球國正副使隨文武大臣以次就坐，諸樂並作。

卷二二九　道光十三年正月

甲戌，諭內閣：「上年除夕保和殿筵宴，禮部堂司各官帶領朝鮮、琉球兩國使臣跪領賜酒，將先後班次錯誤。茲據耆英等遵旨查明參奏，實屬疏忽。色克精額、文慶及該部帶領之司官，著交部分別議處。」

卷二三〇　道光十三年正月戊戌

琉球國王尚灝遣使表貢方物。賞賚筵宴如例。

卷二三九　道光十三年六月戊辰

撫卹琉球國遭風難夷如例。

卷二四二　道光十三年八月甲辰

諭軍機大臣等：「據鍾祥奏，七月二十二日有夷船一隻，飄至山東日照縣洋面。該縣知縣音德查看船內共十一人，載有煙葉等物。言語啾唧，內有一人書寫字樣係琉球國首里內泊村人永、張等姓。六月二十六日從該國放洋，七月初二日遭風飄至內洋。該縣酌賞錢文、食物，擬俟風勢稍息，即令收口寄碇。次日，東北風更大，該夷船即乘風南下。該撫已咨行江南、浙江、福建各省，飭令沿海文武一體巡探，並將未能攔阻聽候奏辦之知縣參奏，當降旨將音德交部議處矣。該夷船乘風南駛，自必由閩洋回國，該督等著即通飭沿海文武員弁認真巡探，如該夷船到閩，即令速回本國，並知照該國王於該夷船回國時，查明是否係伊國內商船，何時回國，即行咨覆閩省督撫查照，遇便覆奏。將此諭令知之。」

卷二四六　道光十三年十二月丙午

撫卹琉球國遭風難夷如例。

卷二五一　道光十四年四月戊戌

撫卹琉球國遭風難夷如例。

卷二五二　道光十四年五月丙寅

撫卹琉球國遭風難夷如例。

卷二五二　道光十四年五月庚辰

撫卹琉球國遭風難夷如例。

卷二六一　道光十四年十二月癸丑

布古爾三品阿奇木伯克邁瑪第敏等二人、和闐四品阿奇木伯克邁瑪特等四人、喀什噶爾四品商伯克密爾哈色木等二人、葉爾羌五品阿奇木伯克呢雅斯等二人、賽哩木五品噶雜納齊伯克阿布都勒依木等二人、沙雅爾五品商伯克斯底克等二人、伊犂五品噶雜納齊伯克鄂斯滿等二人、吐魯番協理旗務伯克愛哈特巴和依等二人、霍罕伯克愛連巴依等二人、朝鮮國使臣李翊會等三人、琉球國使臣向如山等二人、暹羅國使臣呸雅唆滑里巡段呵叭臘車突等四人於西苑門外瞻覲。

卷二六一　道光十四年十二月

庚申，上御保和殿，筵宴朝正外藩。科爾沁、巴林、奈曼、鄂爾多斯、阿巴噶、喀喇沁、土默特、喀爾喀、烏喇特、翁牛特、郭爾羅斯、蘇尼特、克什克騰、敖漢、浩齊特、青海、土爾扈特、和碩特王、貝勒、貝子、公、額駙、台吉、塔布囊及朝鮮、琉球、暹羅國正副使等隨文武大臣依次就坐，諸樂並作。

卷二六二　道光十五年正月丙戌

琉球國王世子尚育、暹羅國王鄭福均遣使表貢方物。賞賚筵宴如例。

卷二七四　道光十五年十一月甲辰

撫卹琉球國遭風難夷如例。

卷二七六　道光十五年十二月丙子

撫卹琉球國遭風難夷如例。

卷二八〇　道光十六年三月甲申

撫卹琉球國遭風難夷如例。

卷二九二　道光十六年十二月壬申

御勤政殿，賜蒙古王、貝勒、貝子、公，琉球國使臣、章嘉呼圖克圖等宴，並賞賚有差。

阿克蘇賽哩木三品阿奇木伯克阿里依等二人、喀喇沙爾布古爾四品伊什罕伯克托胡達等二人、庫車沙雅爾四品伊什罕伯克阿克伯克等二人、和闐五品採鉛伯克愛拜都拉等二人、喀什噶爾塔什密里克五品阿奇木伯克阿布都爾錫特等二人、葉爾羌五品帕提沙布伯克伊布喇依木等四人、伊犂五品頂帶六品都觀伯克巴克咱特、朝鮮國使臣申在植等三人、琉球國使臣向大烋等二人於西苑門外瞻覲。

卷二九二　道光十六年十二月

戊寅，上御保和殿，筵宴朝正外藩。科爾沁、巴林、喀喇沁、奈曼、敖漢、翁牛特、蘇尼特、鄂爾多斯、土默特、扎嚕特、郭爾羅斯、喀爾喀、綽羅斯、回部土爾扈特、青海、伊克明安、和碩特、察哈爾王、貝勒、貝子、公、額駙、台吉及朝鮮、琉球國使臣隨文武大臣依次就坐，諸樂並作。

卷二九三　道光十七年正月甲辰

琉球國王世子尚育遣使表請襲封，呈進方物。賞賚如例。

卷二九八　道光十七年六月丁巳

以故琉球國王尚灝世子育襲爵，命翰林院修撰林鴻年爲正使，編修高人鑑爲副使往封。

卷三〇二　道光十七年十月丙寅

撫卹琉球國遭風難夷如例。

卷三〇六　道光十八年二月丙午

又諭：「御史帥方蔚奏『向來出使琉球諸臣隨從家丁及閩省派往護送弁兵，攜帶内地貨物，或包攬商貨，前赴該國昂價勒售』等語。使臣册封外藩，原當約束家丁，無許滋擾，至派出護送弁兵，素非該使臣所屬，彈壓尤難。儻敢私攜貨物，倚勢邀求，甚非體恤外藩之意，且與中國體制有關，不可不嚴行查禁。著鍾祥密飭所屬，認真稽查。如該使臣家丁竟有攜帶貨物情弊，即飭令該使臣自行懲辦，並遴派大員於開船時留心查察，所派弁兵如有違例私帶及包攬商貨，著即按名查拏，分别懲究，毋稍姑容，以除陋習而免擾累。將此諭令知之。」

卷三〇九　道光十八年閏四月

撫卹琉球國遭風難夷如例。

庚子，諭軍機大臣等：「前有旨令鍾祥稽查册封琉球使臣家丁並弁兵等有無攜帶貨物情弊。茲據鍾祥奏稱『册封事宜，現已豫備妥協。其應行稽查之處，該督起程赴浙後，移交魏元烺隨時督率辦理』等語。使臣册封外藩，國體攸關，豈容家丁、弁兵帶貨滋弊。著該督於該使臣册封事竣回國時，仍遵前旨，密飭所屬，認真查察。儻該使臣家丁及護送弁兵等有私帶物件及包攬商貨等弊，即著據實按名查拏，嚴行懲辦，不得因差事已竣，稍存消弭之見，致無以杜流弊而儆將來。將此諭令知之。」

卷三一四　道光十八年九月庚戌

撫卹朝鮮國、琉球國遭風難夷如例。

卷三一五　道光十八年十月

辛巳，撫卹琉球國遭風難夷如例。

卷三一六　道光十八年十一月

辛酉，予奉差琉球病故福建守備周廷祥祭葬卹廕如軍營例。

卷三一七　道光十八年十二月乙亥

撫卹朝鮮國、琉球國遭風難夷如例。

卷三一七　道光十八年十一月丙子

撫卹琉球國遭風難夷如例。

卷三一七　道光十八年十二月庚寅

御勤政殿，賜蒙古王、貝勒、貝子、公、額駙、台吉，及朝鮮、琉球國使臣、章嘉呼圖克圖等宴，並賞賚有差。

吐魯番扎薩克郡王阿克拉依都等三人、科爾沁扎薩克貝勒扎木揚旺舒克等三人、烏珠穆沁扎薩克貝勒達克丹等二人、鄂爾多斯扎薩克貝勒棍藏喇布坦扎木蘇、喀爾喀扎薩克貝勒巴彥巴圖爾等九人、土爾扈特扎薩克貝勒巴圖那遜巴林、貝子索哩雅、喀喇沁輔國公德里克呢瑪等二人、歸化城土默特輔國公齊嚕布、阿巴噶扎薩克頭等台吉都噶爾布木、察哈爾扎薩克頭等台吉斡克博羅特等五人、青海扎薩克頭等台吉布彥達賚等二人、沙雅爾三品阿奇木伯克二等台吉三等侍衛邁瑪特等二人、英吉沙爾四品阿奇木伯克三等台吉邁瑪特瑪哈蘇特等二人、喀什噶爾四品商伯克雅霍普等四人、和闐五品噶雜納齊伯克伊米勒等二人、葉爾羌所屬派斯謙莊五品密喇普伯克伊布拉依木等四人、伊犂六品密喇普伯克愛孜木沙等二人、土司宣慰司堅參生郎多吉等二十九人及朝鮮國使臣李羲準等三人、琉球國使臣章鴻勳等二人於西苑門外瞻覲。

卷三一七　道光十八年十二月

丁酉，上御保和殿，筵宴朝正外藩。科爾沁、巴林、喀喇沁、奈曼、敖漢、蘇尼特、阿巴噶、扎賚特、翁牛特、烏珠穆沁、鄂爾多斯、喀爾喀、土默特、土爾扈特、青海、察哈爾王、貝勒、貝子、公、額駙、台吉、塔布囊及朝鮮、琉球國使臣隨文武大臣依次就坐，諸樂並作。

卷三一八　道光十九年正月癸亥

琉球國王尚育遣使表貢方物。賞賚筵宴如例。

卷三一九　道光十九年二月甲申

撫卹琉球國遭風難夷如例。

卷三二〇　道光十九年三月乙巳

琉球國使臣翁寬等二人於行宫門外瞻覲。

卷三二〇　道光十九年三月甲寅

琉球國王尚育遣使謝册封恩，恭進方物。命留抵下次正貢。

卷三二〇　道光十九年三月戊午

又諭：「前據禮部奏，琉球國王恭進謝恩貢物，當經降旨准其留抵下次正貢，原以昭體恤而示懷柔。兹據該使臣等呈稱『臨行時國王再三諄諭，籲請准予賞收，免抵下次正貢』。經禮部據情代奏，詞意懇切，此次所進貢物，即照所請賞收，俾得遂其抒忱效悃之誠。該部即傳諭該使臣，令於回國時轉告該國王知之。」

卷三二〇　道光十九年三月

庚申，諭内閣：「向來越南國二年一貢，四年遣使來朝一次，合兩貢並進，琉球國間歲一貢，暹羅國三年一貢，在各該國抒誠效順，不敢告勞。惟念遠道馳驅，載塗雨雪，而爲期較促，貢獻頻仍，殊不足以昭體恤。嗣後越南、琉球、暹羅均著改爲四年遣使朝貢一次，用示朕綏懷藩服之至意。該部即遵諭行。」

卷三二一　道光十九年四月丁卯

諭内閣：「此次册封琉球，使臣等卻還宴金，原屬仰體朕意，不欲滋擾外藩，今仍不必收受，令來使帶回。」

又諭：「此次册封琉球，帶兵官遊擊周廷祥在該國病故，該國王送葬費銀五百兩，著不必收受，仍令來使帶回。」

卷三二一　道光十九年四月甲戌

又諭：「據林鴻年等奏『上年十月自琉球回棹，該國王尚育懇請代奏令陪臣子弟四人入監讀書』等語。加恩著照所請。所有該國陪臣子弟四人，俱准其入監讀書，用遂其觀光之志。」

卷三二一　道光十九年四月

辛卯，加封天后「澤覃海宇」四字封號，從册封琉球正使翰林院修撰林鴻年等請也。

卷三三二　道光二十年三月壬辰

撫卹琉球國遭風難夷如例。

卷三三二　道光二十年三月己未

賞故琉球國使臣翁寬銀三百兩。

卷三四一　道光二十年十一月戊申

又諭：「吴文鎔奏『琉球國遣使來閩，籲請照舊間年進貢』一摺。向來琉球國間歲一貢，上年降旨改爲四年遣使朝貢一次，原所以體恤外藩。兹據該撫奏該國王遣使來閩，請照舊間年進貢，情辭極爲真摯，著如所請行。所有該陪臣子弟四名，准其隨同貢使北上入監讀書。」

卷三四五　道光二十一年正月癸丑

撫卹琉球國遭風難夷如例。

卷三五〇　道光二十一年閏三月癸亥

琉球國使臣向國鼎等二人於大紅橋瞻覲。

卷三五〇　道光二十一年閏三月庚辰

撫卹琉球國遭風難夷如例。

卷三五二　道光二十一年六月

庚戌，諭内閣：「程矞采奏『使臣船隻遭風，請將疏於防護之知縣議處』一摺。此次琉球國貢使船隻在江蘇郭家行地方遇風覆溺，淹斃從人、舵水等十一名，情殊可憫。著江蘇巡撫即行厚加賙卹，並著沿途妥爲護送。署桃源縣知縣左輝春於該使臣過境遭風覆舟，未能先事防護，著交部議處。」

卷三六八　道光二十二年壬寅

撫卹琉球國遭風難夷如例。

卷三七七　道光二十二年七月辛酉

撫卹琉球國遭風難夷如例。

卷三八七　道光二十二年十二月壬寅

廓爾喀使臣雜噶達拔蒙邦哲等二人、朝鮮國使臣李最應等三人、琉球國使臣向紹元等二人於午門外瞻覲。

卷三八七　道光二十二年十二月

癸卯，上御保和殿，筵宴朝正外藩。科爾沁、烏珠穆沁、喀喇沁、奈曼、蘇尼特、阿巴噶、扎賚特、喀爾喀、鄂爾多斯、巴林、烏喇特、土默特、青海、杜爾伯特、察哈爾王、貝勒、貝子、公、額駙、台吉、塔布囊及廓爾喀、朝鮮、琉球國使臣等隨文武大臣依次就坐，諸樂並作。

卷三九五　道光二十三年閏七月

戊戌，諭軍機大臣等：「祁墳等奏『暹羅國王遣使呈進例貢及二十一年萬壽貢，並補進二十年例貢，業已到粤』一摺。前經特降諭旨，嗣後越南、琉球、暹羅均著改爲四年遣使朝貢一次，以昭體恤。兹據該督等奏稱，暹羅國王因未接奉改定貢期公文，以致仍照舊例遣使呈進方物，並進二十一年萬壽及補進二十年貢物。具見該國王恭順至誠，所有此次貢物，准其於本年呈進。該督等即照例委員伴送該使臣起程，令於年底到京。該國正副二貢船，准其先行回國，仍著該督等俟此次該國貢船回帆時，即將前項禮部公文交給領賫回國投遞，嗣後著遵前旨四年遣使朝貢一次，用示懷柔。該督等即傳諭該國王遵照可也。將此諭令知之。」

卷四〇一　道光二十四年正月己丑

又諭：「禮部奏『暹羅貢使遞稟，内稱該國王面諭該使臣等，懇求接貢之年免輸關税』等語。向來琉球國進貢回國時，接貢船一隻，隨帶貨物由閩海關奏明免税。暹羅向無此例。此次該貢使所請免税之處，未據祁𡎴等奏明，所有該國接貢船隻，應否照琉球一律辦理，著該督撫等酌覈具奏。如應照琉球辦過成案辦理，亦祇准免一隻船所帶之貨，概不准多帶船隻，冀圖免税。該部原奏著鈔録，並原遞稟帖一併發給閲看。將此諭知祁𡎴、程矞采，並傳諭文豐知之。」

卷四〇四　道光二十四年四月

己酉，諭内閣：「程矞采奏『遵查暹羅接貢船隻，請照成案辦理』一摺。暹羅國正副貢船所載貨物，向免輸税，至接貢船隻，並無免税之例。惟念該國恪守藩封，輸忱效順，自應格外優恤，以示懷柔。著准其倣照琉球國成案，嗣後暹羅國接載貢使京旋之正貢船一隻，隨帶貨物，免其納税。其餘副貢船隻，或此外另有貨物，仍著照例收納，以昭限制。該部即遵諭行。」

卷四〇八　道光二十四年八月戊午

撫卹琉球國遭風難夷如例。

卷四〇九　道光二十四年九月乙丑

撫卹琉球國遭風難夷如例。

卷四一一　道光二十四年十一月丙子

諭軍機大臣等：「劉韻珂等奏『接准琉球國王密咨關涉咈囒哂夷務』一摺。咈夷通商條約，現經耆英等定議，降旨准行。琉球所見該夷戰船在本年三月，自係章程未定之先，現已諭知耆英妥爲查辦矣。該王恪守臣節，將此事原委詳晰咨明，實堪嘉尚。著該督等遇便即將現在代爲奏請查辦之語，先行咨覆該國，統俟耆英查明奏到後，再行諭知該督等遵照辦理。將此諭令知之。」又諭：「前據耆英奏『咈囒哂夷使到粤陳請各款，有中國所屬之琉球等國，准予據守亦有裨益』之語。該督等設法勸諭，逐款言明，所有妄議各情，均即不復提起，旋據議定通商條約，業已照議准行矣。本日據劉韻珂等奏『接准琉球國王密咨，稱本年三月間，有咈囒哂戰船一隻，駛至該國洋面，該船總兵稱由廣東澳門至彼，數月後尚有大總兵都督大船或各戰船前來，並强留執事、通事各一人，開船而去。日後若有大總兵到國，不知如何騷擾』等語。琉球國所見咈夷戰船，在本年三月間，自係在條約未定之先，現在該國通商事宜既經定議，自不應再至天朝屬國別生事端。究竟前項兵船是否實係咈夷所遣，其所稱大總兵等大船，曾否續赴琉球洋面，所留之通事、執事人等，此時已否歸國，著耆英密加察訪，設法勸導，務令該夷使恪遵成約，其辦理情形，即著該督迅速覆奏。原摺鈔給閲看。將此由四百里諭令知之。」

卷四一一　道光二十四年十一月辛巳

賞故琉球國使臣魏恭儉銀三百兩。

卷四一三　道光二十五年正月壬申

諭軍機大臣等：「前據劉韻珂等奏『接准琉球國王密咨，有咈囒哂船一隻，駛至該國，强留執事、通事各一人，並稱數月後另有大船前來』等語，當經諭令耆英確查具奏。茲據奏稱『咈夷咯璞朗一船，探明上年三月間到琉球國一次，七月間已回廣東，並未復往，十二月内即回本國。此外亦無另有兵船前赴琉球之事』。琉球臣屬天朝，素稱恭順。該國因見有咈船，懇請查辦，不容置之不問。現既探明咯璞朗兵船回國，並無續往之船，自可彼此相安，不至再行滋事。惟所留執事、通事二人，尚未查有確據，仍著耆英隨時察訪，並俟今春喇嘒呢到粤，設法探詢。如果該執事等尚在琉球，務須勸導該酋，令將所留之二人撤回本國，以期永久相安，方爲妥善。將此諭令知之。」

卷四一三　道光二十五年正月戊子

撫卹琉球國遭風難夷如例。

卷四一三　道光二十五年正月己丑

琉球國王尚育遣使表貢方物。賞賚筵宴如例。

卷四一四　道光二十五年二月甲寅

撫卹琉球國遭風難夷如例。

卷四一五　道光二十五年三月乙丑

諭軍機大臣等：「耆英等奏『夷目來澳求市，請旨辦理』一摺。據稱『吡嘛咀喀國領事蘭瓦呈請貿易，有咈蘭哂夷使喇嘒呢來信代爲薦引，並查明該國即係曾經來粤通商之比利時國』等語。該國停市已久，此次應否暫准貿易，所請五口貿易章程應否一體頒發，著該督體察情形，悉心妥酌辦理。

至該督前次奏稱『查探咈夷咯璞朗一船，曾到琉球國一次，嗣經駛回廣東後即回本國，其所留執事、通事二人，尚未查有確據』等語。現在是否尚在琉球，抑已回本國？務須訪查的確，結實覆奏。再前據劉鴻翶奏稱『咪唎㗶立國甫六十年』等語，是否確實，著該督就近查詢，一併覆奏。將此諭令知之。」

卷四一八　道光二十五年六月甲午

諭軍機大臣等：「耆英等奏『體察夷情，查詢覆奏』一摺。據稱『吡嚹咁喀國商船，爲數無多，今既遣領事蘭瓦求請照舊通商，若嚴行拒絶，難保其不潛附他國，仍來貿易。且據咈囒哂夷使代爲請求，正可藉事羈縻，俾該夷等同深感戴』等語。該國領事蘭瓦，現在小吕宋候旨，五月内即可赴粤。著傒詢查明確後，即將五口貿易章程一體頒發，以示懷柔。其咈夷曾經駛往琉球璐璞朗一船，據該督查明於上年十二月間駛出澳門，已回本國，惟所留執事、通事二人是否仍在琉球，著傒喇嘤呢回粤，密查確切，再行具奏。至咪唎㗶立國大概情形，覽奏均悉。將此諭令知之。」

卷四一九　道光二十五年七月甲子

撫卹琉球國遭風難夷如例。

卷四二〇　道光二十五年八月甲午

撫卹琉球國遭風難夷如例。

卷四二〇　道光二十五年八月戊申

諭軍機大臣等：「上年據劉韻珂奏『咈囒哂有船駛至琉球，强留執事、通事各一人在彼』等語，當經降旨令耆英確切查明具奏。兹據耆英奏稱『詢據咈酋喇噂呢，聲稱係伊未到粤之先，兵頭噭哂咡遣人前往，當於前赴通商各口之便，將該二人撤回，以後斷不再令前往。並稱尚有文書一件，續即送來』等語。著俟耆英將該夷文書咨行到閩後，該督即轉咨琉球國王知悉。將此諭令知之。」

卷四二五　道光二十六年正月甲戌

撫卹琉球國遭風難夷如例。

卷四三六　道光二十六年十一月辛丑

諭軍機大臣等：「劉韻珂等奏『藩司接准琉球國王密咨，關涉夷務，現咨兩廣督臣相機妥爲勸諭』一摺。前年秋間，咈囒哂兵船駛至琉球，强留執事嘞爾咖助等在彼居住，曾降旨令耆英妥爲查辦。本年五月，已據該酋將前留執事嘞爾咖助等一併撤回，又另易伯多禄、亞臬德二人在彼居住，並仍諷以結好通商，其意殊難揣測。且暎咭唎船隻自二十三年以後，屢至該國，探水量地，併令伯德令攜眷逗留該國，設局行醫，更不知意欲何爲。琉球臣服天朝，最爲恭順，咈、暎二國不應擾我屬國。著耆英等接奉此旨，即向咈、暎各酋曲加勸導，務使各將兵船及僑寓人等悉數撤去，以免驚疑，是爲至要。原摺著鈔給閲看。將此由五百里諭令知之。」

卷四三七　道光二十六年十二月辛酉

撫卹琉球國遭風難夷如例。

卷四三七　道光二十六年十二月戊辰

撫卹琉球國遭風難夷如例。

卷四三七　道光二十六年十二月

辛未，諭軍機大臣等：「耆英奏『嘆夷請於西藏定界通商，業經正言拒絶』一摺，並密陳偵探夷情，及酌辦情形等語。西藏地方本有一定界址，無庸再行勘定。通商一事，更有原立成約，自應永遠遵守。茲該夷因與西刻夷人構兵，據有加治彌耳山地，請與後藏交界地方明定界址，並請與後藏通商，殊屬顯違成約。該夷居心狡詐，所稱照會駐藏大臣之處，尚未據琦善陳奏。至前往天津之語，尤屬虛聲恫喝，藉以要求，該督現已援據條約，正言拒絶。著仍堅守成約，持以鎮静，勿爲所揺惑，勿任其巧辯，總須示以大體，俾知成約甚明，無從狡執爲要。該酋回文如何，並加治彌耳夷人與西刻夷人復向攻擊之處，著確切偵探，得有實情，一併由四五百里馳驛迅速具奏。另片奏『接准閩省來咨辦理照會』等語。咈、嘆二夷，各留人在琉球國居住，並有請結好通商及設局行醫等事，前據劉韻珂奏到，已降旨令耆英向該酋等確切曉諭矣。該督現已備文諭令即行撤回，並勿許嘆夷再令兵船駛往琉球洋面探測。俟有覆文，一面相機辦理，一面即行由驛迅速覆奏。將此由四百里諭令知之。」

卷四三七　道光二十六年十二月癸酉

諭軍機大臣等：「本日據禮部奏，琉球進貢使臣到京，並將原咨進呈，内稱嘆咭唎、咈囒哂兩國人在該國行醫通商等情，前已有旨交耆英查辦，著禮部即遵旨咨覆琉球國王，以釋疑慮。將此諭令知之。」

卷四三七　道光二十六年十二月乙亥

諭軍機大臣等：「前據禮部奏，琉球進貢使臣到京，進呈原咨，稱暎咭唎、咈囒哂兩國人在該國行醫通商，懇求弭止等情。已諭知禮部，將已有旨交耆英查辦緣由，咨覆該國王，以釋疑慮。茲復據禮部奏稱，該國使臣呈遞稟帖，種種各情，與該國原咨係屬一事。著禮部仍遵前旨，咨覆該國王，並諭知該使臣已有旨交耆英查辦矣。將此諭令知之。」

卷四三七　道光二十六年十二月丙子

諭軍機大臣等：「前據劉韻珂等奏，藩司接准琉球國王密咨，以咈、暎二國各令執事人等逗留該國，並有設局行醫等情，曾降旨令耆英曲加勸導，共釋猜疑。嗣據該督奏稱『接准閩省來咨，業已備文諭令撤回』等語。惟昨據禮部奏稱『琉球貢使到京，呈遞稟帖，復以咈、暎二國留人在彼種種滋擾，該國王不勝疑慮，力求代奏』等語。琉球臣服天朝，最稱恭順，既據疊次懇請，若不爲之弭止驚擾，殊失撫馭外藩之意。然咈、暎各令執事人等逗留該國，又不知意欲何爲。此事既未便頒給咈、暎敕諭，令其撤回僑寓人等，又不值遣兵前往，與之理論。惟在該督仰體此意，復向咈、暎各酋反覆曉諭，使知成約既不可違，小利亦無可取，務使各將逗留人等悉數撤去，以弭外侮而恤藩封，是爲至要。琉球使臣原稟著鈔給閱看。將此由四百里諭令知之。」

卷四三七　道光二十六年十二月己卯

朝鮮國使臣金賢根等二人、琉球國使臣向元模於午門外瞻覲。

卷四三七　道光二十六年十二月

庚辰，上御保和殿，筵宴朝正外藩。科爾沁、烏珠穆沁、巴林、喀喇沁、翁牛特、敖漢、蘇尼特、阿巴噶、土默特、扎嚕特、茂明安、鄂爾多斯、郭爾羅斯、阿拉善、杜爾伯特、喀爾喀、青海、察哈爾、奈曼王、貝勒、貝子、公、額駙、台吉等並朝鮮、琉球國正副使隨文武大臣依次就坐，諸樂並作。

卷四三八　道光二十七年正月庚寅

〔諭軍機大臣等：〕「〔耆英〕又另片奏『咈、暎兩夷留人居住琉球，前已諭令撤回。咈酋尚未覆到，暎酋覆稱醫生前往未便阻止，並琉球附近日本』等語。夷情變幻難測，或其欲通日本而借琉球爲東渡津梁，亦未可知。著俟咈酋覆文到日，再向噫酋相機開導，務期易於轉圜。該兩夷遣往琉球之人何時撤回，該督即隨時馳奏。」

卷四三八　道光二十七年正月甲午

琉球國王尚育遣使表貢方物。賞賚筵宴如例。

卷四三九　道光二十七年二月庚申

協辦大學士兩廣總督耆英覆奏：「查暎咈夷人本欲與琉球國王結好通商，嗣因事不可行，咈酋嘫哂啞已信知該國王，留啪哆啉等二人在彼聽候回文後當即撤回。暎酋現亦反覆開導，令其撤回該國夷人。」得旨：「相機妥爲之。」

卷四四一　道光二十七年四月戊寅

予故琉球國貢使梁學孔祭如例，並加賞銀三百兩。

卷四四二　道光二十七年五月癸未

撫卹琉球國遭風難夷如例。

卷四四六　道光二十七年八月

乙亥，撫卹琉球國遭風難夷如例。

卷四四七　道光二十七年九月

丙午，諭軍機大臣等：「福建、臺灣地方，遠隔重洋，風汛靡定，遇有文報往來，傳遞遲速，原不可以時日道里計。然如本日遞到武攀鳳等奏『審辦鳳山縣焚搶殺人首要案犯』一摺，係正月二十四日所發，何以遲至八月之久始行遞到？此摺原無關緊要，儻係緊要事件，如此遲延成何事體？且恐有藉詞遇風，有意遷延等弊。著劉韻珂查明臺灣驛站水程向來如何計算，何以漫無限制，務即隨時整頓，定立章程，俾文報迅速傳遞，以肅郵政。至此次因何遲延之處，一併查明具奏。將此諭令知之。」尋奏：「遵詢武攀鳳等正月所發摺報，係在洋遭風，飄至琉球屬島，九月甫抵厦門，委無遷延等弊。查臺灣傳遞文報向分三口，一由鹿耳門遞至厦門收口，一由鹿港之番仔窪遞至蚶江收口，一由淡水之八里坌遞至五虎門收口。請仍照舊章，分作三口遞送，期免遲誤。」從之。

撫卹琉球、越南二國遭風難夷如例。

卷四五一　道光二十八年正月戊子
撫卹琉球國遭風難夷如例。
卷四五二　道光二十八年二月癸酉
撫卹琉球國遭風難夷如例。
卷四五九　道光二十八年九月乙酉
撫卹琉球國遭風難夷如例。
卷四六二　道光二十八年十二月戊辰
朝鮮國使臣姜時永等三人、琉球國使臣向統績等二人於午門外瞻覲。
卷四六二　道光二十八年十二月
己巳，上御保和殿，筵宴朝正外藩。科爾沁、巴林、喀喇沁、敖漢、蘇尼特、阿巴噶、扎賚特、翁牛特、喀爾喀、烏珠穆沁、杜爾伯特、鄂爾多斯、烏喇特、阿拉善、青海、土爾扈特、察哈爾、奈曼、土默特王、貝勒、貝子、公、額駙、台吉、塔布囊等並朝鮮國、琉球國使臣隨文武大臣依次就坐，諸樂並作。
卷四六三　道光二十九年正月丙申
琉球國王尚泰遣使表貢方物。賞賚筵宴如例。
卷四七四　道光二十九年十一月
庚戌，諭軍機大臣等：「劉韻珂等奏『接據琉球國來文，密咨兩廣總督查辦』等語。嘆夷咱嚓吟等前往琉球國，已歷四載，仍未撤回，屢經該國懇請轉飭查辦，並據稱如得咦酋吱嗡一言，該夷斷難推托。著徐廣縉即查照該督等所奏，再向吱嗡開導，諭將啪𠸄呤等趕緊撤回，方足以恤藩封而免驚擾。劉韻珂等原片著鈔給閱看。將此諭令知之。」

# 文宗實録

卷十一　道光三十年六月壬戌

撫恤琉球國遭風難夷如例。

卷十三　道光三十年七月丙申

撫恤琉球國遭風難夷如例。

卷十七　道光三十年九月丁酉

撫恤琉球國遭風難夷如例。

卷二三　道光三十年十二月丁丑

諭軍機大臣等：「劉韻珂、徐繼畬奏『接據琉球國來文，嘆夷啪嚧呤尚未撤回，仍咨兩廣總督查辦』等語。嘆夷啪嚧呤住居琉球已閲數年，該國以有嘆夷船隻到彼，仍未載回，且出恐嚇之言，致該國甚爲憂慮，復行籲請查辦。前經徐廣縉奏稱，該酋㕮咹設詞推諉，自係意存逗遛。惟琉球以海島藩封，頻來呼籲，未便置之不問。著徐廣縉再向㕮咹設法開導，妥爲勸諭，務令將啪嚧呤等及早撤回，免致該國驚擾。又據劉韻珂等奏『有大西洋葡萄牙國黑夷上岸，用刀戳傷民人林舉爲一案，福州並無該國領事官，現已移咨該督，並將兇夷晻波囉吐啥嚏二名解送廣東』等語。夷人領事官住居澳門，著俟解到後即飭發交該領事官查照章程，秉公辦理，以符成約。將此諭令知之。」

卷二四　道光三十年十二月丙戌

朝鮮國使臣權大肯等三人、琉球國使臣夏超群等二人於午門外瞻覲。

卷二五　咸豐元年正月癸巳

琉球國世子尚泰遣使奉表謝恩，並賀登極，進貢方物。命留抵下次正貢，賞賚如例。

卷二五　咸豐元年正月己亥

諭內閣：「禮部奏『琉球國使臣呈稱該國世子此次恭進方物，懇照嘉慶六年、十四年、道光二年准予賞收，免其留抵』等語。該國世子因慶賀登極，專遣使臣呈進方物，前經降旨，准其留抵正貢，原以昭體恤而示懷柔。今據該使臣等呈稱『伊等臨行時，該國世子再三諄囑，懇請准予賞收，免抵下次正貢』。具見抒忱效悃，誠懇可嘉。著照所請，此次所進方物，准予賞收。下次正貢屆期，該國遣使來京時，再當優加賞賚，用昭柔惠遠藩至意。該部即傳諭該使臣，令於回國時，轉告該國世子知之。」

卷二六　咸豐元年正月壬子

諭軍機大臣等：「據禮部奏稱『琉球國使臣在部呈遞稟函，復以唊夷在彼逗遛，懇求開導撤回』等語。此事前已疊次降旨，諭令該大臣向𠹭酋設法開導，飭令撤回。茲復據該國稟稱，不惟哃嚍吟尚未撤去，且屢有唊夷船隻到彼，惡言驚嚇，來去靡常，以致該國日久憂慮。琉球國臣服天朝，最稱恭順，況該王世子年幼初立，屬令使臣到京具稟，豈能置之不問？著徐廣縉仍遵前旨，再向𠹭咹相機開導，諭令迅將咱嚧呤並其妻子人等一律撤回，以免驚擾而恤藩封。琉球使臣原稟，著鈔給閱看。將此諭令知之。」又諭：「本日據禮部奏『琉球使臣在部呈遞稟函，因暎夷在彼逗遛，懇求開導撤回』等語。已有旨交徐廣縉查辦，著禮部即遵旨傳諭該國使臣知之。」

卷二六　咸豐元年二月乙酉

諭軍機大臣等：「前據劉韻珂、徐繼畬奏，接據琉球國來文，以暎夷咱嚧呤住居伊國，仍未撤回，籲請查辦。朕以琉球恪守藩封，夙稱恭順，頻來呼籲，未便置之不問。當經降旨令徐廣縉再向吱咹設法開導，並於本年禮部據呈代奏時，復令該督曉諭夷酋，令其撤回。兹據徐廣縉奏稱『吱咹僅在中國爲公使，並非暎夷所有之事悉聽命於該酋。從前劉韻珂咨會之時，吱咹曾經設詞推諉，未便再行照會』等語。該督仍當隨時體察情形，加意控馭，揆幾度務，原不在多費詞説也。將此諭令知之。」

卷二九　咸豐元年三月甲午

撫恤琉球國遭風難夷如例。

卷四〇　咸豐元年八月甲戌

撫恤琉球國遭風難夷如例。

卷四一　咸豐元年閏八月甲申

撫恤琉球國遭風難夷如例。

卷四二　咸豐元年閏八月庚戌

撫恤琉球國遭風難夷如例。

卷四五　咸豐元年十月乙酉

撫恤琉球國遭風難夷如例。

卷五〇　咸豐元年十二月己酉

撫恤琉球國遭風難夷如例。

卷六〇　咸豐二年四月己酉

撫恤琉球國遭風難夷如例。

卷六六　咸豐二年七月壬戌

撫恤琉球國遭風難夷如例。

卷七七　咸豐二年十一月癸酉

撫恤琉球國遭風難夷如例。

卷七八　咸豐二年十二月甲申

又諭：「寄諭署兩廣總督葉名琛、季芝昌、王懿德奏『暎咭唎夷人久羈琉球，該國王世子遣使來閩，求爲請諭，並鈔録原咨呈覽』一摺。暎夷咱𠯈吟在琉球國逗遛，屢經該國懇請查辦，經徐廣縉等向住粵領事夷目咆吟查詢，迄今數年，總未將咱𠯈吟撤回，且屢有兵船駛往滋擾。琉球與暎夷向無交涉事件，著該署督再向該夷目咆吟相機開導，諭令將咱𠯈吟撤回，以示懷柔而杜他釁，並將該領事如何答覆之處，一面奏聞，一面咨會閩浙總督，諭知琉球使臣可也。原摺著鈔給閱看。將此由四百里諭令知之。」尋奏：「遵查在琉球國之暎夷咱嚧吟一時未能撤回。」得旨：「該夷一切，可時時密探奏來。」

卷八三　咸豐三年正月戊辰

琉球國王世子尚泰遣使表貢方物。賞賚如例。

卷八四　咸豐三年二月丁丑

琉球國使臣毛種美等二人於東安門内瞻覲。

卷八五　咸豐三年二月甲午

頒賞朝鮮國王御書扁額曰「海邦屏翰」，琉球國王御書扁額曰「同文式化」，暹羅國王御書扁額曰「弼服海隅」。

卷一〇三　咸豐三年八月壬辰

撫恤琉球國遭風難夷如例。

卷一一二　咸豐三年十一月甲寅

撫恤琉球、日本二國遭風難夷如例。

卷一二五　咸豐四年三月乙丑

撫恤琉球國遭風難夷如例。

卷一二五　咸豐四年三月丙寅

撫恤琉球國遭風難夷如例。

卷一二八　咸豐四年四月己丑

〔又諭〕：「又據王懿德奏，接琉球國王世子來咨，以暎夷久羈該國，並句引咪唎㗇兵船到國，索取物件，起廠收煤，强留該國夷衆及中國人與㕷嚧吟同居，多方騷擾等事。暎夷羈留該國有年，疊經葉名琛勸諭在粵夷酋咨辦，現尚在彼逗遛，又有咪唎㗇夷人，句引漢奸，藉端滋擾，若不諭令撤回，非所以示懷柔。著葉名琛即向該夷領事剴切曉諭，俾令將現在琉球滋事之船，全行回國，勿致別生事端。將此由六百里加緊諭令知之。」

卷一四五　咸豐四年九月丙戌

撫恤琉球國遭風難夷如例。

卷一四六　咸豐四年九月

壬辰，諭内閣：「禮部奏『遵議琉球貢使暫緩赴京』一摺。琉球國王久列藩封，該貢使等航海輸誠，具徵忱悃。惟現在用兵省分，尚未能一律肅清，若令繞越程途跋涉遠來，轉非所以示體恤。著王懿德於該使臣等貢船行抵閩境後，即行宣諭朕意，令其此次無庸來京，仍優與犒賞，委員妥爲護送回國。所有進貢方物，即著賞收，由該督等派員送京。其應行頒賞該國王世子及使臣等物件，著該管衙門查照舊章備辦，發交該督等派員齎送，轉給祗領，以示朕懷柔遠邦至意。」

卷一五四　咸豐四年十二月戊申

又諭：「王懿德等奏『琉球貢使籲懇仍准入都』一摺。前以用兵省分尚未肅清，諭令琉球使臣無庸繞道來京，以示體恤。茲據王懿德等奏『據該國貢使等稟稱，此次除例進貢物外，尚有謝恩及恭賀表章，仍祈准予入都，藉達下忱』等語。該貢使等殷殷籲懇，其意實出至誠，若必令其毋庸來京，非所以慰遠人之嚮慕。著王懿德等，俟來歲道路疏通，即派員護送該貢使等赴京，俾輸忱悃。」

卷一七一　咸豐五年七月戊辰

撫恤琉球國遭風難夷如例。

卷一七四　咸豐五年八月乙未

撫恤琉球國遭風難夷如例。

卷一八〇　咸豐五年十月庚戌

撫恤琉球國遭風難夷如例。

卷一八四　咸豐五年十一月庚辰

撫恤琉球國遭風難夷如例。

卷一八五　咸豐五年十二月庚寅

朝鮮國使臣徐熹淯等三人、琉球國使臣向中邦等二人於神武門外瞻覲。

卷一八五　咸豐五年十二月

己亥，諭内閣：「禮部奏『琉球國使臣呈稱該國世子此次恭進方物，懇照道光二年、咸豐元年准予賞收，免其留抵』等語。該國世子因慶賀册立大典，專遣使臣，呈進方物，前經降旨，留抵下次正貢，原以昭體恤而示懷柔。今據該使臣等呈稱，伊等臨行時，該國世子諄囑懇請准予賞收，免抵下次正貢。具見抒忱效悃，誠懇可嘉。著照所請，此次所進方物，准予賞收，下次正貢届期，該國遣使來京時，再當優加賞賚，用昭柔惠遠藩至意。該部即傳諭該使臣，令於回國時，轉告該國世子知之。」

卷一八六　咸豐五年十二月丙午

免琉球遭風夷船進口貨税。

卷一八八　咸豐六年正月庚申

朝鮮國使臣趙德林等二人、琉球國使臣向邦棟等二人均於重華宫瞻覲。

卷一九五　咸豐六年四月丁亥

撫恤琉球國遭風難夷如例。

卷一九九　咸豐六年五月乙酉

撫恤琉球國遭風難夷如例。

卷二一〇　咸豐六年十月丁未

撫恤琉球國遭風難夷如例。

卷二二二　咸豐七年三月

乙亥，琉球國王世子尚泰遣使表貢方物。賞賚如例。

卷二二三　咸豐七年四月癸巳

琉球國使臣向有恒等二人於午門外瞻覲。

卷二三四　咸豐七年八月丙子

撫恤琉球國遭風難夷如例。

卷二四二　咸豐八年正月己丑

撫恤琉球國遭風難夷如例。

卷二七〇　咸豐八年十一月

辛丑，諭内閣：「王懿德等奏『琉球貢船尚未進口，籌議辦理』等語。本年琉球貢船到閩後，著王懿德等察看情形，如未能依限進京，即飭官伴人等照例安插館驛守候。表文方物，存儲司庫，俟各處道路疏通，再行派撥文武各員伴送赴京，以示體恤。」

卷二七六　咸豐九年二月戊申

又諭：「前因王懿德等奏琉球貢船尚未進口，降旨令該督撫察看情形，俟道路疏通，派員伴送進京。本日據慶端奏『該貢使於去歲十月到省，較各届業已愆期，現在安插驛館，請俟道路疏通，再行伴送進京』等語。該國遣使遠涉重洋，輸誠納貢，未便日久留滯閩省。仍著王懿德等察看情形，如該省上游及江、浙等省道路已無梗阻，即行派委妥員伴送來京，以昭慎重而示體恤。將此由五百里諭令知之。」

卷二八五　咸豐九年六月乙巳

軍機大臣奏：「請加賞琉球國貢使。」得旨：「此次初八、初九二日，俱令進同樂園聽戲。其賞件，即照嘉慶十六年十月初四、初七日之例賞給，惟都通事初九日賞件，即照十六年十月初六日之例賞給。著繕清單，以清眉目。此二項賞件，由内發給，並著禮部知照軍機處存案。其加賞正副使賞件，和詩賞件，加賞國王賞件，俟萬壽後隨時發下。」

卷二八五　咸豐九年六月丙午

琉球國使臣翁俊等二人於同樂園瞻覲。

卷二八五　咸豐九年六月癸丑

撫恤琉球國遭風難夷如例。

卷二八六　咸豐九年六月壬戌

琉球國王世子尚泰遣使表謝，並進貢方物。賞賚筵宴如例。

卷三三九　咸豐十年十二月甲申

撫恤琉球國遭風難夷如例。

# 穆宗實録

卷五　咸豐十一年九月乙卯

撫恤琉球國遭風難夷如例。

卷一九　同治元年二月壬申

福建巡撫瑞璸奏：「琉球國貢使在閩日久，道路尚未疏通，援案請先行頒賞，遣發該使臣回國，仍將貢物存儲司庫，俟下届例貢到時，彙同恭進。」如所請行。

卷三一　同治元年六月辛未

撫恤琉球國遭風難夷如例。

卷三五　同治元年七月戊申

撫恤琉球國遭風難夷如例。

卷三八　同治元年八月癸酉

撫恤琉球國遭風難夷如例。

卷六一　同治二年三月甲子

免琉球國遭風夷船進口貨稅。

卷一一七　同治三年十月辛未

撫恤琉球國遭風難夷如例。

卷一二五　同治三年十二月己丑

又諭：「禮部奏『琉球國使臣呈稱，該國世子此次恭進方物，懇照道光二年、六年、咸豐元年、五年准予賞收，免其留抵』等語。該國世子因慶賀登極並進文宗顯皇帝香品，專遣使臣呈進方物，前經降旨，留抵下次正貢，原以昭體恤而示懷柔。今據該使臣等呈稱，伊等臨行時，該國世子諄屬懇請准予賞收，免抵下次正貢。具見抒誠效悃，誠懇可嘉。著照所請，此次所進方物，准予賞收，下次正貢屆期，該國遣使來京時，再當優加賞賚，用昭柔惠遠藩至意。該部即傳諭該使臣，令於回國時，轉告該國世子知之。」

卷一二五　同治三年十二月己丑

撫恤朝鮮、琉球二國遭風難夷如例。

卷一二五　同治三年十二月甲午

諭內閣：「據御前大臣奏『參禮部堂司各官，請旨議處』一摺。朕本日親詣太廟行禮，禮畢時，朝鮮、琉球使臣瞻覲，例應由禮部堂官帶領，乃該堂官並未在彼伺候，該部郎中威麟率行帶領代奏，實屬不合體制。所有本日應行帶領瞻覲之禮部堂官，著查取職名，交部嚴加議處。威麟著一併交部議處。」

朝鮮國使臣俞章煥等三人、琉球國使臣毛克述於午門外瞻覲。

卷一二六　同治四年正月

壬寅，諭内閣：「國家綏懷遠服，闓澤覃敷，於外藩各國朝貢進京，無不體恤備至，恩禮有加。凡賞賚筵宴及一切典禮，定例本極周詳，第恐日久相沿，各該承辦衙門或致視爲具文，供應草率，殊非朝廷厚待遠人之意。現值朝鮮、琉球使臣來京朝貢，著各該衙門於一切應行事宜，務須懔遵定例，揀派妥員，詳慎辦理，毋得任聽吏胥苟簡從事。該堂官等仍應逐一稽察，如查有辦理不能妥協之處，即將承辦之員據實參處，以昭慎重而示懷柔。」

卷一二八　同治四年正月壬戌

御紫光閣，賜蒙古王、貝勒、貝子、公、額駙、台吉，暨琉球使臣等宴，並賞賚有差。

頒賞朝鮮國王李㷗扁額曰「教敷箕壤」，琉球國王尚泰扁額曰「瀛嶠屏藩」。

琉球國王尚泰遣使奉表謝恩，並貢方物。賞賚筵宴如例。

卷一三九　同治四年五月丁未

以濫索供應革護送琉球國貢使委員福建參將富勒恒額職，知府陳恩布、知縣楊承恩下部議處。

卷一四四　同治四年六月丙申

撫恤琉球國遭風難夷如例。

卷一四九　同治四年七月甲申

撫恤琉球國遭風難夷如例。

卷一六一　同治四年十二月辛卯

撫恤琉球國遭風難夷如例。

卷一六四　同治四年十二月

乙卯，上御重華宫，賜琉球國使臣東國興等二人食。

卷一六四　同治四年十二月

庚申，上御保和殿，筵宴朝正外藩。科爾沁、喀爾喀、喀喇沁、阿巴哈納爾、敖漢、扎魯特、烏珠穆沁、浩齊特、蘇尼特、巴林、鄂爾多斯、阿巴噶、翁牛特、阿拉善、杜爾伯特、扎哈沁、察哈爾王、貝勒、貝子、公、額駙、台吉，暨琉球使臣等隨文武大臣依次就坐，諸樂並作。

卷一六五　同治五年正月丙寅

御紫光閣，賜蒙古王、貝勒、貝子、公、台吉、呼圖克圖，暨琉球使臣等宴，並賞賚有差。

卷一六六　同治五年正月乙亥

御保和殿，賜文武大臣、蒙古王、貝勒、貝子、公、額駙、台吉，暨琉球使臣等宴。

卷一六六　同治五年正月

己卯，上御撫辰殿大幄次，賜王公大臣、蒙古王、貝勒、貝子、公、額駙、台吉，暨琉球使臣等食。

卷二〇〇　同治六年四月丁亥

諭內閣：「據趙新等奏『上年十一月自琉球回櫂，該國王尚泰懇請代奏令陪臣子弟四人入監讀書』等語。加恩著照所請，所有該國陪臣子弟四人，俱准其入監讀書，用遂其觀光之志。」

卷二〇四　同治六年五月丁丑

又諭：「禮部奏『琉球國使臣呈稱，該國王此次恭進方物，懇照歷年成案，准予賞收，免其留抵』等語。該國王因恭謝御書扁額，專遣使臣呈進方物，前經降旨，准其留抵正貢，原以昭體恤而示懷柔。今據該使臣等呈稱，伊等臨行時，該國王諄屬懇請准予賞收，免抵下次正貢。具見抒誠效悃，肫懇可嘉。著照所請，此次所進方物，准予賞收，下次正貢屆期，該國遣使來京時，再當優加賞賚，用昭柔惠遠藩至意。該部即傳諭該使臣，令於回國時，轉告該國王知之。」

卷二〇六　同治六年六月辛亥

琉球國使臣毛文彩於午門外瞻覲。

卷二一一　同治六年九月己未

撫恤琉球國遭風難夷如例。

卷二二四　同治七年二月癸巳

撫恤琉球國遭風難夷如例。

卷二三二　同治七年閏四月己卯

免琉球國貢船隨帶貨物稅銀。

卷二四三　同治七年九月辛丑

撫恤琉球國遭風難夷如例。

卷二五二　同治八年二月丙午

撫恤朝鮮、琉球二國遭風難夷如例。

卷二五三　同治八年二月甲子

撫恤琉球國遭風難夷如例。

卷二六七　同治八年九月戊戌

琉球國使臣向文光等二人於午門外瞻覲。

卷二八八　同治九年八月辛丑

撫恤琉球國遭風難夷如例。

卷二九二　同治九年十月乙未

撫恤琉球國遭風難夷如例。

卷三〇四　同治十年二月丙寅

琉球國王尚泰遣使表貢方物。賞賚筵宴如例。

卷三〇四　同治十年二月丁卯

琉球國使臣楊光裕等三人於神武門外瞻覲。

卷三〇七　同治十年三月壬子

賜王以下文武大臣、蒙古王、貝勒、貝子、額駙，暨琉球使臣等食。

卷三〇七　同治十年三月癸丑

御乾清宮，王以下文武大臣、蒙古王、貝勒、貝子、額駙等行慶賀禮，衆官暨琉球使臣於午門外行禮。

卷三三〇　同治十一年三月己亥

撫恤琉球國遭風難夷如例。

卷三四〇　同治十一年九月壬午

撫恤琉球國遭風難夷如例。

卷三五〇　同治十二年三月己丑

琉球國使臣向德裕等三人於煙郊行宮外瞻覲。

卷三五〇　同治十二年三月甲午

琉球國王尚泰遣使表貢方物。賞賚筵宴如例。

卷三五〇　同治十二年三月庚子

賜王以下文武大臣、蒙古王、貝勒、貝子、額駙，暨琉球使臣等食。

卷三五〇　同治十二年三月辛丑

賜王以下文武大臣、蒙古王、貝勒、貝子、額駙，暨琉球使臣等食。

卷三五五　同治十二年七月

乙丑，撫恤琉球國遭風難夷如例。

卷三七一　同治十三年九月庚申

撫恤琉球國遭風難夷如例。

卷三七二　同治十三年十一月丙寅

撫恤琉球國遭風難夷如例。

# 德宗實録

卷二　同治十三年十二月丁亥

撫恤琉球國遭風難民如例。

卷四　光緒元年二月丙戌

頒賞琉球國入貢使臣毛精長等緞疋及該國王緞疋文綺如例。

卷五　光緒元年三月己亥

江蘇巡撫吴元炳奏：「琉球國遣使入貢。」報聞。

卷五　光緒元年三月乙巳

福州將軍文煜奏：「琉球國貢船貨物按例免税。」報聞。

卷一二　光緒元年六月丁亥

琉球國副使蔡呈祚回國，在途病故，賜卹如例。

卷一六　光緒元年八月戊寅

撫恤琉球國遭風難民如例。

卷一九　光緒元年十月己巳

福州將軍文煜奏：「琉球國貢船回國隨帶貨物，請循例免稅。」報聞。

卷二三　光緒元年十二月甲子

撫恤琉球國遭風難民如例。

卷二五　光緒二年正月癸丑

撫恤琉球國遭風難民如例。

卷三八　光緒二年八月丙申

撫恤琉球國遭風難民如例。

卷三九　光緒二年八月丙午

撫恤琉球國遭風難民如例。

卷四六　光緒三年正月甲申

撫恤琉球國遭風難民如例。

卷五〇　光緒三年四月丁亥

撫恤琉球國遭風難民如例。

卷五一　光緒三年四月

戊辰，諭軍機大臣等：「何璟、丁日昌奏『日本阻梗琉球貢物，請旨辦理』、吴贊誠奏『遵旨赴臺並布置船政事宜』各一摺。琉球此次所貢方物爲日本所阻，該國王遣陪臣等前赴福州投遞密咨，懇給憑赴部瀝陳。琉球世守藩服，歲修職貢，日本何以無故梗阻，是否藉端生事，抑係另有别情，著總理各國事務衙門即傳知出使日本大臣何如璋等，俟到日本後相機妥籌辦理。至琉球使臣暨通事人等，即著何璟、丁日昌飭令統行回國，毋庸在閩等候。吴贊誠現在前赴臺灣，該處一切事宜，經丁日昌實力經營，粗有頭緒，應如何籌畫布置，著吴贊誠隨時咨商何璟、丁日昌，次第施行，勿稍鬆勁。丁日昌假期將滿，一俟病體稍痊，仍著馳赴臺灣，以副委任。吴贊誠渡臺後，省中船政事宜即著責成道員吴仲翔妥爲籌畫。至購辦船隻，爲目前要務，經費支絀，措手爲難，閩海關欠解款項甚多，亟應速行籌解，著何璟於該關應解之款按月照數撥解，並將新舊欠款陸續解清，以濟要工而維大局。將此由四百里各諭令知之。」

卷五二　光緒三年六月丁酉

撫恤琉球國遭風難民如例。

卷五五　光緒三年八月甲午

撫恤琉球國遭風難民如例。

卷六一　光緒三年十一月癸亥

撫恤琉球國遭風難民如例。

卷六六　光緒四年正月戊寅

撫恤琉球國遭風難民如例。

卷七六　光緒四年七月辛亥

撫恤朝鮮、琉球國遭風難民如例。

卷九〇　光緒五年三月

癸亥，總理各國事務衙門奏「遵議辦理日本阻梗琉球國入貢」一案。報聞。

撫恤琉球國遭風難民如例。

卷九〇　光緒五年三月

壬申，諭軍機大臣等：「沈葆楨奏『接出使日本大臣來信，該國廢琉球爲縣』等語。琉球久屬中國，日本竟敢阻其入貢，夷爲郡縣，狡焉思啓，情殊叵測，亟應妥爲備豫，力圖自强，以固藩籬。著沈葆楨、吴元炳將南洋防守事宜悉心區畫，實力籌辦，固不可稍涉張惶，亦不得稍存大意，並著隨時探明該國情形，密速具奏。將此由五百里各密諭知之。」

卷九一　光緒五年閏三月

戊寅，總理各國事務衙門奏：「密陳日本梗阻琉球入貢情形，並請飭出使日本大臣何如璋仍在日本將此案妥爲隨時商辦，勿遽回華，以顧大局。」從之。

卷九二　光緒五年閏三月乙未

諭軍機大臣等：「總理各國事務衙門奏『請簡派大員會辦南洋防務』一摺。前於光緒元年四月間，曾經派令李鴻章、沈葆楨督辦北洋、南洋海防事宜。數年以來，漸有頭緒。惟值海疆無事之時，難保不日久生懈。現在泰西各國，皆練習水師，日本船礮，亦效西人。該國密邇東隅，近且阻梗琉球入貢，情尤叵測，亟應未雨綢繆，力圖自强之計。因思北洋所轄海口較少，李鴻章一人尚能兼顧，著即責成該督認真整頓，妥籌布置，不得冀倖目前無事，稍涉大意。至南洋統轄數省，地面遼闊，洋人來華，亦首當其衝。沈葆楨駐紮江甯，緩急恐難兼顧，前福建巡撫丁日昌，辦事認真，於海疆防務，向來亦能講求，著賞加總督銜，派令專駐南洋，會同沈葆楨及各督撫，將海防一切事宜，實力籌辦，所有南洋沿海水師弁兵統歸節制，以專責成。如海防與江防有相爲呼應之處，亦即會同彭玉麟、李成謀妥商辦理。丁日昌接奉此旨，著即馳赴江南，會籌督辦，毋誤事機。至應駐紮何處，並巡歷各海口隨宜布置，及需用薪水公費，著沈葆楨、丁日昌隨時酌覈，奏明辦理。沿江沿海各督撫亦當各籌防範，自固藩籬，以期有備無患。」

卷九五　光緒五年五月己丑

撫恤琉球國遭風難民如例。

卷九八　光緒五年七月癸巳

總理各國事務衙門奏美國總統在日本調處琉球事大概情形。報聞。

卷九九　光緒五年八月庚申

撫恤琉球國遭風難民如例。

卷九九　光緒五年八月癸亥

撫恤琉球國遭風難民如例。

卷一〇〇　光緒五年九月

癸未，總理各國事務衙門奏：「琉球官員到京乞援，剴切開導，資送回閩。」從之。

卷一〇〇　光緒五年九月己亥

撫恤琉球國遭風難民如例。

卷一〇〇　光緒五年九月庚子

諭軍機大臣等：「翰林院侍讀王先謙奏『條陳洋務事宜』一摺。所奏審敵情，振士氣，籌經費，備船械各節，不無可採。洋人蓄謀生事，隱患日深，日本近在東隅，竟敢襲滅琉球，毫無顧忌，尤爲叵測。臺灣、朝鮮均距東洋較近，駸駸窺伺，亦在意中。未雨綢繆，今日尤爲急務。此時籌辦海防，原非爲窮兵海外之計，但期戰守可恃，藩籬自固，方可隨宜制敵，不致掣肘於臨時。前據恭親王等面奏，疊經總理各國事務衙門函商南北洋大臣，豫籌海防事宜，尚未定議。此事關繫極重，斷不宜再事遷延。著李鴻章、沈葆楨即將海防事宜並該侍讀所陳備船械一條，切實籌議，先行具奏，期於事在必行。至王先謙摺内所稱任將、擇使二事，亦爲儲才起見，李鴻章等如有所知，著隨時密行陳奏，以備録用。此外各條，皆與海防相爲表裏，是否可行，並如何籌辦之法，著總理各國事務衙門、南北洋大臣分別妥議具奏。原摺著鈔給閲看。將此密諭總理各國事務衙門，並由五百里密諭李鴻章、沈葆楨知之。」

卷一〇一　光緒五年十月戊申

撫恤琉球國遭風難民如例。

卷一〇三　光緒五年十一月丁丑

撫恤琉球國遭風難民如例。

卷一〇九　光緒六年二月庚子

撫恤琉球國遭風難民如例。

卷一一四　光緒六年六月

庚申，諭軍機大臣等：「總理各國事務衙門奏『探訪俄國情形，意在起釁』、『摘録各處函報另單呈覽』、『山海關一帶請添兵防守』各摺片。俄國因崇厚罪名有關顔面，由英、法使臣之請，已將崇厚暫免罪名，仍行監禁。乃據英外部云，俄人仍未滿意。此案不易轉圜，並聞俄國紛紛調派兵船暫駐日本，情形實爲叵測，雖意圖挾制是其慣技，而似此舉動，難保不起釁端。著李鴻章等將沿海防兵加意操練，一切防務，格外嚴密備禦，以期有恃無恐。吉林、黑龍江所添各軍，亦當趕緊訓練。該將軍等並隨時約束營伍，彈壓地方，釁端不能自我而開，而防禦則不可一息鬆懈。李鴻章現駐天津，津海一口，該督責無旁貸。惟山海關一帶相距較遠，兵力尚嫌單薄。本日已諭令曾國荃督辦該處防務，統帶劉連捷一軍擇要扼紮，並令李瀚章、彭祖賢、裕禄分飭劉維楨、郭寶昌挑選勇隊各二千名北來，暨宋慶一軍統歸曾國荃節制。該撫到後，著李鴻章、岐元遇事妥商布置，俾臻周密。劉維楨、郭寶昌兩軍暨劉連捷一軍均限於八月以前趕到防所。陸路程途紆遠，皖、楚兩軍自應乘坐輪船北上，李鴻章、劉坤一等即飭招商局妥爲豫備，毋稍延誤。聞俄國句結日本，乘機滋事，現在琉球事尚未定議，臺灣一帶，著何璟、勒方錡先事豫防。將此由六百里密諭李鴻章、劉坤一、岐元、銘安、定安、何璟、張樹聲、吴元炳、譚鍾麟、勒方錡、周恒祺，並傳諭吴大澂知之。」

總理各國事務衙門奏：「請派大員會同日本使臣商辦廢置琉球事件。」得旨：「著該衙門王大臣會同日本使臣妥商辦理。」

卷一一六　光緒六年七月

乙酉，總理各國事務衙門奏：「遵覆日本商務並購《防海新論》，日本廢置琉球一事，現正與該國使臣晤商。張之洞所稱商務，日本是否欲圖藉此抵制，該使臣尚未露及。《防海新論》現遵旨先行分寄東三省，並擬知照南洋大臣，分行沿海督撫，轉發諸將領講求。」報聞。

卷一二一　光緒六年十月乙亥

諭軍機大臣等：「前據總理各國事務衙門奏議結琉球一案。又據右庶子陳寶琛奏：『球案不宜遽結，舊約不宜輕改。』當經惇親王等酌議，宜照總理各國事務衙門所奏辦理，業經允准。旋據左庶子張之洞奏：『日本商務可允，球案宜緩。』復經惇親王等議，以日本與俄深相邀結，又與福建、江浙最近，今若更動已成之局，未必甘心。且恐各國從而構煽，卒至仍歸前説，或併二島而棄之，益爲所輕』等語。所議自爲揆時度勢，聯絡邦交起見。惟事關中外交涉，不可不慎之又慎。李鴻章係原議條約之人，於日本情事素所深悉，著該督統籌全局，將此事應否照總理各國事務衙門原奏辦理，並此外有無善全之策，切實指陳，迅速具奏。總理各國事務衙門摺片各一件、單三件，陳寶琛、張之洞摺各一件均著鈔給閲看。劉銘傳前經賞假兩箇月，本日已有旨，令裕禄傳知該提督不必拘定假期，迅速來京矣。將此由五百里密諭知之。」

卷一二一　光緒六年十月丁未

又諭：「前據總理各國事務衙門奏『擬結琉球一案』各摺片，著交南北洋大臣等妥議具奏，俟覆奏到日，再降諭旨。」

卷一二二　光緒六年十月

辛亥，諭軍機大臣等：「前據總理各國事務衙門奏『議結琉球』一案，又據右庶子陳寶琛奏『球案不宜遽結』，當經惇親王等酌議，宜照總理衙門所奏辦理。旋據左庶子張之洞奏『日本商務可允，球案宜緩。復經惇親王等議，以日本與俄深相邀結，又與福建、江浙最近，且恐各國從而構煽，卒至仍歸前説，或併二島而棄之，益爲所輕』等語。復諭令李鴻章統籌全局，切實指陳。嗣據覆奏：『宜用支展之法專聽俄事消息，以分緩急。』又經惇親王等議奏『因此構釁，未爲得計。且即天津海口可恃，江浙、閩粤各口，究未可知，請飭妥議』等語。此事關繫全局，自應博訪周諮，以期妥協。著劉坤一、何璟、張樹聲、吴元炳、譚鍾麟、勒方錡、裕寛悉心妥議，切實陳奏。總理衙門摺片各一件、單三件，陳寶琛、張之洞、李鴻章摺各一件均著鈔給閲看。將此由四百里各密諭知之。」

卷一二三　光緒六年十一月丙子

撫恤琉球國遭風難民如例。

卷一二七　光緒七年二月戊戌

諭軍機大臣等：「前據總理各國事務衙門奏『與日本國商議琉球』一案，降旨交南北洋大臣等籌議。日本使臣宍戸璣於未經議定之先，即自棄前議，悻悻而去，其所請各節，與中國存球之意，尚未盡善，未能即予准行。該國不遂所求，尤難保無藉端要挾情事，所有沿海各省防務，自應嚴行戒備。著李鴻章、劉坤一、何璟、張樹聲、吴元炳、譚鍾麟、勒方錡、周恒祺、裕寬督飭各營，妥爲備豫，不動聲色，静以待之，毋得稍有疏懈。聞日本造小鐵甲輪船兩隻，可以駛入長江，並著彭玉麟、李成謀加意籌備，毋爲所乘。定海一廳，四面環海，應增調閩省輪船，以助兵力，並著何璟、勒方錡、譚鍾麟、黎兆棠會商辦理。將此由五百里密諭李鴻章、劉坤一、何璟、張樹聲、彭玉麟、吴元炳、譚鍾麟、勒方錡、周恒祺、裕寬，並傳諭黎兆棠、李成謀知之。」

又諭：「前因總理各國事務衙門奏『擬辦球案』一摺，當諭李鴻章、劉坤一等妥籌具奏。兹據該督等先後覆陳，原議商務一體均沾一條，爲日本約章所無，今欲援照西國約章辦理，尚非必不可行。惟此議因球案而起，中國以存球爲重，若如所議，劃分兩島，於存球祀一層，未臻妥善。著總理各國事務衙門王大臣，再與日本使臣悉心妥商，俟球案妥結，商務自可議行。」

卷一二九　光緒七年四月己亥

又諭：「本日已有旨，將岑毓英調補福建巡撫，勒方錡調補貴州巡撫，並令岑毓英即赴新任矣。

臺灣爲南洋門户，防務緊要，日本前議琉球一案，未允所請，該使臣悻悻而去，難保不藉端生衅，自應思患豫防，嚴行戒備。岑毓英久歷戎行，諳習兵事，即著責成該撫將臺灣防務悉心規畫，與何璟會商布置，務期有備無患。其開山撫番未盡事宜，亦當體察情形，次第經理，以爲久遠之計。該撫當隨時勤往該郡履勘巡閲，實事求是，認真整頓，用副委任，遇有緊要事件，即由該撫親往督辦。至福建沿海防務，並著該督撫妥籌辦理，毋稍疏懈。將此由四百里各諭令知之。」

卷一三二　光緒七年七月丙戌

撫恤琉球國遭風難民如例。

卷一四二　光緒八年正月丁酉

諭軍機大臣等：「翰林院侍講張佩綸奏『瀝陳保小扞邊當謀自强之計』一摺。據稱『日本既廢琉球，法蘭西亦越境而圖越南，馭倭之策，宜大設水師，以北洋三口爲一軍，設北海水師提督，天津、通、永、登、萊等鎮屬之，師船分駐旅順、煙臺、大連灣，以控天險。江南形勢當先海而後江，宜改長江水師提督駐吴淞口外，狼山、福山、崇明三鎮均隸之，專領兵輪出洋聚操。責大臣以巡江，兼顧五省；責提督以巡海，專顧一省。移江南提督治淮徐轄陸路，閩浙同一總督轄境。宜改福建水師提督爲閩浙水師提督，以浙江之定海、海門兩鎮隸之。浙江提督，專轄陸路。至滇粤邊防，宜責粤督治水師爲奇兵，廣西、雲南治陸師爲正兵，扼險以伺利便。劉永福等皆可羅致爲用，復以水師大船坐鎮珠崖，快船水雷出入於越南神投海口，與爲聯絡』等語。海防邊防，爲目前當務之要。亟應統籌全局，因時制宜，必有摺銜禦侮之實，始可爲長駕遠馭之計。該侍講所陳各節，不爲無見。即著李鴻章、左宗棠、何璟、張樹聲、彭玉麟等將海防事宜通盤籌畫，會同妥議具奏。其滇粵邊防，即著張樹聲、劉長佑等各就地方情形，實力籌辦，期於綏邊弭釁，永固疆圉。原摺均著鈔給閱看。將此由五百里密諭李鴻章、左宗棠、何璟、張樹聲、劉長佑、彭玉麟、衛榮光、陳士杰、岑毓英、裕寬、慶裕、杜瑞聯，並傳諭譚鈞培知之。」

卷一四二　光緒八年正月庚戌

撫恤琉球國遭風難民如例。

卷一四六　光緒八年五月丁酉

禮部奏：「琉球國陳情陪臣法司官毛鳳來等呈稱，日本禁阻進貢，甚至廢藩爲縣，國主被其脅迫，闔國臣民皆因日人苛政猛烈號泣載塗。仰望天討，復國復君，仍修貢職。」報聞。

卷一四七　光緒八年六月丙寅

撫恤琉球國遭風難民如例。

卷一五〇　光緒八年八月丙辰

又諭：「給事中鄧承修奏『朝鮮亂黨已平，球案未結，宜乘此聲威，特派知兵大臣駐紮煙臺，相機調度，厚集南北洋戰艦，分撥出洋梭巡，更番出入，爲扼吭拊背之謀。其駐紮朝鮮水陸各軍暫緩撤回，以爲犄角，責日本以擅滅琉球肆行要挾之罪，日本必有所憚，球案易於轉圜』等語。所奏不爲無見，著李鴻章、張樹聲酌度情形，妥籌具奏。將此各密諭知之。」尋奏：「戰艦分布各海口，不敷調集，煙臺無礮臺、無電報，移駐較難，請從緩議。」報聞。

卷一五〇　光緒八年八月甲子

撫恤琉球國遭風難民如例。

卷一五〇　光緒八年八月己巳

諭軍機大臣等：「翰林院侍讀張佩綸奏『請密定東征之策以靖藩服』一摺。據稱『日本貧寡傾危，琉球之地久踞不歸，朝鮮禍起蕭牆，殃及賓館，彼狃於琉球故智，劫盟索費，貪婪無厭。今日之事，宜因二國爲名，令南北洋大臣簡練水師，廣造戰船，臺灣、山東兩處宜治兵蓄艦，與南北洋犄角，沿海各督撫迅練水陸各軍，以備進規日本』等語。所奏頗爲切要，著李鴻章先行通盤籌畫，迅速覆奏。將此密諭知之。」

卷一五一　光緒八年九月

戊子，撫恤琉球國遭風難民如例。

卷一五九　光緒九年二月戊午

撫恤琉球國遭風難民如例。

卷一五九　光緒九年二月壬戌

撫恤琉球國遭風難民如例。

卷一六〇　光緒九年二月戊辰

撫恤琉球國遭風難民如例。

卷一六二　光緒九年四月辛未

撫恤琉球國遭風難民如例。

卷一六二　光緒九年四月己卯

撫恤琉球國遭風難民如例。

卷一六三　光緒九年五月辛丑

撫恤琉球國遭風難民如例。

卷一七〇　光緒九年九月甲午

閩浙總督何璟等奏：「撫恤琉球被劫難民。」得旨：「即著迅速查明係何洋面滋事，督飭該管各官，認真捕拏懲辦。」

卷一七二　光緒九年十月甲戌

撫恤朝鮮、琉球國遭風難民如例。

卷一七四　光緒九年十一月戊戌

撫恤琉球國遭風難民如例。

卷一七五　光緒九年十二月甲寅

撫恤琉球國遭風難民如例。

卷一七八　光緒十年二月丁巳
撫恤琉球國遭風難民如例。
卷一七八　光緒十年二月己巳
撫恤琉球國遭風難民如例。
卷一八四　光緒十年五月壬寅
撫恤琉球國遭風難民如例。
卷一九四　光緒十年十月庚午
撫恤琉球國遭風難民如例。
卷二〇〇　光緒十年十二月壬辰
撫恤琉球國遭風難民如例。
卷二〇五　光緒十一年三月甲子
撫恤琉球國遭風難民如例。
卷二一〇　光緒十一年六月辛卯
撫恤琉球國遭風難民如例。
卷二一九　光緒十一年十一月丙申
撫恤琉球國遭風難民如例。

卷二二四　光緒十二年二月辛未

撫恤琉球國遭風難民如例。

卷二二四　光緒十二年十二月丙戌

撫恤琉球國遭風難民如例。

卷二二八　光緒十二年五月辛酉

撫恤琉球國遭風難民如例。

卷二三〇　光緒十二年七月辛丑

撫恤琉球國遭風難民如例。

卷二四二　光緒十三年閏四月己酉

撫恤琉球國遭風難民如例。

卷二七二　光緒十五年七月庚戌

撫恤琉球國遭風難民如例。

卷二八〇　光緒十六年正月己酉

撫恤琉球國遭風難民如例。

卷二八〇　光緒十六年正月辛亥

撫恤琉球國遭風難民如例。

卷二八四　光緒十六年四月己酉
撫恤琉球國遭風難民如例。
卷二八五　光緒十六年五月乙亥
撫恤琉球國遭風難民如例。
卷二八六　光緒十六年六月丙午
撫恤琉球國遭風難民如例。
卷二八七　光緒十六年七月乙亥
撫恤琉球國遭風難民如例。
卷二八八　光緒十六年八月己亥
撫恤琉球國遭風難民如例。
卷二九〇　光緒十六年十月癸卯
撫恤琉球國遭風難民如例。
卷二九一　光緒十六年十一月癸巳
撫恤琉球國遭風難民如例。
卷二九四　光緒十七年二月庚子
前出使日本國大臣黎庶昌奏：「日本近年事事講求，海陸兩軍擴張整飭，工商技藝日異月新。中國與之脣齒相依，宜將琉球一案彼此説明，別定一親密往來互助之約，用備緩急。」下所司知之。

卷二九六　光緒十七年六月辛丑

撫恤琉球國遭風難民如例。

卷二九九　光緒十七年七月戊辰

撫恤琉球國遭風難民如例。

卷三〇三　光緒十七年十一月乙丑

撫恤琉球國遭風難民如例。

卷三一三　光緒十八年閏六月癸亥

撫恤琉球國遭風難民如例。

卷三五九　光緒二十一年正月乙酉

撫恤琉球國遭風難民如例。

卷三六一　光緒二十一年二月己酉

又諭：「電寄唐景崧，電奏已悉。臺灣爲外人垂涎，近聞倭人有調集兵船聚泊琉球之説，恐將就近圖犯臺灣，情殊叵測。戰守事宜亟須豫爲籌備，著唐景崧督飭各營嚴密布置，毋稍大意。」

卷三六二　光緒二十一年二月庚申

撫恤琉球國遭風難民如例。

卷三七五　光緒二十一年八月辛卯
撫恤琉球國遭風難民如例。
卷三九一　光緒二十二年五月戊午
撫恤琉球國遭風難民如例。
卷三九二　光緒二十二年六月己丑
撫恤琉球國遭風難民如例。
卷三九六　光緒二十二年十月庚寅
撫恤琉球國遭風難民如例。
卷四一四　光緒二十四年正月癸巳
撫恤琉球國遭風難民如例。
卷四二〇　光緒二十四年五月壬午
撫恤琉球國遭風難民如例。

# 筹辦夷務始末

# 籌辦夷務始末

清至道光年間，由於列强虎視，與外國交往日益頻繁，此後與外國交涉史實，除實録記其概要外，另由官方彙編有關奏章上諭，命之爲「籌辦夷務始末」，共編有道光、咸豐、同治三朝（道光朝自道光十六年四月二十七日始）。

本次從中華書局二〇一四年重印整理標點本中輯出有關琉球摺片、廷寄二十九通，涉及内容有四：

一、法人入琉球事。道光二十四年（一八四四）法國派兵船至那霸，謀貿易、傳天主教，强留執事、通事。爲此，中國多次與法領事交涉，請撤回留琉人員，未果。至道光二十六年，法派船接回原留琉球人，别留伯多禄於琉。此後，經清政府多次照會，法人於道光二十八年十月接回伯多禄，而於咸豐五年，法船又至琉球，强留嗽啉等人。嗽啉等人結果，未再記載。

二、英人入琉球事。英戰船於道光二十三年、二十五年四次駛至琉球，量地探水。二十六年又派船至琉，醫士咱嚔吟上岸設局爲人治病。旋又派水師提督郭季綸駕三船至琉，欲見國王，遭拒。清廷接報，多次照會英使，請撤回咱嚔吟等。至咸豐四年英船接回咱嚔吟，又留冒耳敦於琉球。冒耳敦於咸豐七年因病歸國。

三、記清廷處理被美、英拐騙出洋務苦工之陳得利、蔡祥慶等人，因中途或反抗，或遭風避琉球，琉球送回中國案。

四、咸豐十年（一八六〇）荷蘭派船至琉球請互相交易，並留人於琉球。清政府爲此與荷交涉，然無下文。

以上奏章梗概，及清帝旨諭，大致亦見《清實録》，本書所收更爲詳盡。由上述材料可知，西方列强在加緊對中國侵略的同時，由於琉球靠近中國，也逐漸進入侵略者的視野，頻有叩港登島之舉，中國雖自顧不暇，仍仗義抗議。

（張　喆）

# 目録

劉韻珂等奏琉球密咨法船入境强留執事通事以保護並傳教爲言懇敕查詢摺（道光二十四年十一月）……一四九
廷寄……一五一
廷寄……一五一
耆英又奏遵旨密查法船駛赴琉球洋面情形摺（道光二十五年正月）……一五二
廷寄……一五三
廷寄（道光二十五年三月）……一五四
耆英等奏請准比利時一體通商並美利堅立國大概情形摺（道光二十五年六月）……一五五
廷寄……一五七
耆英等又奏法使允將留於琉球之執事通事二人撤回片（道光二十五年六月）……一五七
廷寄……一五八
劉韻珂等奏琉球咨會英法滋擾情形摺（道光二十六年十一月）……一五八
廷寄……一六一
耆英又奏已照會英法撤回强留在琉球之人片（道光二十六年十二月）……一六二
廷寄……一六二
耆英等又奏英使覆稱醫生前往琉球欲廣療治未便阻止片（道光二十七年正月）……一六三

廷寄……………………………………………………………一六五
耆英奏法使覆稱欲與琉球結好俟得其國回文即將所留二人載去摺（道光二十七年二月）……………………………………一六六
劉韻珂奏琉球咨稱法國已將伯多禄接去英人啪嚏呤仍舊逗留摺（道光二十八年十二月）……………………………………一六七
徐廣縉等奏照會英使自琉球撤去啪嚏呤摺（道光二十九年三月）…………………………一六八
劉韻珂奏據琉球來文密咨兩廣總督諭催英使將啪嚏呤趕緊撤回摺（道光二十九年十一月）……………………………一六九
廷寄……………………………………………………………一七一
葉名琛奏覆琉球請撤英人向英使交涉無效摺（咸豐三年六月）……………………………一七一
有鳳奏陳得利等及蔡祥慶等羈留琉球二案現已分別研訊摺（咸豐四年正月）……………………………………………………一七二
王懿德奏據琉球國世子咨文請與英交涉將英人啪嚏呤撤回摺（咸豐四年四月）……………………………………………一七五
廷寄……………………………………………………………一七六
王懿德等奏據琉球國世子尚泰咨文英人啪嚏呤甫撤冒耳敦繼至已咨葉名琛勸令英人接回摺（咸豐四年十二月）……………一七六
王懿德等奏據琉球國世子尚泰咨文英法人留居該國已咨葉名琛勸令各使接回摺（咸豐五年八月）……………………………一七八
王懿德等奏法人在琉球迫脅多端已咨葉名琛勸其回國摺（咸豐七年正月）……………………一七九
慶端瑞璸奏琉球咨稱荷使駛往交易未允已回去摺（咸豐十年四月）…………………………一八一

道光二十四年十一月

## 劉韻珂等奏琉球密咨法船入境强留執事通事以保護並傳教爲言懇敕查詢摺

閩浙總督劉韻珂、福建巡撫劉鴻翱奏：

竊照琉球國王尚育，遣正使耳目官毛嘉榮、副使正議大夫鄭元偉等，恭進本年例貢，業已航海抵閩，現經臣等專弁齎摺奏報，並委員伴送該貢使等起程赴京在案。兹據福建藩司徐繼畬詳：據該貢使毛嘉榮等稟稱，榮等奉命恭進貢典來閩，已於到省後，將國王發給咨文各件繳送覈辦。惟國王又另給咨文一角，内係機密要件，著榮等親自齎投，兹特親身投送，懇由内署查閱辦理，免發經胥，以免傳播等情。並據呈繳琉球國王咨文一角。該司當即拆閲，内稱本年三月間，該國那霸洋面，來有海船一隻，查詢言語不通，惟船内通事係中國人，據稱該船係咈囒哂戰船，船上總兵名嘞爾烈喀璞朗，由廣東澳門至彼購買食物。該國王當時給與物件。旋據嘞爾烈喀璞朗啓稱，咈囒哂國因向與中國通好，故特令各戰船總兵，至中國鄰近諸國求和，往來貿易。惟伊不能久住，若月後尚有大總兵都督大船或各戰船前來，宜向彼示覆。兹特留執事嘞爾加助、通事粤五思旦在此等情。該國王當以琉球土瘦地薄，物産不多，不能廣與他國交通，飭令具文固辭。詎該總兵不肯聽從，强留執事通事在國，開船而去。隨又據執事嚟爾加助，以咦國見琉球居中國、日本之間，久欲取之，咈國欲阻其謀，惟有二計，一則格外保護，一則先自取之，而格外保護尤咈國所願，乞該國王早爲之計。並據通事粤五以咈國戰船東來，花費無限，若深知其意，則有吉無凶，否則禍福難料等情，先後具稟。該國王以伊國蒙皇上覆載之恩，世膺王爵，永享太平，若交通咈國爲其保護，有負天朝之存恤。且察該兩人之言，雖云阻人謀，實則圖己利，不可苟焉從之，墮其陰謀，復令固辭。而該執事復以伊係傳天主教之人，咈國因在澳門，聞西土之人欲取琉球疆土，故來傳授前教，救生靈於塗炭，乞准傳天主教於該國各地方，以絶將來兇險等情續稟。該國王復以伊國疊霑聖朝之化，天主教不可傳習，向其辭卻。乃該執事仍以傳教爲言。竊查咈國人等無故入境，初欲結好貿易，次求格外保護，後要傳天主教，言詞反覆靡常，不可測度。日後若有大總兵到國，不知如何騷擾？現飭官役盡心籌畫，俟大總兵到國，使率彼二人同回，合先咨請轉詳督撫等情具詳前來。

臣等伏查琉球爲天朝屬國，稱臣奉貢，最爲恭順。此次咈嚰哂兵船突入其境，以通和傳教爲詞，該國王以素受中國丕冒之恩，再三辭卻，更見其始終恪守臣節。我皇上爲華夷共主，該國王既將此事源委備咨藩司懇請轉詳，自不容置之不論不議。惟臣等就該國王來文細加查覈，當咈嚰哂兵船初到該國之時，止稱購買食物，即總兵嚟爾烈喀璞朗向該國王具啓，亦祇稱因該國與中國鄰近，前來求和，別無他語。其後所稱格外保護，並求傳天主教等語，皆係執事嚟爾加助等之言。察其語意，既稱咦國欲將該國吞滅，復稱咈國欲先將該國吞滅，皆係哃〔恫〕喝虚詞，其意似專在傳授天主教。又通事粤五思旦，據該國王稱係中國人民，覈其姓名，又不與中國人相同，究竟前往者是否係咈嚰哂之船，抑或另有假冒，現在閩省並無別國船隻，無從察辦。查該國使臣喇嚀呢現正在粵省與欽差大臣兩廣督臣耆英籌議通商事宜，無難一詢即明。合無仰懇皇上天恩，敕下該大臣就近先向喇嚀呢查詢，以辨虛實。如喇嚀呢覆到，往琉球者實係該國兵船，並由該大臣體察情形，設法開導，諭令喇嚀呢將留彼之執事嘞爾加助等接回，使蕞爾小邦，無虞驚擾，以仰副聖主優恤外臣之至意。

**廷寄** 答劉韻珂等摺

諭軍機大臣等：劉韻珂等奏，接准琉球國王密咨，關涉咈囒哂夷務一摺。咈夷通商條約，現經耆英等定議，降旨准行。琉球所見該夷戰船，在本年三月，自係章程未定之先，現已諭知耆英妥爲查辦矣。該國王恪守臣節，將此事源委詳晰咨明，實堪嘉尚。著該督等遇便即將現在代爲奏請查辦之語，先行咨覆該國，統俟耆英查明奏到後，再行諭知該督等遵照辦理。

**廷寄** 據劉韻珂等摺，著耆英勸導法人恪遵成約。

又諭：前據耆英奏，咈囒哂夷使到粵，陳請各款有中國所屬之琉球等國，准予據守，亦有裨益之語。該督等設法勸諭，逐款言明，所有妄議各情，均即不復提起。旋據議定通商條約，業已照議准行矣。本日據劉韻珂等奏：接准琉球國王密咨稱，本年三月間，有咈囒哂戰船一隻，駛至該國洋面，該船總兵稱由廣東澳門至彼，數月後尚有大總兵都督大船或各戰船前來，並强留執事、通事各一人，開船而去，日後若有大總兵到國，不知如何騷擾等語。琉球國所見咈夷戰船，在本年三月間，自係在條約未定之先，現在該國通商事宜既經定議，自不應再至天朝屬國別生事端。究竟前項兵船是否實係咈夷所遣？其所稱大總兵等大船，曾否續赴琉球洋面？所留之通事、執事人等，此時已否歸國？著耆英密加察訪，設法勸導，務令該夷使恪遵成約，彼此相安。其辦理情形，即著該督迅速覆奏。原摺鈔給閱看。

道光二十五年正月

## 耆英又奏遵旨密查法船駛赴琉球洋面情形摺

耆英又奏：

琉球爲天朝屬國，素稱恭順，本年〔二十四年〕九月間，奴才在澳門，咈囒哂夷使喇嚀呢即有求將中國所屬之琉球等國，准予據守之請，經奴才嚴加駁斥，該酋不復瀆求。今於本年三月間，有咈夷兵船駛至琉球洋面，事在喇嚀呢未至中國以前，是否該夷使蓄意已久，豫先遣往嘗試，抑或另有假冒別情，必須查明，妥爲辦理，當飭即選道潘仕成設法查探。茲據該員稟稱：先向在澳寄居之咈夷咖嘮喇詳細詢問，並向該國商人隆鐸等查訪，稱有伊國兵船一隻，曾於本年三月間，到琉球國一次，兵頭名咈呢咯嘆啲，船上礮位共三十餘門，水手兵丁共有三百餘名，其船於本年七月間已回廣東，並未復往，現泊尖沙觜洋面，定於十二月内即回本國，此外亦無另有兵船前赴琉球之事。又詢以曾否將執事嘟囒咖呦、通事粤五思旦二人留在琉球？俱稱伊國實有此二人，其曾否留在琉球，則委係不知等語。

查本年夏秋間，據浙江、江蘇撫臣、閩浙督臣咨稱：有咈夷兵船一隻，兵頭名咈呢嘟⿰口發哴，於本年三月間駛至定海洋面，停泊數日，旋赴上海。四月間復回定海，旋即駛至寧波。五月間由寧波開行，七月間駛抵厦門，停泊數日，即回粤省等情。查嘟⿰口發哴與咯噗⿰口朗番音相通，係屬一人，乃以三字爲姓，其或加咈呢二字，或加嘟囒唎三字，則係稱名偶異，或譯音不同，與咪國夷使稱爲⿰口顧⿰口盛，而亦稱咖嘞⿰口顧⿰口盛，事同一例，其爲即係琉球咨文内所稱之嘟囒唎咯噗⿰口朗無疑。其船係於三月間，由粤先赴琉球，次赴定海，計其行蹤時日，亦相符合。又咈夷於本年七八月間，先後來澳共有兵船八隻，計赴琉球之船即在其内。續探聞各船俱已漸次回國，今惟有咯噗⿰口朗一船停泊尖沙觜洋面，其所稱即行回國，及並無另有兵船前赴琉球等語，似尚可信，惟强留執事、通事二人一節，尚未查有確據。奴才思喇嚀呢妄行求請之時，經奴才嚴加駁斥，該酋無詞可辯，現在探查咯噗⿰口朗兵船由琉球駛回粤省，並無復往，此外又别無兵船前去，似其覬覦之心已息，諒不至再生事端。縱以傳習天主教爲由，强留二人在彼，該國既不遵奉其教，似亦技無所施。

## 廷寄 答耆英摺

諭軍機大臣等：前據劉韻珂等奏，接准琉球國王密咨，有咈囒哂國船一隻駛至該國，强留執事、通事各一人，並稱數月後另有大船前來等語，當經諭令耆英確查具奏。兹據奏稱：咈夷咯㗱啁一船，探明上年三月間到琉球國一次，七月間已回廣東，並未復往，十二月即回本國，此外亦無另有兵船前赴琉球之事。琉球臣屬天朝，素稱恭順，該國因見有咈船，懇請查辦，不容置之不問。現既探明咯㗱啁兵船回國，並無續往之船，是其覬覦之心已息，自可彼此相安，不至再行滋事。惟所留執事、通事二人，尚未查有確據，仍著耆英隨時察訪，並俟今春喇噂呢到粤，設法探詢，如果該執事等尚在琉球，務須勸導該酋，令將所留之二人撤回本國，以期永久相安，方爲妥善。

道光二十五年三月

## 廷寄答耆英等摺

諭軍機大臣等：耆英等奏，夷目來澳求市，請旨辦理一摺。據〔稱〕吡嚈咀喀國領事蘭瓦呈請貿易，有咈囒哂夷使喇噂呢來信，代爲薦引，並查明該國即係曾經來粤通商之比利時國等語。該國停市已久，此次應否暫准貿易，所請五口貿易章程，應否一體頒發，著該督體察情形，悉心妥酌辦理。至該督前次奏稱：查探咈夷咯㗱啁一船，曾到琉球國一次，嗣經駛回廣東後，即回本國，其所留執事、通事二人，尚未查有確據等語。現在是否尚在琉球，抑已回本國？務須訪查的確，據實覆奏。再前據劉鴻翱奏，咪唎㗂立國甫六十年等語，是否確實，著該督就近查詢，一併覆奏。

道光二十五年六月

## 耆英等奏請准比利時一體通商並美利堅立國大概情形摺

協辦大學士兩廣總督耆英、廣東巡撫黃恩彤奏：

竊臣等於四月初十日，承准軍機大臣字寄，道光二十五年三月初四日，奉上諭：耆英等奏，夷目來澳求市，請旨辦理一摺。據稱吡嚹呾喀國領事蘭瓦呈請貿易，有咈囒哂夷使喇嘮呢來信，代爲薦引，並查明該國即係曾經來粵通商之比利時國等語。該國停市已久，此次應否暫准貿易，並所請五口貿易章程，應否一體頒發，著該督體察情形，悉心妥酌辦理。至該督前次奏稱：查探咈夷𡀔噗嘲曾到琉球國一次，嗣經駛回廣東後，即回本國，其所留執事、通事二人，尚未查有確據等語。現在是否尚在琉球，抑已回本國？務須訪查的確，據實覆奏。再前據劉鴻翶奏稱，咪唎㗼立國甫六十年等語。是否確實，著該督就近查詢，一併覆奏。欽此。

伏查吡嚹呾喀國介在暎咭唎、咈囒哂二國之間，素稱微弱，商船爲數無多，於夷務尚無關輕重。今既遣領事蘭瓦求請照舊通商，情詞甚屬恭順，似未便拒其所請，致抱向隅。西洋諸夷來粵貿易，惟咈囒哂、暎咭唎、咪唎㗼三國設有領事，其餘如嗬囒、吕宋、大尼、黄旗、港腳、瑞典諸夷，間有貨船駛到，多係由各國領事代爲報驗輸税，該夷等衣服言語面貌，小異大同，其究係何國之人，實亦無從深考。兹若將蘭瓦嚴行拒絶，難保其不潛附他國仍來貿易，轉不足以示懷柔。且既據咈囒哂夷使代爲請求，尤應藉事羈縻，俾該夷等同深感戴。查蘭瓦現在小呂宋聽候恩旨，約計五月内即與喇嘮呢一同來粤，擬俟詢查明確，即將五口貿易章程一體頒發，以廣聖主寬大之仁。其咈夷曾經駛往琉球⿰口路噗嘲一船，於去年十二月間駛出澳門，探聞已回本國，惟所留執事、通事二人，是否仍在琉球，現飭即選道潘仕成，向住澳咈夷咖⿰口署唎詳加詢訪，該夷亦不能確有見聞，容俟喇嘮呢回粤，再行查明，酌量妥辦。

至前福建撫臣劉鴻翱奏稱咪唎堅立國甫六十年一節。臣等查咪唎堅本係極西一大洲，與中國晝夜相反，土曠人稀，明以前無知其地者。弘治年間，有伊大理國人名亞墨理哥者，始至其地，創造室廬，漸成聚落，遂名其地爲亞墨理哥，又名亞美利加，又名咪唎堅，皆因番音相近，致稱名不無譌舛。泰昌年間，復有嘆咭唎人數百徙往居之，遂名其地爲新嘆咭唎；萬曆年間，有喃囒國人據其南方，名新喃囒；我朝順治年間，復有咈囒哂人據其北方，名新咈囒哂。旋被嘆咭唎逐去二國之人，據其地爲屬國。迨後生齒漸繁，開闢日廣，共有二十六部落。乾隆年間，嘆咭唎欲向加徵税餉，民弗聽，嘆咭唎徵愈急，且脅以兵，土人怒，共立嘩嗌噸爲統領，合各部落爲一國，名合省國，不受嘆咭唎約束。嘆咭唎討之，相持七八年不下，咈囒哂復出兵助之，嘆咭唎不得志，乾隆四十九年遂與平，聽其自爲一國。此咪唎堅立國之大概情形也。

其國北界與嘆咭唎、鄂羅斯相近，南界墨息哥國，東界壓瀾的海，西界太平海。民俗重農事，喜工作，土産以棉花爲大宗，兼擅鹽鐵之利，洋布呢羽之類，所出頗多。又最重貿易，故來粤貨船，嘆咭唎居十之七，咪唎堅居十之三，與咈囒哂最稱和睦，與嘆咭唎外相交而内相忌。其立國雖不過數十年，而地廣民勤，物産豐殖，故西洋諸夷與嘆咭唎、咈囒哂並稱强大者，惟咪唎堅爲較著，而咈〔喃〕囒、呂宋等，雖立國在前，轉不及該國近日之形勢也。

## 廷寄答耆英等摺

諭軍機大臣等：耆英等奏，據稱吡𠵆咱喀國商船爲數無多，今既遣領事蘭瓦求請照舊通商，若嚴行拒絶，難保其不潛附他國仍來貿易，且據咈囒哂夷使代爲請求，正可藉事羈縻，俾該夷使等同深感戴等語。該國領事蘭瓦現在小吕宋候旨，五月内即可赴粤，著俟詢查明確後，即將五口貿易章程一體頒發，以示懷柔。其咈夷曾經駛往琉球嘧嘆唧一船，據該督查明於上年十二月間，駛出澳門，已回本國，惟所留執事、通事二人，是否仍在琉球，著俟喇噂呢回粤，密查確切，再行具奏。

道光二十五年六月

## 耆英等又奏法使允將留於琉球之執事通事二人撤回片

耆英等又奏：

再該夷使喇噂呢因换約事竣，擬赴江蘇、閩、浙各口，查看貿易情形，據稱坐駕商船前往，並不勞動地方官長。惟夷性難料，全在隨時隨事撫馭合宜，臣等現即飛咨各口，該夷使到日，如果不見動静，該地方文武自可置之不問；如遇有通問求見等事，必須相機接待，勿使稍生疑釁。至强留執事、通事二人在琉球一節，詢據喇噂呢聲稱，係伊未到粵省之先，兵頭嘞哂咡遣人前往，今既與中國定好，伊於前赴通商各口之便，即當將該二人撤回，以後斷不再令前往等語。揣其情狀，實因琉球爲海中一島，意存覬覦，故於未到中國之先，即遣人豫行窺探，上年九月復以准其占踞爲請，經臣等再三駁斥，謀始中止。今既據稱即將該二人撤回，斷不再令前往，似可不致另有他虞。並據稱尚有文書一件，續即送來。俟接到後，當即據由飛咨閩粵［浙］督臣，轉咨琉球國王知照。

## 廷寄 答耆英等片

諭軍機大臣等：上年據劉韻珂奏，咈囒哂有船駛至琉球，强留執事、通事各一人在彼等語，當經降旨，令耆英確切查明具奏。玆耆英奏稱：詢據咈酋喇噂呢聲稱，係伊未到粵之先，兵頭嘞哂咡遣人前往，當於前赴通商各口之便，將該二人撤回，以後斷不再令前往。並稱尚有文書一件，續即送來等語。著俟耆英將該夷文書咨行到閩後，該督即轉咨琉球國王知悉。

道光二十六年十一月

## 劉韻珂等奏琉球咨會英法滋擾情形摺

閩浙總督劉韻珂、福建巡撫鄭祖琛奏：

竊照琉球國王尚育，遣正使耳目官向元模、副使正議大夫梁必達等，恭進本年例貢，業已航海抵閩。現經臣等另摺奏報，並委員伴送該貢使等起程赴京。兹據福建藩司徐繼畬詳：據琉球國正使王舅毛增光、副使正議大夫梁學孔等稱，本年國王遣向元模等恭進貢品來閩，另給文二角，飭令光等附搭貢船，親齎投送。又上年該國接貢船隻内渡，亦有咨文二角交給呈投，兹查前船尚未到閩，想係遭風漂泊他處，合將光等所帶底稿照録一分，同奉給咨文，一併繳送察辦等情。該司隨將該使臣等録呈稿底二件，先行查閲，均係道光二十五年八月初四日所發。一稱咈囒哂國前留該國之執事嘞囒咖呦、通事粵五思旦二人，至今未見撤回。一稱暎咭唎國戰船，於道光二十三年並二十五年五七等月，四次駛至該國，量地探水。並有福州領事李太郭，送給留閩通事魏學賢文憑一紙，内稱暎國戰船往來，毋庸懼怕等語。該國王因暎夷存心難測，恐日後再來滋事，咨請轉詳辦理各等情。該司又將咨文二角逐一拆閲。一係道光二十六年八月十四日所發，内稱本年四月初初七五日，有暎咭唎船一隻到來，帶有醫士伯德令，攜眷上岸，逗留不去，現在該國設局療病。又四月五月十二等日，有咈囒哂國總兵攝藍、黎峩、元帥瑟西爾，分坐三船，先後駛至，據瑟西爾啓稱，欲與該國結好，以做生意。該國王辭以國小民貧，不能與他國結好交易。瑟西爾將原留該國之執事嘞囒咖呦等帶回，别留伯多禄一人在彼居住。閏五月十八日，咈國又有色玩爾坐船一隻，駛至該國大嶺村洋面，遭風擱礁，經該國王發料修補，旋與攝藍等三船先後開行。七月二十五日，黎峩之船又來，帶有瑟西爾書啓，稱伯多禄孤居不便，再留亞臬德陪伴同居。該國王婉詞不允，愁慮無計，咨請轉詳具題，使暎國接取伯德令歸國，咈國接取伯多禄等回國，併罷其結好交易之心，以期永久相安。又一件，係道光二十六年九月初二日所發，内稱本年八月二十四日，嘆國水師提督郭季倫，坐駕兵船三隻到來，欲與該國王面會，該國王辭之，欲令將伯德令帶回，據稱非其所知，不便帶回。隨於二十七二十九等日，先後開去。曾問通事云：伯德令係耶嗎你國人，但與嘆人往來不絶，久爲淹留，恐滋國家之患。並據該使臣毛增光等，於驗貢後，在該藩司處呈遞密稟，縷述前情，並稱咈國留住之人，動輒毆辱該國民人，該國王日夜憂心，囑該使臣等密稟藩司轉詳各等情，具詳前來。

臣等伏查道光二十四年秋間，琉球國王因咈囒哂兵船駛至該國，强留執事嘞囉咖呦、通事粤五思旦二人在彼居住，並諷以結好傳教，該國王堅辭不允，備咨藩司，懇請轉詳。臣劉韻珂會同前撫臣劉鴻翶奏蒙諭旨，敕交欽差大臣耆英，妥爲查辦。當即行司，轉咨該國王知照。嗣准耆英以現接咈酋喇嘮呢照會，此事係嘲哂咡所辦，嘲哂咡因嘞囉咖呦等本係兵船帶往，俟兵船到東洋時，順便接回等因，咨覆在案。兹接該國王來文，咈夷瑟西爾雖於本年五月乘坐兵船駛至該國，將前留執事嘞囉咖呦等一併撤回，第又另易伯多禄、亞臬德二人在彼居住，併仍諷以結好通商，其意殊難揣測。且嘆咭唎船隻，自二十二年以後，屢至該國探水量地，併令伯德令攜帶眷口，逗留該國，設局行醫，更不知意欲何爲。究竟咈、嘆兩國，果否欲與該國結好通商，抑仍欲廣傳其教，或竟心懷叵測，現雖不克悉其底蘊。第念琉球於外洋諸國中，臣服天朝，最爲恭順，且該國本屬蕞爾荒島，著名貧瘠，其國中衣食所需，率皆仰資他國。該國王所稱不能與咈、嘆各國結好通商，不特恪守臣節，兼係實在情形。乃咈、暎兩國兵船連年駛往，併各指使國人，僑寓琉球，逗留不去，致令該國王驚疑危懼，呼籲頻仍，臣等又何敢壅於上聞，致負我皇上優恤外藩懷柔遠人之至意。惟現在閩省並無咈國人船，暎國雖有領事寄寓省垣，而該領事止管福州貿易，別事非其所司，此時臣等即向該領事設法勸導，該領事亦必以事非專主，婉言推卸，於事仍屬無濟。自應仍咨兩廣督臣，向咈、暎兩酋設法勸諭，俾琉球得免驚擾，以示體卹。

## 廷寄據劉韻珂等摺，著耆英等勸導英、法勿擾琉球。

諭軍機大臣等：劉韻珂等奏，藩司接准琉球國王密咨，關涉夷務，現咨兩廣督臣，相機妥爲勸諭一摺。前年秋間，咈囒哂兵船駛至琉球，强留執事嘟囉咖吻等在彼居住，曾降旨令耆英妥爲查辦。本年五月，已據該酋將前留執事嘟囉咖吻等一併撤回，又另易伯多禄、亞臬德二人在彼居住，並仍諷以結好通商，其意殊難揣測。且暎咭唎船隻，自二十（三）〔二〕年以後，屢至該國探水量地，並令伯德令攜眷逗留該國，設局行醫，更不知意欲何爲。惟念琉球臣服天朝，最爲恭順，且素稱貧瘠，咈、暎二國不值與之結好通商，况該二國既與天朝和好，即不應擾我屬國。著耆英等接奉此旨，即向咈、暎各酋曲加勸導，曉以成約之不可違，諭以小利之無可取，務使各將兵船及僑寓人等悉數撤去，以免驚疑而符定約，是爲至要。原摺著鈔給閱看。

道光二十六年十二月

## 耆英又奏已照會英法撤回强留在琉球之人片

耆英又奏：

臣等查咈夷强留執事嘐嚁咖呦等二人在琉球居住，前經臣耆英詢明咈酋喇噂呢，並據來文稱：係兵頭嘞哂咡所爲，俟兵船到東洋時，順便接回等語。乃嘞哂咡既將嘐嚁咖呦等接回，復另易伯多禄等二人在彼居住，諷以結好通商，實屬情同鬼蜮。至咦夷前往該國洋面探水量地，或因測探沙礁，以便商船遭風拋泊起見，然何以屢次駛往，並留伯德令攜眷在彼設局行醫？其居心亦殊難懸揣。查咈酋喇噂呢早經回國，嘞哂咡亦離粵省，玆由臣等備文交給在粵咈噸哂夷目，轉給該兵頭嘞哂咡，諭令將伯多禄等即行撤回。並照會咦酋噫吪畤，亦令將所留之伯德令撤回，並勿再令兵船駛往琉球洋面，致滋驚擾。並咨覆閩浙督臣轉飭藩司，密飭琉球使臣，將咈、咦兩夷所留之人，妥爲安頓防範，約束國人勿與交接，俾各夷無可希冀，免生事端。俟接有覆文，再行相機辦理。

### 廷寄答耆英等摺片

諭軍機大臣等：耆英奏，咦夷請於西藏定界通商，業經正言拒絶一摺。並密陳偵探夷情，及酌辦情形等語。西藏地方，本有一定界阯，無庸再行勘定，通商一事，更有原立成約，自應永遠遵守。兹該夷因與西刻夷人構兵，據有加治彌耳山地，請與後藏交界地方明定界阯，並請與後藏通商，殊屬顯違成約。該夷居心狡詐，所稱照會駐藏大臣之處，尚未據琦善陳奏，至前往天津之語，尤屬虚聲恫喝，藉以要求。該督現已援據條約，正言拒絶，著仍堅守成約，持以鎮静，勿爲所摇惑，勿任其巧辯，總須示以大體，俾知成約甚明，無從狡執爲要。該酋回文如何，並加治彌耳夷人與西刻夷人復向攻擊之處，著確切偵探，得有實情，一併由四五百里馳驛迅速具奏。另片奏，接准閩省來咨，辦理照會等語。咈、唊二夷各留人在琉球國居住，並有請結好通商及設局行醫等事，前據劉韻珂奏，已降旨令耆英向該酋等確切曉諭矣。該督現已備文諭令即行撤回，並勿許唊夷再令兵船駛往琉球洋面探測。俟有覆文，一面相機辦理，一面即行由驛迅速覆奏。

## 耆英等又奏英使覆稱醫生前往琉球欲廣療治未便阻止片

道光二十七年正月

耆英等又奏：

臣等承准軍機大臣字寄，道光二十六年十一月十九日，奉上諭：劉韻珂等奏，藩司接准琉球國王密咨，關涉夷務，現咨兩廣督臣，相機妥爲勸諭一摺。著耆英等即向咈、唊各酋曲爲［加］勸導，務使各將兵船及僑寓人等悉數撤去，以免驚疑而符定約等因。欽此。

遵查臣等前准閩浙督臣來咨，當經備文交給咈囒哂夷目轉給咈酋噝哂吽，並照會咦酋噫㗑㖿，令將所留之伯多禄等及伯德令一併撤回，以後勿令兵船再往琉球洋面，致滋驚擾。及咨覆閩浙督臣，轉飭藩司密飭琉球使臣，稟覆該國王等，將咈、咦兩夷所留之人，妥爲安頓防範各等因附片具奏，聲明俟接有該酋等覆文，再行相機辦理在案。查噝哂吽久離粵省，覆文尚未接到，兹據噫㗑㖿覆稱：醫生伯德令前往琉球，意欲廣施療治，未便阻止。咈、咦兩國兵船駛往，優待居民，爲何輒懷疑懼？如若攔阻，即係視同仇敵，反爲不美。並稱琉球附近日本，兵械爲日本奪去，其地多係日本屬國，並非專屬天朝等語。

臣等伏查琉球於海外諸國最爲貧瘠，斷非可以貿易之地，無利可貪。其於各夷船到彼，均加優待，亦不至無端構釁，遽肆憑陵。雖其地四面濱臨外洋，各國兵船乘風駛往，暫時停泊，在所不免，若必欲由中國概行禁阻，恐亦鞭長莫及。至伯多禄等意在傳教，伯德令專爲行醫，人數既少，但有一廛之地，即可棲託。該國惟當示以鎮静，嚴禁土人勿與交通，外假以禮貌，内峻其防閑，該夷等無技可施，自當廢然而返。若此時亟加驅逐，恐不免陽奉陰違，徒煩辯論。再臣等風聞東洋各國，惟日本素稱富饒，西洋諸夷不得前往貿易，未免垂涎。上年秋間，咈夷即有欲赴日本之説，咦、咪二夷亦頗思附和。而噫㗑㖿此次回文，亦以琉球附近日本爲詞，似該夷等欲通日本，而借琉球爲東渡津梁。其兵船前往，意在測量水路曲摺，其留人在彼，因以偵探日本虚實，雖夷情變幻多端，殊難懸揣，而傳聞必非無因，其意殆别有所注。現在噶𠺕嘶既藉詞推宕，若徒向該酋駁辯，恐未必遽能摺服，似應俟咈酋噶哂咡覆文到日，如果尚無膠執，再向噶𠺕嘶相機開導，或亦易於轉圜。

## 廷寄 答耆英等摺片

諭軍機大臣等：耆英奏，嘆夷定界通商之請，已有轉圜。又另片奏，請飭駐藏大臣，就近體察情形，酌量妥辦等語。覽奏均悉。嘆夷定界通商之請，既係祇欲指明舊界，並非另立新界，通商係仍照舊章，亦不另議新條，與來五口通商之夷無涉等情。此皆該督信義相示，善爲開導，該夷屈於正論，妄念已息，似不致另生枝節。其西藏地方是否與加治彌耳毗連，有無舊界可循，及加治彌耳夷人是否向與西藏貿易之處，已諭知琦善體察情形，酌量妥辦，並將加治彌耳夷人等合謀聚衆，欲行驅逐夷酋等事，確切偵探，迅速覆奏矣。又另片奏，咈、嘆兩夷留人居住琉球，前已諭令撤回，咈酋尚未覆到；嘆酋覆稱，醫生前往，未便阻止，並琉球附近日本等語。夷情變幻難測，或其欲通日本，而借琉球爲東渡津梁，亦未可知。現在嘆酋既藉詞推宕，著俟咈酋覆文到日，如果尚無膠執，再向噶酋相機開導，務期易於轉圜。該兩夷遣往琉球之人，何時撤回，該督即隨時馳奏。又另片奏，解往湖北傳教夷人，已交西洋夷目收管，未便過事追求，該夷居住香港，甚爲安静等語。該夷現既安静，想係知所警畏，此後惟嚴飭地方官，於關津渡口隨時盤查，自不至任意混入。

道光二十七年二月

# 耆英奏法使覆稱欲與琉球結好俟得其國回文即將所留二人載去摺

協辦大學士兩廣總督兼署廣東巡撫耆英奏：

承准軍機大臣字寄，道光二十六年十二月二十五日，奉上諭：前據劉韻珂等奏，藩司接准琉球國密咨，以咈、唊二國各令執事人等逗留該國，並有設局行醫等情。曾降旨，令耆英曲加勸導，務釋猜疑。嗣據該督奏稱，接准閩省來咨，業已備文諭令撤回等語。昨據禮部奏稱：琉球貢使到京，呈遞稟帖，復以咈、唊二國留人在彼，種種滋擾，該國王不勝疑慮，力求代奏等語。琉球臣服天朝，最稱恭順，既據疊次懇請，若不爲之弭止驚擾，殊失撫馭外藩之意。然咈、唊各令執事人等逗留該國，又不知意欲何爲，此事既未便頒給咈、唊敕諭，令其撤回僑寓人等，又不值遣兵前往與之理論。惟在該督仰體此意，復向咈、唊各酋反覆曉諭，使知成約既不可違，小利亦無可取，務使各將逗留人等悉數撤去，以弭外侮而恤藩封，是爲至要。琉球使臣原稟，著鈔給閱看。欽此。

遵查咈、唊二夷執事人等逗留琉球，前經備文照會各酋諭令撤回。兹接據噒哂咡來文，內稱伊前與兵船三隻，先後駛至琉球地方，意欲琉球國王結好通商。經琉球國王遣員與伊面議，一一熟籌，究竟該國貧薄，不能與咈囒哂興旺貿易，且係天朝屬國，亦不能與別國結好。伊已許將情形寄知咈囒哂國主，訂准一年內有回文，留伯多禄等二人在彼，實爲聽候回文，以便繙譯，其遞送回文之船，即將所留二人載去，定不食言，安用驚疑等情。

查琉球地方貧瘠，力難與咈囒哂貿易，該酋既洞悉情形，諒不至復生覬覦。所稱將情形寄知國主，留伯多禄等等候繙譯回文，其言尚未可盡信。但堅稱俟一年内覆文到日，即將二人載去，且該酋前在琉球，業與其國官員覿面訂明，似可不致反覆。至暎夷所留之伯德令一名，前雖藉詞推宕，惟咈、暎事同一律，今咈夷既肯將所留之伯多禄等訂期載歸，即可援照咈酋來文，再向暎酋曉諭，以期漸有轉圜。

硃批：相機妥爲之。

## 劉韻珂奏琉球咨稱法國已將伯多禄接去英人咱嚏呤仍舊逗留摺

道光二十八年十二月

閩浙總督劉韻珂奏：

據藩司陳慶偕詳稱：道光二十八年十月十九日，准琉球國中山王世子尚泰咨開，竊查該國自咈囒哂、暎咭唎兩國夷人逗留以來，待之以仁，接之以禮，内咈夷啞嗅嚏一名，於道光二十八年六月初一日病故，業經擇地營葬，立石表識。旋於七月二十八日，有咈夷船一隻到來，詢係咈囒哂夷酋坐船，通船共有四百餘名，隨送給牛雞菜米等件，求將伯多禄帶回，該夷酋即於二十九日，將伯多禄默然接取，開船而去，此誠皇上德威所被，舉國感激無涯。至暎夷咱嚏呤不肯聽勸，附搭咈船歸去，與其妻子併通事劉友于共五名，仍舊逗留，屢致騷擾，未知何日回去。除俟回國時另具表疏一同謝恩外，兹值進貢之便，合先咨請轉詳督撫查辦等情，由司具詳前來。

查咈囒哂夷酋嘶哂哶，始則强令嘮𠸄咖呦、粤五思旦等僑寓琉球，繼復易伯多禄、啞嗥嚧等在彼居住，雖該夷先後托詞，止係結好通商，並無别意，而其戀戀不捨，未必非心存覬覦。迨蒙皇上優卹外藩，一經降旨，敕交欽差大臣明白曉諭，該夷酋即將留住夷人，並照原約年限，前往撤回，仰見聲教所敷，豚魚可格。至暎夷留住琉球之啪嚧呤及所帶之眷口通事人等，雖尚未經回國，但夷類聲氣相通，咈酋既將留住夷人遵旨撤回，暎夷當不致獨生異議，久住逗留。臣等現已照録琉球國王世子來文，密咨欽差大臣兩廣督臣徐廣縉，查照原案就近向暎酋哎嗡相機開導，催令將啪嚧呤等迅速撤去，以免驚擾而示懷柔。

硃批：知道了。

道光二十九年三月

## 徐廣縉等奏照會英使自琉球撤去啪嚧呤摺

兩廣總督徐廣縉等奏：

臣於本年正月間，接准閩浙督臣劉韻珂咨會：留住琉球國之咈夷啪哆㖧等現已撤回，惟暎夷啪嚧呤及所帶眷口通事人等尚未回國，咨請就近相機開導，迅速撤去等因。臣當於前赴虎門接晤暎酋吱翰，即以琉球國地瘠民貧，向不與外國通商，伯德呤等可毋須在彼久住，徒滋驚擾，面爲開導，一面備文照會去後。隨據該酋吱翰覆稱：該國船隻，現不在琉球灣泊，所言住琉球兩年，斷無緣故，該船已離是島，殊屬定然等語。是暎夷伯德呤等自屬已離琉球。

硃批：知道了。

道光二十九年十一月

## 劉韻珂奏據琉球來文密咨兩廣總督諭催英使將伯德呤趕緊撤回摺

（浙閩）〔閩浙〕總督劉韻珂奏：

據藩司陳慶偕詳稱：據琉球國使臣向統積等，稟繳該國中山王世子尚泰密咨一件，內開竊查撤回暎夷伯德呤一案，前蒙轉詳具奏，一面移咨欽差大臣查辦。道光二十九年正月二十日，有啞咪唎駕船二隻到來，內有暎人克拉克等二名，據稱克拉克等坐船共二十一人，正月十七日駛到琉球屬島姑米山擱礁，時遇啞船駛過，克拉克等附搭而來，餘留原船，近日必有遣船接回。隨遣員役加意照料。二十一日該二船再到姑米山，將火長二名、水手四名，仍留原船看守貨物，餘搭二船回去。二月十三日果有暎國水師都司瑪迪遜坐船一隻，到姑米山接取該火長等並搬載貨物，轉到那壩洋面，當經飭官懇接伯德吟並眷屬人等同回，不允，惟帶通事劉友于一名於十六日回去。三月十七閏四月初一兩日，又有啞國船主祈連、暎國水師提督舍頓領船二隻先後而來，復經飭官懇接啪嚧吟等回國，而祈連辭非同國之人，舍頓辭以有事他行，至三月二十一、閏四月初六兩日開洋回去。查西土船隻往來接踵，尚無接回啪嚧吟者。至於啪嚧吟亦辭說：奉醫回國，自己不得主意，既奉差到此，非奉官諭不便回去。於客歲十一月十二日生下女兒，今計其逗留經歷四年之久，屢致騷擾，憂慮至深，未知何日得以安謐。茲值進貢之便，合就咨請轉詳督撫查辦等情，由司具詳前來。

查此案前據琉球國中山王世子尚泰，以暎夷留在該國之啪嚧吟及啪嚧吟所帶之眷屬人等，逗留未回等情，於道光二十八年十月十九日，密咨藩司據情轉詳，當經臣密咨欽差大臣兩廣督臣徐廣縉，照會暎酋吱噸，將留住琉球之啪嚧吟等迅速撤回，一面附摺具奏。嗣於二十九年四月初三、初四等日，先後接准徐廣縉咨會，以該督前赴虎門查辦夷務，面晤暎酋吱噸，明白開導。二月初七日接據照覆，內稱啪嚧吟一案，想本國船隻向不在琉球灣泊，所有捕魚本船，遇無食物即到該島，一得輒去。料本船住琉球兩年，斷無緣故，已離是島，殊屬定然。二月二十日後，吱噸來文，據稱暎船在琉球擱淺，現由上海調船前往幫助，該船若不得除石，則接回水手各等語。轉咨到閩，當即轉行藩司，備咨琉球國王世子知照在案。

茲據前情，臣等伏查暎夷啪嚧吟等，係道光二十六年四月間前往琉球，計今已歷四載。惟該夷到彼之後，並未別滋事端，夷酋吱噸亦無不允撤回之語，但其節次照覆，總屬含混支吾。其文內所稱暎船在琉球擱淺一節，覈之琉球國王世子此次來文，即係本年正月間在姑米山擱礁之船，該船貨物及水手人等，既經該夷於二月間前往接取，何以彼時不將啪噫吟等一併撤回，僅令通事劉友于一人附載回國，迨後舍頓兵船到彼，亦不將啪噫吟載回，是其意在逗留，可以概見。現在啪噫吟等既稱非奉官諭，不便回去。若得哎嗡一言，該夷斷難推託，前該王世子因啪噫吟等日久未回，復備咨藩司懇爲詳辦，未便置之不議。自當仍由臣等咨會徐廣縉，再向暎酋哎嗡相機開導，設法諭催，務將啪噫吟等趕緊撤回，以卹藩封而免驚擾。

## 廷寄據劉韻珂摺，著徐廣縉再向哎嗡交涉撤回琉球英人。

諭軍機大臣等：劉韻珂等奏，接據琉球國來文，密咨兩廣總督查辦等語。暎夷啪噫吟等，前往琉球，已歷四載，仍未撤回。經該國懇請轉飭查辦，並據稱如得暎酋哎嗡一言，該夷斷難推託。著徐廣縉即查照該督等所奏，再向哎嗡相機開導，設法婉諭，能將啪噫吟等趕緊撤回，方足以卹藩封而免驚擾。

咸豐三年六月

## 葉名琛奏覆琉球請撤英人向英使交涉無效摺

欽差大臣兩廣總督葉名琛奏：

奉諭：季芝昌、王懿德奏，暎咭唎夷人久羈琉球，該國王世子遣使來閩，求爲請諭，並鈔録原咨呈覽一摺等因。欽此。

臣當即欽遵相機開導去後。該領事咆吟尚未答覆，本年正月，吆噸已由該國駛回香港，復行照會。昨始據覆稱：琉球國王世子咨請閩浙總督，將醫生帕噫吟速撤回國一節。查此事先經耆總督曾已照會前德公使，後接徐總督來咨，亦復以此爲詞。並另據琉球國咨行本國，亦均已陸續咨覆。現准來咨，仍應如前請爲照覈〔覆〕。總之，該國不入中國版圖之中，且醫生原爲行善起見，是以居住彼土，殊非本公使所能勉强撤回等語。

竊唤夷帕噫吟，在琉球國居住數年之久，總未撤回。溯查道光二十六年、二十七年，前督臣耆英，二十八年、二十九年、三十年，前督臣徐廣縉，先後接准福建督撫臣來咨，無不隨時照會德酋、吆酋，往返辯論。兹臣現接吆酋覆稱，琉球國已與該夷本國彼此早有文移，並未允行。其不能勉强撤令回國者，正非該酋所能自主也。

硃批：該夷一切情形，密探奏來。

咸豐四年正月

## 有鳳奏陳得利等及蔡祥慶等羈留琉球二案現已分别研訊摺

署閩浙總督有鳳奏：

准欽差大臣兩廣督臣葉名琛咨覆：據咪酋伯駕呈稱，該國貨船被搭船之中國民人，殺死船主火長水手，掠去船中貨物，上岸逃走，當時外國兵船趕往該處，捉獲上岸之人數十名，解回送交訊辦。據該酋節次來文，並解陳得利十七名到粤，飭發廣州府研訊。據各供稱，均係被客頭騙下夷船傭工，押在艙底内，共有四百七十五人。迨開船後，該夷給艙内各人賣身契約一紙，如不接收，即行鞭責。駛到琉球洋面，該夷忽把衆人陸續提到艙面，逐一割去髮辮，内有卧病不能行者十餘人，當時打死，丢棄落海。衆人看見驚慌，以致喧鬧起來，該夷船主害怕，鳧水逃走。衆人隨唤水手人等，將船駛到山邊，上山躲避。被琉球國人查問，捏稱船漏修整。琉球國人每日給與飯食。迨隔十餘日，該夷兵船駛到，拏獲陳得利等七十餘名，押下夷船，駛回香港。後又將陳得利等十七名載到黄埔，送官審辦。陳得利並無得受夷人身價、殺害夷人及搶去夷船銀物情事稟報，即經據稟，將該酋節次來文逐一駁斥。復據該酋呈送證見謝丁茂等四名，復飭廣州府研訊。據稟，僉供陳得利當時在船並未傷人；内有海定即蘇有致傷夷人一名，失跌落海；所有羅〔幅〕安等十四名，均訊無爲匪傷斃夷人情事。陳得利、蘇有二名，容再研訊，分别辦理。業經批飭，將證見謝丁茂等四名，發交夷目收領；其解來人犯十七名，除陳燥病故，陳得利、蘇有二名留粤復訊，羅幅安等十四名，即飭遞回原籍。

至該閩人蔡祥慶等羈留琉球，咨請轉飭移咨琉球國，撥船護送回籍安業，以示體恤等因。兹據福建藩司慶端據署福州府海防同知婁浩詳稱：琉球國護送内地難民蔡（詳）〔祥〕慶案内林玉等一百二十五名來閩一案。緣難民蔡祥慶等俱係福建民人，搭駕嘆國船隻，欲往金山地方生理。於咸豐二年二月初一日，在厦門開船出口，在洋遭風，二月十九日，漂至琉球國屬八重山島崎枝洋面，船擱暗礁。

嘆夷即將難民蔡祥慶等三百八十名，嘆夷一名，捨置上岸。次日潮漲船浮，該夷原船乘風開駕放洋，所有在島難民，經該處琉球國夷官設館安頓，收養撫恤。旋於三月十六、十八等日，有嘆船二隻先後駛至，經該處夷官詢嘆國通事羅元祜聲稱，該難民蔡祥慶等，前月搭駕夷船前往金山，因在洋兇殺船主水梢六人，是以厦門嘆官遣船到島查拏。持械登岸，擒獲難民五人，銃斃三人，畏懼服從者十八人，自縊身死者三人，其餘躲避走匿山中。嘆夷即將現拏難民二十三名，並擄取在島之嘆夷一名，分載兩船，於三月二十三日連䑸開去。四月初四日，復有嘆國夷船駛到追捕，拏獲難民五十七名，載船而去。並云此後尚要再來拏盡。所有竄躲山中難民，當各仍舊招回收養，內有二十三名先後病故，尚存二百七十一名。該國王世子以嘆夷兇暴非常，若遽行護送，誠恐夷船復來，追捕無蹤，滋生事端。當於上年（二年）貢船來閩，移請查辦。接准司咨，應照向例，撥官護送來閩。特遣夷官前往該島，查明首名難民蔡祥慶先經拏回，又除顏退等九十二名、鄭德等四名先後病故縊斃外，僅存林玉等一百七十五名。經該國王世子特備咨文護照，派撥都通事鄭嘉政，駕坐頭號海船一隻，配難民林玉等一百五名；又派都通事王家錦，駕坐二號海船一隻，配難民陳昌等七十名，內陳意、柯溪、黄道三名先後病故。於三年九月二十九日在該島放洋，兩船在洋被賊搶劫，難民脱逃四十七名，實存一百二十五名。十月十四日，駕抵福州省港番船浦地方灣泊，經委員分別查驗，即於十五日安插館驛，將該難民等交閩縣查收安頓，確查訊辦。據閩縣、侯官二縣會詳，將琉球國夷官送到難民林玉等一百二十五名，同福州府省城委員護送在洋脱逃難民李寄、陳昌、林什三名，詳加研訊。均各僉供，實係搭載嘆咕唎國夷船，欲往金山地方生理，在大洋遭風，漂到琉球國屬八重山島，上岸逃走，經該處夷官收養撫恤，護送載運回閩，均無傷斃夷人情事。覈與粤省咨覆相符，似屬可信，應請將該難民人等分起遞回原籍各縣，就近查傳，質訊明確，分别究釋。

硃批：知道了。

## 王懿德奏據琉球國世子咨文請與英交涉將英人啪嚧呤撤回摺

咸豐四年四月

閩浙總督王懿德奏：

竊臣據福建藩司慶端具詳：據福州府海防同知呈繳琉球國夷官録送該國王世子移司咨文，内開，查暎夷啪嚧呤攜帶眷屬，久羈敝國，肆行無忌。因此二年特遣王舅馬克承等齎咨來閩，求爲請諭，經蒙督撫據情具奏，並咨欽差大臣兩廣總督查照辦理。但該暎國尚未撥船接回，現今騷擾益甚，統祈轉詳督撫，仍咨欽差大臣兩廣總督，勸令及早撤回等因。

查此案雖經暎酋攸嚕查覆，琉球國已與該國本有文移，並未允令撤回。但該酋係辦理該國公使事務，與各口領事不同，如不勸令開導，則此外更無可諭之人。且上年復有亞美理駕兵船，絡繹到該國索取日用物件，提兵進宫，肆行無忌。既准該國王世子再三籲請，求爲勸導，自應俯如所請，准予咨辦，以示懷柔。

## 廷寄據許乃釗摺、王懿德摺，著葉名琛辦理。

諭軍機大臣等：許乃釗奏陳上海夷情等語。據吴健彰等所稟：有咪唎嘡夷酋，因逆匪擾踞滬城，海口商務虧損，該酋欲往鎮江等處察看賊情，並欲整頓商務。如督撫不准會晤，便繕具奏章，賫往天津投遞等語。夷情叵測，當此賊氛不靖，難保不萌覬伺之心。已諭令怡良明白開導，並援照成案，令赴廣東，聽候欽差大臣查辦。葉名琛於該夷到粤後，務當曉以大義，於撫慰外夷之中，仍當堅持定約，萬不可聽其别有干求，致生枝節。

又據王懿德奏：接琉球國王世子來咨，以暎夷久羈該國，並句引咪唎嘡兵船到國索取物件，並起廠收煤，强留該國夷衆及中國人與啪嚧呤同居，多方騷擾等事。暎夷羈留該國有年，迭經葉名琛勸諭在粤夷酋咨辦，現尚在彼逗留。又有咪唎嘡夷人句引漢奸，藉端滋擾，若不諭令撤回，非所以示懷柔。著葉名琛即向該夷領事剴切曉諭，俾令將現在琉球滋事之船全行回國，勿致别生事端。

咸豐四年十二月

## 王懿德等奏據琉球國世子尚泰咨文英人啪嚧呤甫撤冒耳敦繼至已咨葉名琛勸令英人接回摺

閩浙總督王懿德、福建巡撫吕佺孫奏：

准琉球國中山王世子尚泰咨開：咸豐三年十二月二十三日，有亞國提督坐駕火輪船一隻，率同屬船二隻，一同到國。據通事口稱，本月十七日，在廣東香港地方一齊開洋，隨風駕駛直到琉球國，日後另有屬船三隻，即可到來等語。續於十二月二十六日，果有屬船（二）〔三〕隻到來。據提督啓稱，要定正月初六日，攜帶官兵進到王宫，面會王世子暨大臣，以賀新禧等由。當即飭官再三懇求，在他八觓與大臣相會行禮，該夷不肯應允。至初六日，果率兵卒闖進宫中，即飭大臣相會，該夷既行禮畢，默然引兵而歸。乃將小官一名，水手五名，上岸寄居。接取原留小官一十五名，並使暎人咱嚧吟之妻子及通事錢文錡、金善明等，配搭屬船二隻，於初十、十一等日先後開去，一隻仍舊逗留不去。十七日，又有暎人冒耳敦攜帶妻子，坐駕海船一隻到來，交代咱嚧吟上岸同居一室，該船未幾回去。六月初七日，又有提督坐駕本船率同屬船一隻再來，據提督啓稱，此後或有亞國船隻到來，須要以禮相待；一切在市什物許其收領，所用薪水亦收價供給；若亞船遭風漂來，損壞船隻，總要地方官遣人救命，待有便船回籍；或有人身故，給地埋葬等由。當即飭官暫爲應允，該提督欣然，接取所留小官一名，水手五名，並搬載所藏煤炭，又使暎人咱嚧吟搭駕屬船一隻，於二十一、二十三等日，與前所留屬船先後開去。此誠皇上德威之所被，舉國感激無涯者也。至該夷人冒耳敦等尚任意淹留，日用物件需索甚多，以致國疲民苦。況（强要）〔要强〕授耶蘇教，騷擾不息，不知日後釀成何等禍患，憂慮深切，寢食難安。祈告諭暎酋，迅撥船隻接取冒耳敦並眷屬人等歸籍，俾得安謐。

臣等查暎夷咱嚧吟攜眷久羈琉球，及亞夷兵船屢次到彼騷擾，節經該國王世子籲請，求爲勸導。

茲久羇琉球國之嘆夷咱噫吟等及亞夷兵船，現在雖已撤回，復有嘆夷冒耳敦等又在琉球居住，肆行無忌，兼欲强授耶蘇教，種種騷擾不息。既經該國王世子尚泰再三籲請，求爲查辦，自應俯如所請，飛咨欽差大臣兩廣總督臣葉名琛查照，就近察看情形，相機開導，勸令嘆酋及早撥船接回，以示懷柔。

硃批：知道了。

## 王懿德等奏據琉球國世子尚泰咨文英法人留居該國已咨葉名琛勸令各使接回摺

咸豐五年八月

閩浙總督王懿德、福建巡撫吕佺孫奏：

准琉球國中山王世子尚泰咨開：咸豐五年正月初十日，有海船一隻來到該國，據稱，係咈囒哂國船隻，要留醫士一名，善士二名，學習球語，祈爲允准等語。隨即飭官具由固辭，該咈酋不肯聽從，於十五日强留咈人𠲎𠵾、啽唎、𠹌𠯿𠹌三名，華人葉桂郎一名，開船回去。三月二十一日，又有該國船隻來到，攜帶所留啽唎一名而去。查道光二十六年五月間，有咈國船隻到來，將咱哆嚕留國而去，業經移咨，詳蒙查辦撤回在案。今有該國船隻再來，撥人留國，其心難以窺測。至於嘆夷冒耳（敖）〔敦〕，仍在該國騷擾未息，統祈告諭嘆酋、咈酋，迅撥船隻，接回逗留人等等因。

臣等查暎、咈兩國夷船先後駛赴琉球，或留或去，致令該國王世子驚疑畏懼，呼籲頻仍，自應俯如所請，飛咨欽差大臣兩廣總督臣葉名琛查照，就近察看情形，相機開導，勸令暎酋、咈酋及早撥船接回，以示懷柔。

硃批：知道了。

咸豐七年正月

## 王懿德等奏法人在琉球迫脅多端已咨葉名琛勸其回國摺

閩浙總督王懿德、署福建巡撫慶端奏：

竊臣等接據署福建布政使事鹽法道崇福詳稱：琉球國中山王世子尚泰咨開，查道光二十六年，咈囒哂國遣啪哆嘬等二人到國淹留，種種滋擾，當經遣使咨請查辦撤回，至二十八年，該國撥船接取所留咈夷回籍在案。詎於咸豐五年正月間，該國又遣噉𠻻、𠹭喀𠹭等二名，通事華人葉桂郎一名，到國占住。嗣於九月二十七日，有該國欽差全權大臣水師提督吁嘛咭坐駕兵船，率領屬船二隻一齊到來。於十月十二日，遣官在那移霸公館相會，該提督帶領兵役把館圍住。既而入座，將文書一道交官長展開，該官看訖，即向提督云，文內木料菜水，暨舟引導、救難拯溺、卜地葬死、藏煤炭、借船隻等類，猶屬可允；至於借地、借屋，不論暫住久留，聽其自便等事，實係國禁，難以應允，祈爲體諒。該提督變色云，所開文書，乃係國王之命，必須領諾。該官婉詞云，敝國叨列天朝屏藩，世膺王爵，凡有國家大事，必請命天朝方得遵行，乞賜寬日。該提督大喝一聲，左右兵役拔劍突入，執官將斬，該官自料守節就死，勢必波及於國，暫爲應允。至十九日，該提督帶同屬船二隻，連䑸開去。現今所留咈夷嘫㖮等，藉他勢力，擅自擇地占住，以爲久留之計。至於前留暎夷冒耳敦，因染病症，攜帶眷屬搭船回去。然其臨行之時，將書籍器具等件封置寓所，尚未帶去，若再來淹留，仍恐爲禍不小。當經召集衆官會議，僉謂咈夷之强暴無忌，國家之傾危不遠，儻不使所留咈夷及早回去，洵恐根深蒂固，難以摇動，至於暎夷事同一律，宜應哀請天朝救援。伏惟敝國僻處海隅，城池不固，營兵無備，屢遭西夷兇暴，無力可防，非仗天朝德威，別無他策。統祈轉詳據情題請皇猷，敕諭欽差大臣兩廣總督妥爲查辦。一面飭諭咈酋迅撥船隻，接取所留嘫㖮等回籍；一面飭諭暎酋停止遣人再留之舉。則國家安静，宗社保全，舉國皆戴皇恩。茲際貢船入閩，理合咨請等因，由司轉詳前來。

查該咈夷嘫㖮等日久淹留琉球，肆意凌擾，迄今不撤回國，已難測其居心。上年九月間，復有咈夷吁㘓㗳到球，强議借地、借屋等事，凌辱該國夷官，迫脅允從，現在嘫㖮等擅自擇地占住，以爲久留之計。其暎夷前留在球之冒耳敦，復因患病回國，仍將書籍器具封置寓所，豫爲病痊再來以及换人接替地步。遂至該國王世子危懼驚疑，殷殷籲懇，既准請查辦前來，飛咨欽差大臣兩廣督臣葉名琛，察看情形，〔向〕〔相〕機開導。勸諭咈酋迅撥船隻接回本國，暎酋勿再遣人淹留球地，以免別生他釁而示懷柔。

硃批：覽奏俱悉。

咸豐十年四月

## 慶端瑞璸奏琉球咨稱荷使駛往交易未允已回去摺

閩浙總督慶端、福建巡撫瑞璸奏：

奴才等接據署福建布政使事按察使裕鐸詳稱：准琉球國中山王世子咨開，咸豐九年五月二十九日，有火輪船一隻到來，當即委員訊問來歷。據稱係嗬囒國欽奉全權公使用克而伊而翁加白良所坐船隻，通船共有一百二十人，今特來要與貴國大臣當面議事等語。業於六月初一日，在公廨相會，該公使將文書一道交官展看。該官看訖，婉詞云，文内嗣後或有嗬囒船到來，須要以禮相待；凡在市雜物，許其收買，所有柴水，亦收價供給；若嗬船遭風漂來，衝礁損壞，亦要地方官遣人救命，待有便船回籍；凡有嗬人犯法，地方官報明船主治罪；或有人身故，給地埋葬，暨撥船引導等事，均係情理當然，自當遵命。至於交易一案，敝國蕞爾偃疆，土磽産乏，無力可辦，實難應允，祈賜體（量）〔諒〕。該公使云，姑如所請施行，但事關國主鈞諭，不敢自專，他日俟覆奏批准，再來辦理。語畢而退，於初八日開船回去。至於咈夷嗎嚙咯、啇咧等，迄今逗留尚未撤回。茲值接貢之便，咨明查照施行等因。

奴才等伏查前次咈囒哂、暎咭唎兩國夷船駛往琉球，淹留該國。據琉球國王世子咨，由福建藩司詳，經各前督臣恭摺奏明，移咨欽差大臣兩廣督臣，就近察看情形，勒令撤回在案。茲嗬囒國夷船駛往琉球，現已開船回國，云俟他日再來。又咈夷嗎噸啥、啱唎等，迄今逗留尚未撤回。既據該國王世子移咨福建藩司覈明轉詳前來，除飛咨欽差大臣兩江督臣何桂清查照，分別妥爲勸諭各該國夷酋，嗣後船隻，勿再駛往琉球。並將咈夷嗎噸啥、啱唎等，迅速撥船接回，以敦和好。仍俟何桂清咨覆到日，即行飭司備移琉球國王世子查照。

硃批：知道了。

# 四、歷代文獻輯録

# 朝野僉載

〔唐〕張鷟 撰

# 校點説明

《朝野僉載》，各本卷數不同，唐張鷟撰。

張鷟，字文成，號浮休子，深州陸澤（今河北深縣北）人。歷官率更令、縣尉、鴻臚丞，開元中入爲司門員外郎卒。傳世之作除本書外尚有《遊仙窟》、《龍筋鳳髓判》。

《朝野僉載》記唐代前期朝野遺事佚聞，又及星相占卜、神怪靈異、文壇掌故等。其記留仇（琉球）一條與《隋書》同爲今見早期記録，内容亦相同，當出自一源。

本書輯自中華書局刊《太平廣記》卷四百八十二。

（李夢生）

# 朝野僉載

## 留仇國

煬帝令朱寬征留仇國，還，獲男女口千餘人並雜物産，與中國多不同。緝木皮爲布，甚細白，幅闊三尺二三寸。亦有細斑布，幅闊一尺許。又得金荆榴數十斤，木色如真金，密緻，而文彩盤蹙有如美錦，甚香極精，可以爲枕及案面，雖沉檀不能及。彼土無鐵，朱寬還至南海郡，留仇中男夫壯者，多加以鐵鉗鏁，恐其道逃叛。還至江都，將見，爲解脱之，皆手把鉗，叩頭惜脱，甚于中土貴金。人形短小，似崑崙。

# 韓昌黎文集

〔唐〕韓愈　撰

# 校點説明

兹從韓愈《韓昌黎文集》中輯録《送鄭尚書序》中一段。

韓愈（七六八—八二四），字退之，南陽（今河南孟縣）人。貞元進士，歷官國子博士、刑部侍郎、吏部侍郎。唐代著名文學家，著有《昌黎先生集》等。

本文節録自上海古籍出版社一九八六年版《韓昌黎文集校注》卷四。從文中内容及使用「流求」名看，作者只是爲寫嶺南與海外諸國關係，連類而及琉球而已，對琉球并没什麽瞭解。

（李夢生）

# 韓昌黎文集

## 送鄭尚書序

嶺之南其州七十，其二十二隸嶺南節度府……其海外雜國若躭浮羅、流求、毛人、夷亶之州，林邑、扶南、真臘、于陀利之屬，東南際天地以萬數，或時候風潮朝貢，蠻胡賈人舶交海中。若嶺南帥得其人，則一邊盡治，不相寇盗賊殺，無風魚之災，水旱癘毒之患，外國之貨日至，珠香象犀玳瑁奇物溢於中國。

# 嶺表録異

〔唐〕劉恂 撰

# 校點説明

《嶺表録異》三卷，唐劉恂撰。

劉恂，生平不詳，唐昭宗朝（八八九—九〇四）出爲廣州司馬。又云其當爲五代時人。所作《嶺表録異》，多記南中草木蟲魚，《四庫全書總目提要》稱其「記載博贍而文章古雅」，「訓詁名義率多精核」。

本書輯自《四庫全書》本卷下，言人遭風飄至琉球國所見，寥寥數語，然其中言琉球人喜鐵事遂成掌故，頗爲後世志書采用。

（李夢生）

# 嶺表録異

陵州刺史周遇，不茹葷血，嘗語劉恂云：頃年自青社之海歸閩，遭惡風飄五日夜，不知行幾千里也。凡歷六國……又經流虯國，其國人幺麽，一概皆服麻布而有禮，競將食物求易釘鐵。新羅客亦半譯其語，遣客速過，言此國遇華人飄泛至者，慮有災禍。

# 明太祖集

〔明〕朱元璋 撰

# 校點説明

《明太祖集》，明朱元璋著。

朱元璋（一三二八—一三九八），字國瑞，安徽鳳陽人。元末入紅巾軍，歷敗陳友諒、張士誠等，至正二十八年（一三六八）自立爲吴王，次年滅元建明，紀元洪武，在位三十一年，史稱明太祖。在他爲帝時，琉球始通中國。

本書據上海古籍出版社《全明文》録朱元璋文三篇，輯自《明太祖實録》卷七十一及明嘉靖刻本《高皇帝御製文集》卷八，均爲諭琉球國王書。

（李夢生）

# 明太祖集

## 諭琉球國詔 洪武五年正月甲子

昔帝王之治天下，凡日月所照，無有遠邇，一視同仁，故中國奠安，四夷得所，非有意於臣服之也。自元政不綱，天下兵争者十有七年。朕起布衣，開基江左，命將四征不庭，西平漢主陳友諒，東縛吳王張士誠，南平閩越，戡定巴蜀，北清幽燕，奠安華夏，復我中國之舊疆。朕爲臣民推戴即皇帝位，定有天下之號曰「大明」，建元洪武。是用遣使外夷，播告朕意。使者所至，蠻夷酋長稱臣入貢。惟爾琉球，在中國東南，遠處海外，未及報知。兹特遣使往諭，爾其知之。

## 諭琉球國王察度 洪武十六年正月

王居滄溟之中，崇山爲國，環海爲固，若事大之禮不行，亦何患哉。王能體天道，育琉球之民，尚好生之德，所以事大之禮興。自朕即位，十有六年，王歲遣人至，貢本國之土宜，朕甚嘉焉。特命尚佩監奉御路謙，報王誠禮。何期王復以使來致謝。朕今更專内使監丞梁民，同前奉御路謙，賫符賜王度金銀印一顆，送使者歸，就於王處鬻馬，不限多少，從王發遣。故兹敕諭。

## 諭琉球山北國王帕尼芝洪武十六年正月

上帝好生，寰宇生民者衆，天恐生民自相殘害，特生聰者主之，以育黔黎。邇來使者自海中歸，云及琉球三王互争，於農業少廢，人命頗傷。朕聞知不勝憐憫。今因使者往復琉球，特諭王體上帝好生，息征戰而育下民，可乎？不然，恐上帝有變，事可究追。故兹敕諭。

# 密庵集

〔明〕謝肅 撰

# 校點説明

《密庵稿》十卷，明謝肅撰。

謝肅（一三三二—一三八五），字原功，浙江上虞人。洪武中舉明經，授福建按察司僉事，坐事死。

兹從明天啓五年（一六二五）刊《密庵稿》戊卷輯詩一首。據《明實録》，明廷自洪武五年（一三七二）派行人楊載出使琉球，至十八年（一三八五）遣使賜山南王承察度、山北王帕尼芝駝紐鍍金銀印，此詩當即作於該時。由本詩，知此次出使所派爲行人蔡英夫。

（李夢生）

# 密庵稿

## 送行人蔡英夫奉旨頒流求國王印寶就與國王之來享者二人同駕海舟自福建起柁

五虎門西疊鼓撾，行人承詔自皇家。刻金鳥篆頒王號，建節龍驤戛海霞。兩國夷君歸絶島，萬年天子御中華。預知奉使旋京日，浩蕩秋濤湧月槎。

# 草澤狂歌

〔明〕王恭　撰

# 校點説明

《草澤狂歌》五卷，明王恭撰。

王恭（一三四三—？），字安中，自號皆山樵者，福建長樂（一作閩縣）人。永樂四年（一四〇六）以薦待詔翰林，與修《永樂大典》，授翰林院典籍。以詩名，爲「閩中十才子」之一，尚作有《白雲樵唱集》。

今從《四庫全書》之《草澤狂歌》輯録詩一首，爲送人使琉球所作，所送何人待考。

（李夢生）

# 草澤狂歌

## 送人使琉球

扶桑無路但行舟，才子今持漢節遊。自是皇威均雨露，故將冠冕化琉球。風波浩蕩蠻天曉，島嶼空濛瘴海秋。早晚星槎歸上國，殊方休起見京樓。

# 芳洲集

〔明〕陳循 撰

# 校點説明

《芳洲集》二十卷，明陳循撰。

陳循（一三八五—一四六四），字德遵，號芳洲，江西泰和人。永樂十三年（一四一五）狀元，歷官户部侍郎、尚書，景泰中進華蓋殿大學士，英宗復辟，謫戍鐵嶺衛，後釋爲民。

兹從明萬曆四十六年（一六一八）刊《芳洲集》續集卷二輯文一篇，爲景泰七年（一四五六）送册封琉球副使劉儉作。

（李夢生）

# 芳洲集

## 送行人劉宗禹奉使琉球國詩序

琉球國王之薨，國人上請於朝，立其弟尚泰久嗣爲國王，以王人民。詔遣行人劉儉將命行事，榮其行者作詩爲贈，以余與儉同出江右，屬爲之序。

仰惟皇明奄有天下，而凡四方海外，舟車所至，人力所通，各君其國，各子其民之邦，以數計者何啻千萬，而其長之建立，莫不待命於朝而後得焉，亦猶草木榮瘁開落，無不待於天之予奪而後能者。使天不畀以春則生者何由而能生，不畀以夏則長者何由而能長，不繼之以秋、冬，則成者又何由而能成。然則四時將命於天者也，其將命於朝者獨非使於四方者乎？四時將天之命以育萬物，使其生長成遂，有一不備，則失其爲相天之職。君子奉君之命，以詔四方，使其丁寧告諭有一不至，則失其爲人臣之忠。琉球國在海外萬里，聖化所及，雖無不洽然，其國王人民視中國終有間。誠使所封國王能以中國聖人所以化天下者化其人民，則爲不孤天子之命；所主人民能以中國臣庶所以承朝廷者承其國王，則爲不淪夷狄之歸，所謂用夏變夷是也。儉誠務此而有得焉，則能專對，不辱君命，夫孰之能禦哉。

儉字宗禹，世家饒之浮梁，以明經舉景泰二年進士，首擢今職。所至得奉使體，煒然著聲稱於四方。其所以得受今命者，非有所試而簡畀歟？抑聞劉氏世有顯仕，唐爲龍武統軍彭城郡開國公曰昌裔者，其始祖也。其後浮梁令曰仲昭，朝奉郎福州判曰科暨，登仕郎曰英，皆其世祖。則其所以致今日者，其無所本也哉？其於余前所謂殆至之不難也。於是書於贈行詩序期之。

# 淡軒稿

〔明〕林文　撰

# 校點説明

《淡軒稿》十二卷補遺一卷，明林文撰。

林文（一三八九—一四七六），字恒簡，號淡軒，福建莆田人。宣德五年（一四三〇）進士，授翰林編修，官至太常少卿兼侍讀學士，卒謚襄敏。

兹從明嘉靖四十五年（一五六六）刻本卷二輯録詩一首，係景泰七年（一四五六）送册封副使劉儉作。

（李夢生）

# 淡軒稿

## 送劉行人使琉球

皇華歌徹鳳池頭，兩袖宸熏拜冕旒。玉節躬持天闕曉，使星遠照海門秋。風迎舟楫鯨波息，霧散樓臺鱸氣收。此去好宣仁義化，須令外國𡿨中州。

# 旂山翁文集

〔明〕黄澤　撰

# 校點説明

《旂山翁文集》六卷，明黄澤撰。

黄澤，字敷仲（一作孚仲），福建閩縣人。永樂十年（一四一二）進士，歷官湖廣參政、浙江布政使。正統時黜爲民，家居三十年而卒，年八十餘。

兹從清抄本卷二、卷三録得文兩篇，均爲應琉球國通事梁應作。文中所記成化二年（一四六六）入貢朝覲及祀奉天妃、琉球地理等，均爲今所見較早有關琉球之實録，彌足珍貴。

（李夢生）

# 旆山翁文集

## 聖母天妃靈應序

成化二年春，琉球國遣通事梁應祇修朝聘之禮於京，公暇造澤請曰：應生長海邦，叨食天禄，自祖至今三世矣。每歲奉命進方物，必駕巨舶，載其番從以行。先期應與一二僚屬，各沐浴齋戒，具香幣册祝以禱於聖母天妃之宫，念慮精專，無敢或怠。發碇至中流，四顧茫然，水天一色，杳無畔岸，仰瞻紫宸，如在天上，可畏可懼之甚，然衆心所恃以爲安者二，一荷聖母默相之靈，一賴朝廷洪福之庇。晝則天宇晴明，和風應候，夜則星月皎潔，波濤不驚。稍有憂疑，天燈立現，旬月之間，凡有事於舟者皆心暢力紓，如涉蓬萊之境。既入港，謁上官，受指導已，遂由劍、建而錢塘，由錢塘而江、淮，由江、淮、直沽以底於潞，整衣冠奉表入金門，率衆鞠躬屏息，以拜龍墀下。皇情怡愉，厚加宴賚以遣，衆出都城，各備牲醴，以賽以飲，笑談坐卧，罔不稱懷，凡此之類皆神賜也。今將言旋，寶殿巍巍，祥光在目，願蘄一言以爲謝。

澤起答曰：嘻！聖母代天弘化，普濟群生之功，固天下古今之人所共知，亦天下古今之人所共戴者也。《易》不云乎？一陰一陽之謂道，陰陽不測之謂神。視弗見，聽弗聞，洋洋如在乎其上。此聖母之德之盛，所以體物而不可遺也與？雖然，《書》曰：鬼神無常享，享于克誠。子能存誠以感神，則當推誠以報國。繼兹以往，子其永懋此誠而勿替哉！謹拜手稽首以獻序。

## 送通事梁應奉使還琉球序

士生斯世，孰無行道濟時之心哉，顧吾與時之相遇者如何耳。才與時會則其登庸也易，時與才戾則其成功也難。進止有宜，顯晦有命，然道行志遂於一時則又不如歷世趾美於悠久者爲可尚。若今琉球國通事梁應殆士所論所謂道行志遂於悠久而無忝者與？

梁本長樂之著姓。應字克誠，自幼好學，涉獵群書。其上世有諱某者，居海濱，善測候而兼利涉之術。皇明受命，天下歸仁，兹國乃在閩海外，風帆之便，歷七晝夜可至。上有三山，極其廣遠，俗視諸番爲馴。洪武初首奉正朔稱藩，某爲航海通道以入貢，朝廷嘉之，錫以王爵，而望祀其山川，故某以功録爲其國之通事，往來給驛，例以爲常。乃子回善事父而達政理，凡歲聘跋涉之勞，回與有力，而同事者安之。某老，王請以回代。永樂中，回亦以功累升爲長史，階正議大夫，賜三品服，後以壽終。正議四子，而兄某與應皆襲蔭以宣力於外，無替厥服，鄉評歸之。

成化乙酉春，聖皇即位，應奉王命，率其元僚上表稱賀。今年春復率衆進方物，上多其勤，厚加賞賚以遣。維夏之季，凱風自南，舟次江湄，應辭以別。時之致政閒居者若工部亞卿吴公、山西憲使林公、雲南大參王公、廣西憲副張公暨親友葉思獻輩，謂宜徵言以贈。余惟天性五仁義爲先，天倫五君親爲大，道莫越乎此也。應歸復命之後，循循翼翼，思益勉其所當勉，則臣職益修，天恩益固，太平之福，被諸無窮，豈特世禄世官而已。衆曰俞，請書以爲勗。應起拜曰：「都，謹受教。」

# 尚約居士集

〔明〕蕭鎡　撰

# 校點説明

《尚約居士集》二十卷，明蕭鎡撰。

蕭鎡（一三九三—一四六四），字孟勤，號尚約，江西泰和人。宣德二年（一四二七）進士，歷官侍讀，景泰中以祭酒學士入直内閣，加太子少師、户部尚書，英宗復辟，削職爲民。

兹據明弘治七年（一四九四）刻本卷九輯文一篇，係景泰七年（一四五六）送册封副使劉儉作。

（李夢生）

# 尚約居士集

## 送劉行人宗禹使琉球序

皇明受天命，有天下，凡天地之所覆載，日月之所照臨，風雨霜露之所沾被，蓋東極窮髮，西暨流沙，北踰荒漠，南盡大海之外，蠻夷之國以萬數，貢方物，效臣順者相屬于道，列聖深仁厚澤，涵煦覆育，驩然接其來而厚其往，然未嘗待之以中國之禮也，撫摩之而已。獨朝鮮、暹羅諸國不然，生則慶，喪則吊，攝位來請者授册命而立之君，若中國諸侯然，夫豈爲異哉，親厚之也。

比者琉球國中山王薨，其弟尚泰久攝位以請，上命給事中嚴誠爲正使，行人劉儉宗禹爲副使，持節命之襲爵，行慶吊之禮。琉球在大海中，視林邑、真臘、毛民、勃泥、榜葛剌之屬雖爲近國，然自番禺陞舟出海道以往，波濤稽天，不見涯際，旦暮候潮汐，投便利，飄風頃刻數百里，不及顧視，而又往往有震撼之險，黿鼉蛟蜃之怪，風雨霧露癘毒之患，涉旬而後至，亦未可以言易也。向時爲使者既受命，率徊蹙竦，有離别不忍之意。宗禹獨不然。問之，曰皇上之命，敢知其難。惟先生一言華其行，獲賜多矣。壯哉，宗禹之志也。昔陸賈使南越，是時尉佗方箕踞屈强，賈陳以大義，佗蹶然即起，稱臣奉漢約。今琉球素秉臣節，宗禹奉上命往撫之，當郊迎稽顙之恐後，其事難易固與賈異也。然予於賈有譏焉。

佗所與橐中裝千金，它送亦千金，固得之自奉，然未聞君子而可以黷貨也。今宗禹畢使事，凡有所贈，一卻之毋受，以稱朝廷親厚琉球之意，琉球君臣將相與歎羨曰天朝之使固非小邦之人可得窺測也。其所得與賈之千金孰輕重哉！宗禹起謝曰：「敢不蚤夜兢惕，服先生教言。」予嘉宗禹之有志也，特次第其説送之。

# 吴竹坡先生詩集

〔明〕吴節　撰

# 校點説明

《吴竹坡先生詩集》二十八卷，明吴節撰。

吴節（一三九七—一四八一），字與儉，號竹坡，江西安福人。宣德五年（一四三〇）進士，授編修，歷南京國子祭酒，官終太常寺卿兼侍讀學士。除本集外，尚著有《南雍舊志》。

兹從清雍正三年（一七二五）刻本卷二十六輯詩一首，係送正統八年（一四四三）使臣給事中余忭所作，詩題「結」爲「給」之誤。

（李夢生）

# 吴竹坡先生詩集

## 送余結事使琉球國

海邦拜命請遐封，帝遣詞臣出九重。莫道滄波千萬里，張騫霄漢有遺蹤。

# 商文毅公集

〔明〕商輅　撰

# 校點説明

《商文毅公集》十卷，明商輅撰。

商輅（一四一四—一四八六），字弘載，號素庵，浙江淳安人。正統十年（一四四五）狀元，景泰中官兵部尚書。英宗復辟，廢爲民。成化中起復，官至吏部尚書、謹身殿大學士。除本集外，另有《商文毅疏稿略》。

兹從明萬曆三十年（一六〇二）刻本卷四輯文一篇，係送嚴誠作。按嚴誠於景泰六年（一四五五）以兵科給事中受命爲册封琉球正使，行至南京病逝，朝廷改派李秉彝與劉儉同往。

（李夢生）

# 商文毅公集

## 青雲使節詩序

聖朝誕受天命，薄海内外，罔不臣服。而琉球居東南，去中國爲近，奉職尤謹。比其君中山王薨，無嗣，國人推戴其弟，因遣陪臣奉表詣闕請命。事下有司議，皆曰兄終弟立，於法爲宜。上許之。於是敕給事中嚴克誠充正使，而以行人副之，俾賫詔往封故中山弟嗣爲中山王，主其國人。黄門諸君以克誠有命使之榮，相與賦詩贈别，題其首簡曰「青雲使節」，介予友方廷臣來屬序。

夫所謂青雲者，悠揚天際，望之蒼然，或從龍而行，或捧日而出，或彌綸乎四海之大，何與於使節也？而諸公贈别之意，有取于此，蓋以克誠奉天子命，遠涉海道，使節煌煌，下於日邊，所謂乘雲氣而遊乎六合之外者也，所謂乘虚而墜，觸石不礙，狎虎兕貫金石而浮游乎玄間者也。藩夷君臣，恭迓道左，仰視克誠，不啻從天而降，蓋不知使節之爲青雲，青雲之爲使節者也。予然後知朝廷之主宰四海，猶造化之主宰四時，奉宣德意，使海陬之民咸鼓舞于景星慶雲之下，在此行矣。克誠心術明正，學問該博，起家進士，爲名近侍，青雲萬里，其功業固未可量。是行也，一言動之善，足以爲中國榮，一言動之失，適以爲夷狄肆。古之學者所以貴於不辱君命，克誠必有以達此矣。克誠近受敕封及二親，湖南便道也，乘青雲而一往，戲彩服而承歡，此人子之至願也，諸公贈别之意有及於此否耶？予併爲序之。若乃使回拜受天寵，或從龍，或捧日，或彌綸四海，予尤有望於克誠，其勉之哉！

# 湖北詩徵傳略

〔清〕丁宿章　編

# 校點説明

《湖北詩徵傳略》四十卷，清丁宿章編，光緒七年（一八八一）刊。書中卷二十六録有明黎永明送嚴誠使琉球詩一首。黎永明，字光亨，湖北京山人。景泰五年（一四五四）進士，官順德知府，謫夔州同知。

（李夢生）

# 湖北詩徵傳略

## 送嚴給事出使琉球

馳驅萬里不辭難，送出都門曉尚寒。雲捧日華光使節，柳拖春色上銀鞍。帶將雨露天邊去，留得文章海外看。媿我無才登部署，終朝碌碌事盤餐。

# 彭文憲公集

〔明〕彭時　撰

# 校點説明

《彭文憲公集》八卷，明彭時撰。

彭時（一四一六—一四七五），字純道，號可齋，江西安福人。正統十三年（一四四八）進士，歷官翰林侍讀、吏部尚書、文淵閣大學士。除本集外，尚有《可齋筆記》等。

兹從明成化十八年（一四八二）刊本卷八輯詩一首，係景泰七年（一四五六）送册封副使劉儉所作。

（李夢生）

# 彭文憲公集

## 送劉行人僉使琉球國

金鼇麒麟擁賜袍，馳驅萬里見賢勞。海邊日月明樓艓，水底魚龍避節旄。重譯俗同文化遠，陪封禮肅使星高。島夷一一憑宣諭，職貢時脩荷寵褒。

# 涇東小稿

〔明〕葉盛　撰

# 校點説明

《涇東小稿》九卷，明葉盛撰。

葉盛（一四二〇——一四七四），字與中，號蜕庵、涇東道人，江蘇崑山人。正統十年（一四四五）進士，歷官給事中，右僉都御史、巡撫兩廣，官至吏部左侍郎。除文集外，尚撰有《水東日記》、《葉文莊公奏議》等。

兹從明弘治刊本卷二輯詩一首，係成化七年（一四七一）送册封琉球正使丘弘所作。

（李夢生）

# 涇東小稿

## 送丘户科使流球

中山遥在海雲東，此日勞君下九重。賜得麟衣天上出，捧將龍敕御前封。皇仁曠蕩窮三島，使節峥嶸擁萬峰。盛禮告成歸及早，綵毫香案渥恩濃。

# 黎文僖公集

〔明〕黎淳 撰

# 校點説明

《黎文僖公集》十七卷，明黎淳撰。

黎淳（一四二三—一四九二），字太朴，號朴庵，湖南華容人。天順元年（一四五七）狀元，歷官翰林修撰、左春坊左庶子。弘治初官至南京禮部尚書。

兹從明嘉靖三十五年（一五五六）刻本卷四輯録詩一首。天順六年（一四六二），明廷遣吏科右給事中潘榮、行人蔡哲往封尚德爲琉球國王，文當作於該時。

（李夢生）

# 黎文僖公集

## 送潘榮給事使琉球

南風捲海送樓船，使節來從日月邊。水到盡頭還有地，人生化外本同天。山河帶礪分新爵，麟鳳文明降列仙。從此殊方世來享，勳名不讓漢張騫。

# 竹巖先生文集

〔明〕柯潛 撰

# 校點説明

《竹巖先生文集》十八卷附三卷，明柯潛撰。

柯潛（一四二三—一四七三），字孟時，號竹巖，福建莆田人。景泰二年（一四五一）狀元，歷官翰林修撰、尚寶少卿，官至少詹事兼翰林學士。

今據清雍正刻本卷七輯録文一篇，係天順六年（一四六二）送册封正使潘榮作。

（李夢生）

# 竹巖先生文集

## 送黄門潘君使琉球詩序

吏科右給事中吾閩漳南潘君遵用奉天子命有海外萬里之行，蓋封故琉球國王某之子某爲嗣王，使憑藉我威德以君長其民也。朝之能言者相屬爲詩送之，而以序委予。

方嗣王遣陪臣來請命也，天子咨在廷之大吏，慎擇於庶僚之中，而以君將命往。夫封拜之使特以宣德意而已，非若排難解紛，有搢衡口舌之難也，然必慎擇其人何哉？蓋海外負阻之士，鳥言卉服，慵悍不常之人，所以重譯通道，臣順于天朝者，固謂畏威懷德而來，亦謂我中華奇偉之才爲可慕也。潘君舉進士爲近侍臣，風采凝峻，觀者屬目，對人爲清遠之言，亹亹不倦，聽者解頤。秉直節，言事無所顧，而負寵懷奸者爲之慘慄而奪氣也。若君者所謂奇偉之才非邪？兹而往也，夷之人將曰：「魯麟潁鳳，何幸而瑞我邦哉！」又將曰：「天朝不惜奇偉人，使之涉遠道以來，何其不鄙我夷人之若是哉！」吾知由是而益有以起其向慕之心而臣順奉貢於億萬年且無窮也。然則封拜之使不容輕畀，而畀之必於君也宜矣。雖然，予嘗聞仲山甫之入齊，築城其責也，而贈詩者則曰：「邦國若否，仲山甫明之。」意謂君子事君，凡可以效勤者皆當爲之，不嫌於出位也。君出畿封，歷徐、淮、吴、浙以及於閩，又浮大海以臨夷土，凡民之情，州縣之政，薄海内外之風無不見，其不能見者，可咨度而知也。使歸，當疏其可張可弛、可讓可慶者懇懇焉爲上陳之，則視仲山甫誠無媿矣。幸毋曰吾之責封拜也，吾何暇及他事以涉出位之嫌。夫以出位爲嫌，在他司猶曰可耳，君居言官，有天下責也，其可乎哉？

予辱與君同舉鄉試，又官同朝而知之深也，故詳言其宜於使命者，終以期望之意，爲送行詩序。

# 清風亭稿

〔明〕童軒 撰

# 校點説明

《清風亭稿》八卷，明童軒撰。

童軒（一四二五—一四九八），字士昂，江西鄱陽人。景泰二年（一四五一）進士，歷官户科都給事中，累進右副都御史提督松潘軍務，弘治中官至南京禮部尚書。尚著有《枕肱集》、《夢徵録》。

兹據《四庫全書》本卷六輯詩一首，爲天順六年（一四六二）送潘榮作。

（李夢生）

# 清風亭稿

## 送吏科右給事中潘闕奉使琉球

列職黄門久著聲，又看持節過東溟。金函曉捧神堯敕，銀漢秋占使者星。蜃氣結樓烟外出，蛟涎觸棹雨餘腥。懸知到日夷人悦，翹首紅雲拜帝廷。

# 椒丘文集

〔明〕何喬新　撰

# 校點説明

《椒丘文集》四十四卷，明何喬新撰。

何喬新（一四二七—一五〇二），字廷秀，號椒丘，江西廣昌人。景泰五年（一四五四）進士，歷官刑部郎中、山西巡撫、刑部尚書。博學多聞，除文集外，尚著有《周禮集注》、《元史臆見》等。

兹從明嘉靖元年（一五二二）刻本卷二十四輯詩一首，係送成化八年（一四七二）册封琉球副使韓文作。

（李夢生）

# 椒丘文集

## 送韓行人使琉球

星槎五月泛滄溟，路指扶桑霽景清。諭粤才華推陸賈，乘風氣概羡宗生。彭湖浪静牙檣穩，高嶼烟消畫鷁明。遥想番王承寵命，幾迴膜拜望神京。

# 石倉十二代詩選

〔明〕曹學佺　編

# 校點説明

《石倉十二代詩選》，明曹學佺編，崇禎四年（一六三一）序刊。

兹從該選《明初詩集》卷七十八録得陳煒詩一首。陳煒（一四三〇—一四八四），字文曜，號耻庵，福建閩縣人。天順四年（一四六〇）進士，歷官江西按察使、右布政使。著有《耻庵集》。詩題陳黄門，當爲正統十三年（一四四八）使臣陳傳或景泰三年（一四五二）使臣陳謨。

# 石倉十二代詩選

## 送陳黄門奉使琉球

使星宵傍斗南飛，青鎖仙郎出禁闈。雲染紫泥頒去誥，獸蟠紅錦賜來衣。海門風迅帆檣遠，天際煙消島嶼微。蚤奉君恩之絕域，台衡屬意望君歸。

# 菽園雜記

〔明〕陸容　撰

# 校點説明

《菽園雜記》十五卷，明陸容撰。

陸容（一四三六——一四九四），字文量，號式齋，江蘇太倉人。成化二年（一四六六）進士，歷官主事、郎中，終浙江參政。

《菽園雜記》多記雜事，《四庫全書總目》云：「于明代朝野故實，敍述頗詳，多可與史相參證，旁及談諧雜事，皆并列簡編。」頗受時人推許。

本書輯録自中華書局一九八五年標點本卷三，記鄭和下西洋事，云曾歷琉球。然今各種記鄭和航海事之著作，均不見鄭和有到琉球事，蓋和舟所至皆南海及西洋，與處東方之琉球可謂風馬牛也。

（李夢生）

# 菽園雜記

永樂七年，太監鄭和、王景弘、侯顯等，統率官兵二萬七千有奇，駕寶船四十八艘，齎奉詔旨賞賜，歷東南諸蕃，以通西洋。是歲九月，由太倉劉家港開船出海，所歷諸蕃地面，曰占城國，曰靈山，曰崑崙山，曰賓童龍國，曰真臘國，曰暹羅國，曰假馬里丁，曰交闌山，曰爪哇國，曰舊港，曰重迦邏，曰吉里地悶，曰滿剌加國，曰麻逸凍，曰彭坑，曰東西竺，曰龍牙加邈，曰九州山，曰阿魯，曰淡洋，曰蘇門答剌、曰花面王，曰龍嶼，曰翠嵐嶼，曰錫蘭山，曰溜山洋，曰大葛蘭，曰阿枝國，曰榜葛剌，曰卜剌哇，曰竹步，曰木骨都東，曰阿丹，曰剌撒，曰佐法兒國，曰忽魯謨斯，曰天方，曰琉球，曰三島國，曰浡泥國，曰蘇禄國。至永樂二十二年八月十五日，詔書停止。諸蕃風俗土產，詳見太倉費信所上《星槎勝覽》。

# 滄洲詩集

〔明〕張泰 撰

# 校點説明

《滄洲詩集》十卷，明張泰撰。

張泰（一四三六—一四八〇），字亨父，號滄洲，江蘇太倉人。天順八年（一四六四）進士，授檢討，遷修撰。以詩名，與陸釴、陸容並稱「婁東三鳳」。

茲從明嘉靖刻本卷九輯詩一首，係送成化十五年（一四七九）册封琉球副使張祥作。

（李夢生）

# 滄洲詩集

## 送張行人副使琉球

文星擁節到天涯，不忝家傳絶域槎。寶册天光臨海嶠，繡袍春色動雲霞。鳳儀南極衆奔望，鼇抃中山王拜嘉。想見歸囊無異物，祇收蠻頌報勳華。

# 篁墩程先生文集

〔明〕程敏政 撰

# 校點説明

《篁墩程先生文集》九十三卷，明程敏政撰。

程敏政（一四四六—一四九九），字克勤，號篁墩，安徽休寧人。成化二年（一四六六）進士，歷官編修、左諭德、禮部右侍郎兼侍讀學士。以主持會試被劾爲通關節於唐寅等，下獄，尋勒致仕。除文集外，尚編有《新安文獻志》等。

兹從《四庫全書》本卷六六輯詩一首，係送成化十五年（一四七九）册封使董旻作。

（李夢生）

# 篁墩程先生文集

## 送董子仁給事出使琉球

萬里乘槎羨董生，手持龍節氣峥嶸。遠憑主上班恩到，坐使陪臣謝禮成。番貨不收沙上市，粵船長下水邊城。知君可副中朝望，一寸心隨漢月明。

# 懷麓堂稿

〔明〕李東陽 撰

# 校點説明

《懷麓堂稿》一百二卷，明李東陽撰。

李東陽（一四四七—一五一六），字賓之，號西涯，湖南茶陵人。天順八年（一四六四）進士，累官侍講學士，弘治中以禮部侍郎兼文淵閣大學士，直内閣。立朝五十年，喜獎掖後學，推挽才雋，文章典雅流麗，爲時領袖。

兹從明正德刊本詩稿卷二輯詩二首，係送成化十五年（一四七九）册封琉球正副使董旻、張祥作；從文稿卷二十二輯文一篇，係送成化七年（一四七一）册封使丘弘作。按，丘弘此行行至山東病故，朝廷改派官榮前往，此贈序又見《殊域周咨録》卷四引。

（李夢生）

# 懷麓堂稿

## 送董子仁給事使流求

流求東望海門開，聖代提封亦壯哉。萬里風濤纔七日，六年天使此重來。麒麟有服真殊寵，薏苡無車莫浪猜。歸憶皂囊封事在，殿前風采尚崔嵬。

## 送張思履司副使流求

尚方新報賜衣成，玉節金書萬里行。嶺外方言通異俗，島中烟火望孤城。由來使者關風化，親見朝廷録姓名。不用殷勤宣聖德，遠人先賀海波平。

## 送丘給事使流求序

我國家用夏變夷，掃乾蕩坤，滌濯萬物，逮于百年，治洽功成，五服之内，藩臬郡縣所治，出賦税共使令者弗論，以暨于海中外疆殊界，別以國稱者萬數，邇者先沾，遠者後被，冠裳椎卉，詩書甲胄，梯高航深，四面而至，充中庭，溢下館，禮部繁于出納，鴻臚勤于奉引，相胥疲于通譯，自有中國以來，無若是盛者。若流求國在海東南，諸國小大遠邇之間，烟火相望，順飆利舶，七日而至，然其始俗以盈虚爲晦朔，以草木爲冬夏，粤自古昔，未通于中國。雖或窮征黷討，而賓服無聞。及國朝號令所及，望風款附，遂封爲中山王，齒于載版圖奉職貢者，日涵月煦，潛移暗革，被服冠帶，陳奏章表，著作篇什，有華士之風焉。

成化庚寅，其王世子某當嗣封，遣其長史某來請命。天子封爲中山王，賜璽書冠服，遣正、副使二人致命中山。户科都給事中丘君弘寔充正使，賜朱衣一襲以行。六科諸給事相率爲行餞，徵辭翰林。某與給事君同年，言在不讓。曰：於戲！給事大丈夫，入居諫諍，出領使命，真通顯稱所願，爲今聖天子在上，賢大臣在列，嘉惠于彼外國。中山王謹畏孝順，不墮臣節，以俟我威命，而給事身負荷之。國體之所繫，小邦之所瞻，後世之所傳示，皆在給事。給事其克自重，感厲精發，山動海立，以宣達天子威命，國家之典章，式俾小國君長陪從，爰及閭巷，明識逆順，保其初心，惟億萬世服事罔敢斁，亦罔敢後，於戲，豈不真大丈夫哉！給事君起謝曰：「使者職也，敢不勉於是！」諸給事驩曰：「使哉，使哉！」乃導上供張三爵而後別。

# 南宫奏議

〔明〕嚴嵩　撰

# 校點説明

《南宫奏議》三十卷，明嚴嵩撰。

嚴嵩（一四八〇—一五六七），字惟中，號勉庵、介溪，江西分宜人。弘治十八年（一五〇五）進士，歷官編修、國子監祭酒、吏部尚書。嘉靖二十一年（一五四二）拜武英殿大學士，直西苑。四十一年（一五六二）令致仕。著有《鈐山堂集》等。

兹從嘉靖二十四年（一五四五）刻本輯奏議一篇，内容爲處置陳貴私自駕船與琉球通商事。

（李夢生）

# 南宮奏議

## 琉球國解送通番人犯

該巡按福建監察御史徐宗魯題稱，犯人陳貴等節年私駕大船下海，通番夷人蔡廷美等，招引入港，曾與貿易。今因争利，彼此互相殺傷，該國中山王將陳貴等咨稱爲賊，遣差蔡廷美解報，賫本稱要起送赴京奏聞，及稱乞敕責中山王尚清禁緝夷衆，毋得輕與中國交通貿易，以絶釁端各一節。

臣等看得，奏内陳貴等七名，節年故違明禁，下海通番，貨賣得利。今次適遇潮陽海船二十一隻，稍水一千三百名，彼此争利，互相殺傷，蓋禍患所由，起自陳貴，厥罪實深重矣。但該國既知陳貴等違法私駕大貨船到國，只合連人送回，天朝自有昭然憲典，却乃縱令賫執牌面，招引入港，接賣貨物。據陳貴等所供，二十六船貨物俱被彼國盤起，顯是該國利其所有，因議價不同，彼此互相攻殺，遂從而誣之爲賊。夫航海萬里，深入島夷，衆寡之勢，自不相敵，而曰爲賊，此事理之所必無者也。據陳貴等執稱，攬載各主貨物，俱有各籍姓名、通商來歷，原非作賊人犯。况國王咨内亦云連年入境貿易，與陳貴等供招相同。今既經巡按御史徐宗魯委官會議，重復駁問明白，除陳貴等違法通番，查照律例處治外，所據該國巧捏虚詞，冒瀆天聽，事屬不恭，情甚可惡。參照琉球國中山王尚清世荷聖朝，素霑皇化，恩賚特厚，禮遇攸隆，自合恪遵典制，永效恭慎。却乃縱容夷人，屢次交易，不行禁緝，又復奪取貨物，羈留人衆，不行究治。及至各犯亡命四出，方纔懼其歸愬朝廷，徐議遣使，稱奉指以解賊爲名，既貪貨悖之入己，又揑虚詞以誣人。伏望皇上天語切責，以戒欺慢。候命下本部，備行福建布政司，移咨戒諭，着令中山王尚清自反己過，嚴緝夷衆，以後不得輕與中國商民交通貿易，致生亂釁。其夷使蔡廷美等，原係招引通商人犯，本當收留監禁，以候處分。但念彼國王遣差及猶執詞互異，姑從寬宥，所奏夷本不必更令瀆進。其兼搭番貨，於例有違，亦合着令帶回。及查去歲該國進貢使臣殷達魯等回還，計抵柔遠驛，即將所移咨文付彼齎達彼國，并蔡廷美等責付率領同回。再照近來沿海巡視守備等衙門防禁太疎，以致奸商肆意出没海島，交通番夷，其弊固非一日，若不重加禁治，將來損威起釁，又不特如陳貴等而已。所據各該守巡備禦等官，通合有罪，除巡按御史徐宗魯題稱查明，徑自參究外，合候命下，本部移咨兵部，轉行各該巡海衙門，務要嚴飭武備，不時哨探，以防後患，庶法令修明而邊釁可息矣。

嘉靖二十一年五月十八日，奉聖旨：是。陳貴等一干違法通番人犯，着各該地方查勘明白，遵照國法，從重處治。琉球國既屢與交通，今次乃敢攘奪貨利，擅自拘殺我人，却又誣以爲賊，好生詭逆不恭。夷使蔡廷美等本當拘囚重處，姑念國王，且從寬放回，今後再似這等生事，絶其朝貢。便備細行與該國知悉。

# 泰泉集

〔明〕黄佐 撰

# 校點説明

《泰泉集》六十卷，明黄佐撰。

黄佐（一四九〇—一五六六），字才伯，號希齋、泰泉，廣東香山人。正德十五年（一五二〇）進士，歷官編修、右春坊右諭德，擢侍讀學士，掌南京翰林院事。除文集外，尚有《樂典》、《詩經通解》等。

今自明萬曆元年（一五七三）刊本卷四十一輯録其送琉球官生梁炫等歸國贈序一篇，當作於嘉靖十七年（一五三八）。

（李夢生）

# 泰泉集

## 送琉球官生歸國序

黄子敎南廱，琉球梁生炫、鄭生憲、蔡生朝器、陳生繼成受業焉。問何如斯可以謂之人矣，曰：「樂。」問樂，曰：「畏未達。」曰：「人惟無所樂則營營然而謀也，戚戚然而憂也，惴惴然與物讎也，其視鳥獸有以異乎？」曰：「無以異也。」「然則可以爲人乎？」曰：「否。人惟無所畏，則凡可以恣而言者無不言也，雖尤而不顧。凡可以恣而行者無不行也，雖悔而不顧。即使其身傀然如不終日，而其心亦不能以終日安也，如是則樂安從？」生曰：「然。」「然則人之所以爲人者可知已。守之一，脩之吉，動之無入而不自得，斯之謂樂。心無所忘，亦無所忽，居其室與昊天入，居其位與昊天出，斯之謂畏。畏則反身而誠，而樂生焉，樂則心與天地同流而人成焉。世之談名理者類言孔、顔之所謂樂，而不知其根諸畏也，非畏則心日放而無忌憚矣。畏其聖功乎？非畏則昊天明命曷繇而存乎？夫天非徒高高在上而已也，氣以成形而理賦焉。吾之明德炯然在中者天也，士庶人能畏天命者斯能成其身，侯王能畏天命者斯能保其國。成其身者樂惟内融，保其國者樂與人同。是故畏也者，聖功之始也。樂也者，聖功之終也。他日其國召歸，俾國人式焉。」將行，則又告之曰：「君子之事君也以人爲大，其事親也以身爲大。子之行，兼有是責焉耳矣。夫古之學者始乎畏，終乎樂。今之學者始乎自用，終乎乖戾。子行乎哉，畏之至是爲至樂，樂之至是爲至人，以此而成身，而不能顯其親者，未之有也。其心畏者其言敬以謹，其心樂者其言和以暢。以此式其國人，而不能媚于君者，亦未之有也。非惟是也，畏也者戒慎恐懼之謂也，禮之基也。樂也者歡欣交暢之謂也，樂之經也。大學之敎，立於禮，成於樂而已矣。禮樂之化，達乎海外，其自兹行乎？國君有問，其以予語告之。」

# 今言類編

〔明〕鄭曉 撰

# 校點説明

《今言類編》六卷，明鄭曉撰。

鄭曉（一四九九—一五六六），字窒甫，浙江海鹽人。嘉靖二年（一五二三）進士，歷官郎中、侍郎、南京吏部尚書、右都御史。除撰有本書外，尚有《吾學編》、《端簡鄭公文集》等。

《今言類編》分統系、經國、建官、經武、右文、人物六門，包羅宏富。本書據上海古籍出版社《明代筆記小説大觀》所收卷四輯録，内容均爲針對四夷的政策問題。

明代自洪武年與琉球交往後，歷代琉球國王均由明廷派員往琉球敕封，由於交通不便，海上風險很大，出使團隊於造船、日常開銷往往要用去上萬兩銀子；而琉球國要接待如此高規格且人數達五百人的團隊數月到半年之久，國力不敷，因而敕封一事，對兩國都是不小的負擔，負責造船、準備出使物品的福建壓力尤大。於是，是否應派敕封使、是否應變通舊制改在福建將敕書交琉球來使的討論始終没有停止，尤其在嘉靖、萬曆間倭患蔓延、海氛不靖的情況下，不派使臣而在福建敕封，或派武臣一名隨琉球貢船往封的意見佔了上風，萬曆年間兩次往封均幾乎擱置。在不派使臣往琉球的奏議中，鄭曉在本書中提出的「海島之夷勤我封使，往來之禮歟？夷不言往來，往來言諸侯也……然則領封可乎？奚爲而不可也」等言，成爲「以大御小」「以存國統」的重要理論根據。萬曆二十四年

（一五九六）福建布政使有關封琉球事的奏議，即以鄭曉所言爲基礎（載琉球《歷代寶案》第一集卷九），可見鄭曉所論影響之大。只是在琉球一再堅持下，派使臣往琉球敕封並未停止，且一直延續到清同治年間。

（賀聖遂）

# 今言類編

外夷封王，如朝鮮、安南、占城、海島諸國來朝貢者，各以其國名封。惟琉球封中山、山南、山北三王，今存中山王。北虜封王者四人：韃靼阿魯臺和寧王，瓦剌馬哈木順寧王，太平賢義王，把禿孛羅安樂王。西域二人：哈密忠順王，阿端安定王。西番七人：正覺大乘法王，如來大寶法王，闡化王，闡教王，輔教王，贊善王，贊化王。

四夷何以首安南也？我郡縣也。次兀良哈何？我武衛也。哈密、女直非歟？羈縻之虜，非我官長也。兀良哈之有三衛，以靖難歟？非也。大寧之北有三衛也，蓋自洪武始也。其南據大寧也，乃永樂始也。將復交趾而收大寧乎？都統之議，夷且嗤我，革蘭臺以來，駸駸乎我貳矣。棄哈密而撫女直乎？哈密罷我河西，女直扞我遼東也。土番入哈密，而嘉峪不驚，胡虜通女直，而山海弗靖矣。朝鮮何以次兀良哈也？知禮教也，大國也。琉球小夷，何以次朝鮮也？學于中國也。何以終韃靼也？非勁寇乎？我勝國也。盛衰之運，中國有安危焉，以故別考而存之，戰守之略可幾而得矣。高皇何以有海外之使也？更始也。成祖西洋之艘，不已勞乎？鄭和太監之泛海與胡濙之頒書也，國有大疑焉爾。羌三王，胡四王，我厪厪焉。西番五王，世優之，何也？不能爲我深創也。苟因俗而治之，得相安焉可矣。西域何以不得浮南海也？王公設險假樹渠焉。如之何使其縱横出入幾遍宇内也？海島之夷勤我封使，往來之禮歟？夷不言往來，往來言諸侯也。四夷來王，八蠻通道，未聞有報使焉。然則領封可乎？奚爲而不可也？陪臣請命于京師，王人致命于海上，非往來乎？嗚呼！均覆載者，天德也，辨華夷者，王道也。昔也夷人入中華，今也華人入外夷也。喜寧、田小兒、宋素卿、莫登瀛，皆我華人，雲中、閩、浙憂未艾也。是故慎封守者，非直御外侮，亦以固內防也。池魚故淵，飛鳥舊林，人情獨不然乎？彼其忍于捐墳墓、父母、妻子、鄉井而從異類者，必有大不得已也。嗚呼！德惟善政，政在養民，盍亦反其本矣。不然而欲郡縣我子弟，武衛我干城，烏可得哉！

# 龍飛紀略

〔明〕吴樸 撰

# 校點説明

《龍飛紀略》八卷，明吴樸撰。

吴樸（約一五〇〇——一五七〇），字子華，又字華甫，福建漳州詔安人。曾被林希元闢爲參軍從毛伯温征安南。歸里後受誣入獄，於獄中撰《龍飛紀略》。此外，尚著有《渡海方程》、《九邊圖本》等。《龍飛紀略》紀明太祖、成祖創業、繼統之事，仿綱目體例，凡天文地理、四夷山川，所述歷歷如在眼前，一時名公，咸尊信傳録。

本書所録輯自齊魯書社一九九五年《四庫存目叢書》影印明嘉靖刊本卷五、卷六，記洪武間琉球入貢事。

（李夢生）

# 龍飛紀略

壬子（洪武五年，一三七二）

秋七月，琉球入貢。

琉球從行人楊載浮海來貢。帝嘉載功，重加賞賚。琉球自是世受封爵。後所貢土産或刀或馬，俱於福州南臺外番使館，先行頓歇乃入。

癸亥（洪武十六年，一三八三）

冬十月，給暹羅、琉球、占城諸國勘合。

初暹羅來貢方物賀正旦，已遣使賚詔印往賜之矣。帝又以海外諸國進貢，信使往來不實，遂命禮部置勘合文簿，發諸國，俾往來俱有憑信稽考，以通彼此之情，以杜奸詐之弊。但遇入貢，咨文俱於所各經布政司比對，勘合相同，然後發遣。於是暹羅、占城等五十九國，俱給勘合文册。其琉球國又有分而爲三，有中山、山南、山北三王，賜以鍍金銀印、文綺等物。後又賜三王紵絲、紗羅、冠服，王妃紵絲、羅，王侄、王相、衆官亦賜以絹衣服。其差來正使、副使并火長人等，稟給欽賞茶果酒肉厨料，以與往回。管待各以國大小隆少有差者爲定制。

# 期齋呂先生集

〔明〕呂本　撰

# 校點説明

《期齋呂先生集》十四卷，明呂本撰。

呂本（一五〇三—一五八七），字汝立，號南渠、期齋，浙江餘姚人。嘉靖十一年（一五三二）進士，歷官南京國子監祭酒、吏部侍郎、東閣大學士，進太子太保、文淵閣大學士。除文集外，尚有《館閣類録》等。

今從明萬曆刊本卷十四輯文一篇，爲嘉靖十七年（一五三八）送琉球官生梁炫、鄭憲等歸國作。

（李夢生）

# 期齋吕先生集

## 與琉球國官生

我聖天子至德廣運，統御萬方，聲教訖於四海，是以東鯷西傾、荆南朔北，獻狀鴻臚、貢琛天府者殆無虚日。惟琉球則承正受封，慕義嚮化，獨過於諸國云。

曩戊戌之歲，其國選髦士梁生炫、鄭生憲、蔡生朝器、陳生繼成來觀光焉。聖天子嘉之，俾肄業南雍，藹然青衿之列，六年于兹矣。比者國王疏乞梁生等歸，聖天子俞允。梁生等因請曰：「炫等霑濡教化久，一旦遠違，寔深企戀。願捐訓辭，奉以終身。」予曰：予何言哉！夫道若大路然，子歸而求之有餘師，予何言哉！雖然，昔孔子有云：「吾無行而不與二三子者，是丘也。」蓋言道無往而不在耳。愧予淺陋，謬承簡命，來訓迪爾諸生，惟無以發明聖道，淑爾諸生是懼。然國家建學之制，立教之規，未有不出於孔子者，而予亦安敢一日不使孔子之道不見於人人。爾諸生第自聞且見者而省察焉，則孔子無行不與者又豈遠乎哉？試以建學之制觀之。大司成與予坐者名曰彛倫堂，其次爲率性，爲脩道，爲誠心，爲正義，爲崇志，爲廣業，則爾諸生群聚而州處焉。大司成與予日升彛倫之堂，群爾諸生而出入之，豈徒習揖遜之節，侈衣冠之盛而已，蓋將使爾涵育薰陶，觀感興起。伏讀聖訓，仰止堂名，曰何以爲彝倫也？則思盈天地之間者唯萬物，萬物唯人最靈最貴，人之所以靈且貴者，以其有彝倫也。倫有五，一曰君臣之義，二曰父子之親，三曰夫婦之别，四曰長幼之序，五曰朋友之信。五者闕一焉非人也，五者有一之不盡其道焉非人也。又曰何以爲率性、爲脩道、爲誠心、爲正義、爲崇志、爲廣業也？則思毋荒于嬉，必廣業以崇志；毋安于小，必崇志以正義；毋狃于利，必正義以誠心；毋載爾僞，必誠心以修道；毋壞以人，必脩道以率性。顧名而思義，隨寓而加勉，交養互發，不至於盡性不已也，夫然後彝倫攸叙，而予之責可逭矣。今爾炫諸生藏脩於是，游息於是，挾册而吟誦，率禮而趨蹌，庶幾於習而安焉者，予何言哉？歸矣，其無忘於斯足矣。雖然，歸之日爾國王有問焉，則曰炫所聞如此而已矣。國之人有問焉，則曰炫等所聞如此而已矣。使爾國之教罔不若是，使爾國之俗罔不若是，則不惟無負聖天子作養之意，爾國王向慕之誠，將見化隆俗美，孔子之道無一日而不在爾國，此之謂不朽，予之願也。歸矣，其無忘於斯。嘉靖癸卯作。

# 順風相送

〔明〕佚名　撰

# 校點説明

《順風相送》不分卷，明佚名著。

本書爲海道針經，即依指南針定位的海上航行指南，叙述往各處的針路（羅經方向）及路程遠近、礁石情況、水勢等，并及海上氣象觀察等，内容十分豐富。

此次摘録福建往琉球來回針路，所據爲中華書局二〇〇〇年向達校注本。

（李夢生）

# 順風相送

## 福建往琉球

太武放洋，用甲寅針七更船取烏坵。用甲寅並甲卯針正南東墻開洋。用乙辰取小琉球頭。又用乙辰取木山。北風東湧開洋，用甲卯取彭家山。用甲卯及單卯取釣魚嶼。南風東湧放洋，用乙辰針取小琉球頭，至彭家、花瓶嶼在内。正南風梅花開洋，用乙辰取小琉球。用單乙取釣魚嶼南邊。用卯針取赤坎嶼。用艮針取枯美山。南風用單辰四更，看好風單甲十一更取古巴山，即馬齒山，是麻山、赤嶼。用甲卯針取琉球國爲妙。

不入港欲往日本，對琉球山豪霸港可開洋。琉球放洋用單丁針，四更船取椅山外過。單癸針二更半是葉壁山，離椅山了。單癸四更取流横山。又用丑癸五更取田家地。用丑癸三更半取萬者通七島山邊。用單寅針，五更取野故山内過船。離野故山用艮針二更半船取但爾山。又單艮四更取西甫山平港口，其水望東流十分緊。單寅十更船取啞慈子里美山，其山用單艮二更、單寅三更沿度奴烏佳眉山。用癸針三更，船若是船開單子一更取是麻山邊，南邊有沉礁，名做長礁，東邊過船。單丑一更船是正路。用子針四更船取大山門中傍西邊門過船，用單丑是兵庫港爲妙。

## 琉球回福建

港口用坤申一更半平古巴山是麻山。用辛酉四更半，用辰戌十二更、單乾四更、單辛五更、辛酉十六更認是東路山，望下勢便是南犯，坤未三更半臺山，三更是烏麻山，坤針見官塘。五更平官塘，取定海千户所前抛爲妙。

# 彭比部集

〔明〕彭輅　撰

# 校點説明

《彭比部集》二十二卷，明彭輅撰。

彭輅，字子殷，號沖谿，浙江海鹽人。嘉靖二十六年（一五四七）進士，歷官國子助教、南京刑部主事，以察典罷歸。

今從明萬曆刻本卷四録詩二首，當係萬曆十一年（一五八三）送琉球官生鄭迵等所作。

（李夢生）

# 彭比部集

## 送監中門人琉球官生鄭氏兄弟還國

來識尊王路，歸乘少女風。鄉關日出處，覆載帝圖中。蜃閣淩波詭，鰲簪拔地雄。還如大小鄭，禮樂歎俱東。

孤帆懸漲海，萬里任歸潮。龍女時捐珮，鮫人或賣綃。烟氛混晴雨，霞色變昏朝。島嶼過蟠木，尋春一繫橈。

# 黄吾野先生詩集

〔明〕黄克晦　撰

# 校點説明

《黄吾野先生詩集》五卷，明黄克晦撰。

黄克晦（一五二四—一五九〇），字孔昭，號吾野，福建惠安人。終身未仕，能詩善書工畫，號三絶。著有《北平稿》、《楚遊集》等。

今從清乾隆刊本卷三輯詩一首，所送琉球生或係萬曆十一年（一五八三）歸國之鄭迵等。

（李夢生）

# 黄吾野先生詩集

## 送琉球生還國

聖教無天外，華風自海中。三臣辭卉服，五載入槐宫。返國君恩重，談經漢語通。片帆看漸小，萬里去何窮。托宿憑鮫客，傳書倚水童。重來應有日，臨别此心同。

# 三才圖會

〔明〕王圻　編撰

# 校點説明

《三才圖會》一百零六卷，明王圻編撰。

王圻，字元翰，上海人。嘉靖四十四年（一五六五）進士，歷官清江知縣、御史、福建按察僉事、陝西布政參議。生平著述甚夥，除本書外，尚有《洪州類稿》、《續文獻通考》等。

《三才圖會》分天文、地理、人物、時令、宫室、器用、身體、衣服、人事、儀制、珍寶、文史、鳥獸、草木十四門，彙輯諸書圖譜，附以文字説明，内容豐富，然博而不精。

兹從本書地理卷一輯出《山海輿地圖》一幅，可見琉球在中國大陸東，大明海中；《華夷一統圖》一幅，琉球在興化東南，位置相當於今臺灣島，顯然不準確。從地理卷十三中輯出《東南海夷總圖》一幅，大、小琉球在慶元（今寧波）東南，彭湖北；《琉球國圖》一幅，彭湖島在西北，小琉球在西南，均密邇琉球本島，而釣魚嶼緊貼該島，更相差甚遠。其「琉球國圖説」，寥寥數語，謂「厥貢方物率市諸他國，本國無所有」即不實，蓋琉球進貢以硫磺爲大宗，即本國自産。又，人物卷十三收大琉球國人物圖一幅，圖説文不對題，人物亦與明諸使臣所作使録所言于外形、服飾一無似處。明人編書之粗疏隨意，於此可見一斑。

本書輯自上海古籍出版社一九八八年據上海圖書館藏明萬曆王思義校正之影印本。

（秦　潔）

# 三才圖會

山海輿地全圖

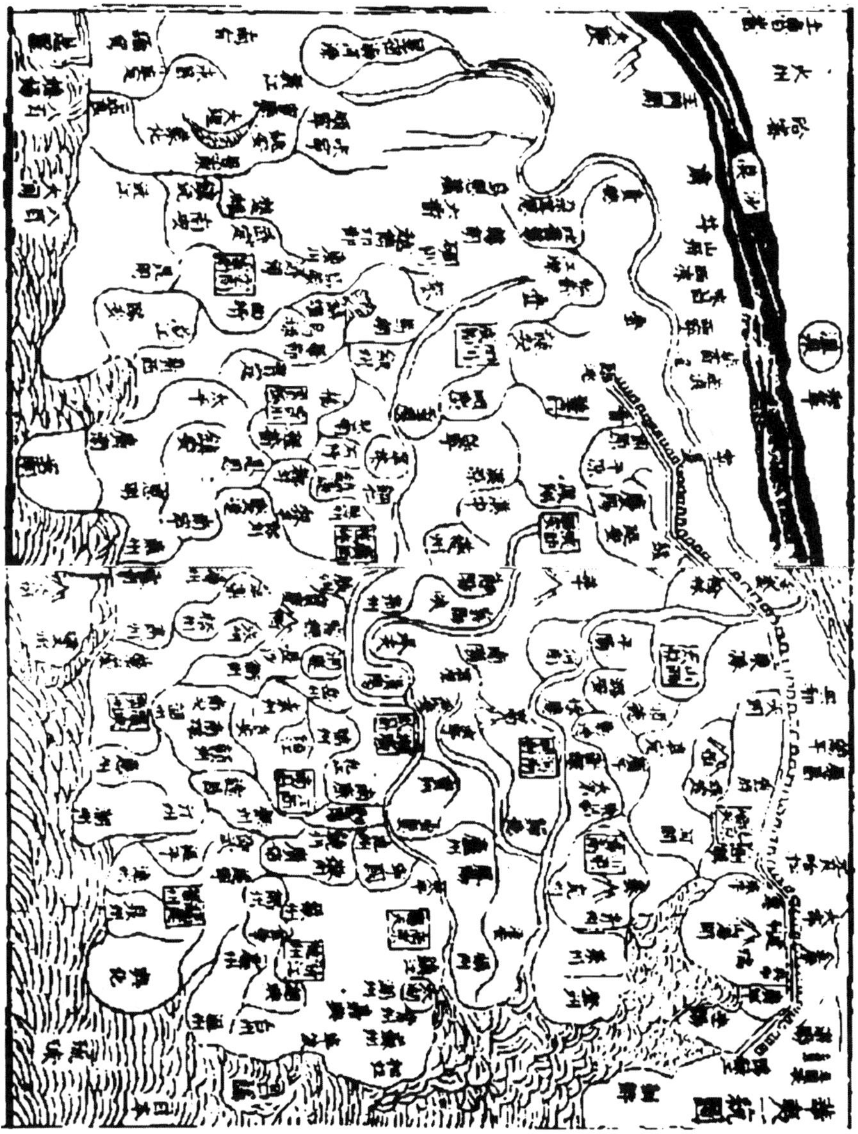


華夷一統圖

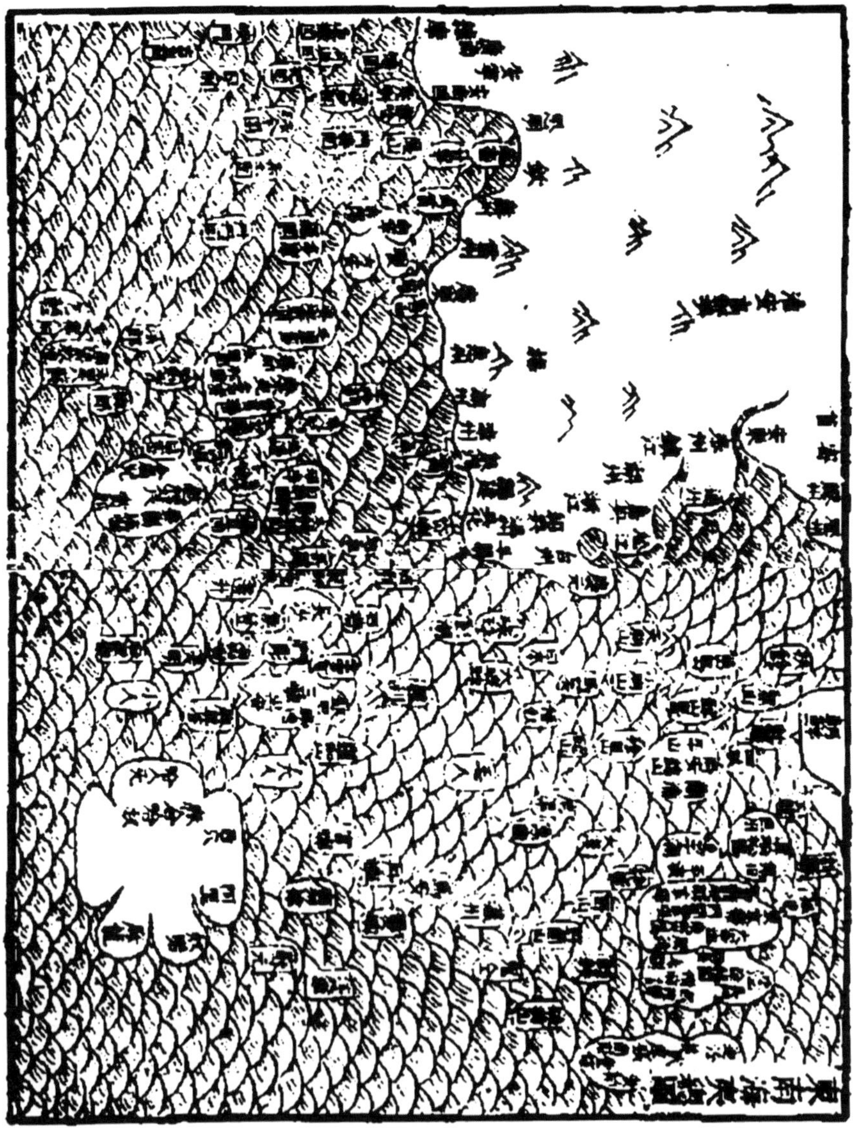

東南海夷圖

琉球國圖

## 琉球圖說

琉球國在福建泉州東，漢魏以來不通朝貢。國朝首先歸附，率子弟來朝。太祖嘉其忠順，賜符印章服及閩人之善操舟者三十六姓，又許其遣子及陪臣之子來學於國學。分其國爲三，曰中山王，曰山南王，曰山北王。自後惟中山王朝貢不絕，其二王俱爲所併。厥貢方物率市諸他國，本國無所有。

### 人物

大琉球國，當建安東，水行五百里。土多山峒，有小王，名爲部隊，而不相救援。入國朝進貢不時，王子及陪臣之子皆入太學讀書。

# 石泉山房文集

〔明〕郭汝霖　撰

# 校點説明

《石泉山房文集》十三卷，明郭汝霖作。

郭汝霖生平及出使琉球事，已見前所作《重編使琉球録》介紹。

按郭汝霖自琉球歸後，除與李際春合作使録外，據《石泉山房文集》卷十二《航海漫稿小引》，知其將來回航海途中及在琉球所作編爲《航海漫稿》行世，惜此本今已不見，其有關琉球之作，今散見於《石泉山房文集》中，爲數甚少，當是删存之餘。

《石泉山房文集》詩依體分卷。郭汝霖詩總體學唐，又以羈旅閩中三年，倭患當前，事多掣肘，時時望海長歎，故多以雄壯之句以吐胸中鬱積，如《公署東軒》云：「雙澗玉流秋色吐，九峰龍立暮雲吞。凉颸吹鬢頻横劍，明月懷人獨倚罇。」不須詞費，已見精神。其摹寫琉球景物，亦窮極筆力，如《秋眺》云：「孤洲雁語寒雲起，曲檻鳧飛遠水生。」得清放之氣。然所作《封王十咏》等，雖亦及風俗人文，却盡多王恩浩蕩、球人感恩之類頌聖套語，殊不愜人意。作爲明代使琉球者今唯一有詩集傳世者，所存數量如此之少，所詠内容如此之單薄，不能不令人遺憾。

《石泉山房文集》所收有關琉球文亦不多，辭宴、却金二札等，已見所作使録，所上祭天妃奏疏及天妃廟碑文亦爲後來出使者録入所作使録，然其《使事小紀》一篇，鮮爲人道，却可補使録之闕。《小記》所寫多爲出洋以前事，尤以記吴時來聞出使命後推諉不行爲詳。文云吴聞命後，「怏怏，病數日，二月初而差，遲之至三月終尚未有行意」，旋連劾總督楊順、元宰嚴嵩，「上知其意，廷杖之，謫戍廣西」。此事使録未詳記。按吴時來下獄，史家多云係嚴嵩誣陷。然嚴嵩敗，吴復故官，累擢至左都御史，史又言其委蛇執政間，爲人所詬病，則其人頗工心計，臨事茍免，其機已先見於出使琉球事矣。吴時來彈劾嚴嵩奏章，《明實録》全文照録，可參看。

此次選輯，以明萬曆二十五年郭氏家刻本爲底本。因郭汝霖此次出使在福建滯留三年之久，故此選於其聞命後及在福建所作，僅録詩文中涉及琉球事者；後附原集序二篇，出自名家，且多及使琉球事，故留以供參考。

（李夢生）

# 目録

# 石泉山房文集

## 南征賦并小序

戊午初夏奉命東封，慨焉攬節，行無淹遲，迴首京邑，思我王度，念我友生，能無動懷？作《南征賦》。

鬱層閣之麗作，羗聯樓之華構。竊司直於螭蚴，秉群寮之章奏。倏皇命而寵加，授侯王於夷嶠。捧金章而輝煌，建玉節之焜耀。疾揚帆兮南下，矯鼓楫兮中流。風容與兮疏節，水逶蛇兮以遊。江皋頻兮曲摺，山谷杳兮綢繆。春既遞兮夏孟，草木緑兮繽紛。黄鳥鳴兮好音，蘢麥秀兮布針。杜蘅芳兮沃若，辛夷茂兮平林。悵天門兮日遠，懷佳人兮勞心。念丰容兮引睇，感雅惠兮霑襟。思不輟兮如玉，膠不解兮斷金。於是延佇激想，歌以永言。歌曰：

桂樹裊裊兮團青雲，有人娟娟兮若爲群。洞房肅肅兮竹葉吟，玉簫吹徹兮思益不禁。重曰：目眇眇兮余愁，日月逝兮不留。德音慰我兮迅倏，撫兹琴瑟兮聊以忘憂。

## 南臺歌

南臺上，日微微。曉臨臺，雲依依。孤横一曲陽春歌，日光雲色相映煇。嗟哉子期今何歸？

## 鼓山望海歌

鼓山雄峙閩城之東南，危乎突兀蒼雲參。天風播蕩萬島側，吹我倏忽青冥嵐。一聲長嘯林谷應，語響似與真帝談。扶桑翹首積烟霧，彭湖滉漾如拖藍。海氛戎戎海日薄，浪花滚滚金銀函。長鯨噴沫短鯨駭，蛟龍未駕天昊驂。中山杳藹知何處，飛航遲阻余多慚。君不見，五虎閩安在眼底，連年倭血赤潮水。揮戈豈無斬馘功，四郊多壘公卿耻。誰能摺衝樽俎間，免令黎庶勤弓矢。

## 洋中摺舵歌

雙雀翾翾何自來，鷩雲忽暗金銀臺。咫尺不辨颶驟發，萬馬突兀仍奔雷。鼉作鯨吞勢益雄，鮫呴龍吼濤山摧。瞥烈一聲舵幹劈，兩韓掣斷繩千尺。浮石螺杯盡蝶飛，雞呼鴈叫如人摑。舉舫哀聲不忍聞，拔劒問天天嘿驀。生寄死歸心所安，五百生靈良可惜。往讀使録疑過言，今朝字字皆親搤。冒險覓利古所嗤，嗟余捧命非賈客。三日換舵危苦甚，舵换舟人回生澤。稠叠閩山倏在望，扶持罄荷神功碩。海邦登岸慶生全，平地風波尚難策。人生於世何有哉，止足安危君自擇。（以上卷一）

## 奉使琉球出都門

垂紳青瑣闥，祇役閩海東。崇朝出都門，行佩何匆匆。皇心布美澤，四夷悦來同。玉帶横我腰，麟袍華我躬。親知餞我酒，輿臺控我驄。君命在速趨，意氣敢自雄？難易非所擇，夷險又何忡。忠信苟可仗，庶幾奉以從。

## 化劍閣

晨車建安途，日暮南平里。峥嶸劍閣雲，迅激嵢溪水。吾聞古龍精，白日雙飛起。噴薄春雷吼，崩奔萬山徙。冥冥歸赤霄，爍爍疇能擬。神物終升騰，寧濡人間□。空令壯士心，千載猶拊髀。

## 望李大行未至

撫枕時未寐，曉起登崇阿。浮雲西北馳，之子來如何。豈不桑梓戀，寵被皇華歌。願言早速駕，共鼓天池舵。

孤鴻横海上，嗸嗸喚其群。喚群將何之，比翼凌蒼雲。風波固茫渺，忠信古有聞。皇恩仗以播，忼慨報吾君。（以上卷二）

## 南臺觀舟

孤館依岑莽，城隅一逕通。遠山横帶雨，芳樹對含風。潮上來漁艇，橋懸落彩虹。節旄時到此，歸路月玲瓏。

此日風光好，驅車載出郊。柳邊花欲語，山際鳥相啁。耕稼憐新務，音書愧舊交。頻來非玩物，思理駕雲稍。

日午浮烟歛，洲洄草色縈。潛鱗新噴浪，野樹遍飛英。懷每臨風壯，春從望眼明。海波知浩蕩，吾欲跨蒼精。

## 再和王中丞韻

獨上層臺望，壯心時勃然。乘風超碧海，倚劒問青天。卧龍誰是後，麟閣爾應前。凱旋知不日，簫鼓送予船。

## 張賓峰給諫春暮見約

風送池塘雨，花殘旅館春。美人羞玉步，海客慕香塵。晚景堪留賞，芳心能細論。雲芽新出建，攀摘敢逡巡。

## 李大行報到

馳傳君行亟，瞻雲我思勞。夜來風雨夢，直繞白麟袍。海若舟應迅，皇恩天與高。雙旌飛冉冉，刻日泛滄濤。

## 喜李大行至

河洛星華動，閩臺使節臨。共將明主德，遥撫海夷心。天際孤帆掛，雲間雙鳳吟。仙舟原共羡，利涉賴同襟。

## 雨中新荔

繁華初解片，嫩核欲凝脂。甘澍千絲墜，明珠萬顆垂。楊妃昏倚浴，帝子曉含悲。膏沐晞朝彩，斜風莫屢吹。

## 顧魯齋侍御李槐亭大行同過張賓峰給諫留飲

峩峩張諫議，暮雨抱孤吟。不假霜威促，居然朋盍簪。倒樽留客久，敲燭坐更深。經世兼多術，難忘再四尋。

## 候報

樊君名御史，尺素帝庭披。大體存中夏，威懷及外夷。綸音須報早，鴈足莫飛遲。徙倚夕陽盡，勞勞無限思。

一檄馳夷徼，三年阻海濱。龍光徒在望，鯨駭未應頻。慷慨知尊國，安危不爲身。明明天漢上，諸老合經綸。

## 同李槐亭大行登明遠樓樓後有凌雲臺。

樓閣凌雲逼，閑登霽景開。浦鷗飛白没，海嶼送青來。城郭雲巍奂，陂沱水溯洄。憑欄思舊事，鼙鼓未忘哀。

挈友上層樓，長空一望收。身高雲氣近，風烈樹茗柔。緑野盈春稻，鳴沙急暮流。未須頻酌酒，吾意杜蘅洲。

## 和李槐亭雨後見月韻

□雲方歛迹，孤月漢陰横。凉送蒲風晚，光摇葛服輕。莫思晨際濡，且卜日來晴。消息天難測，滔滔况世情。

## 洋　中

昔聞滄海闊，此日擬舟仙。縱目惟鄰水，推篷直對天。潮來晨雪捲，波静夜珠然。忽憶臨淵戒，吾生亦可憐。

## 掛　帆

暑月馳王命，南風五兩輕。帆從閩海掛，人倚碧天行。噴浪鼉聲洶，排山鰲足峥。少年舟楫興，此際獨含情。

## 釣　嶼

天畔一舟横，長風萬里行。黄簟浮浪遠，釣嶼蘸波明。蜃氣山將結，濤聲笛共清。倚檣時浩嘯，奇覽慰生平。

## 赤　嶼

赤嶼盤盤立，天風舟動摇。中孚敢自信，餘事瓦虚飄。幽贊歸神貺，安全荷聖朝。海邦忽伊邇，早晚聽夷謡。

## 書扇别中山王

咨爾中山國，榮封荷聖朝。衣冠雄日嶼，奕葉到星軺。報主貢應肅，安民福自遥。年來倭寇巽，好奮獻功弨。

## 城南樓

公署餘清暇，來登鎮海樓。八閩山色湧，三島浪痕收。鳥外雲移岫，風前樹引虬。蒼蒼烏石突，閶闔玉壇幽。形勢東南勝，城池漢越留。草汀沙緑遍，花渚水紅浮。王粲悲何事，庾公興自優。達人懷已往，吾道竟滄州。歌載皇華重，君恩愧莫酧。泛槎誇博望，從我羨誰由。夷怪連年作，民情苦未休。回瞻天闕上，日暮獨含愁。

## 紀　夢

歐老鄉先覺，形神夙昔思。文章軻愈别，老泉曰公之文非孟軻、韓愈之文，而歐陽子之文也。名蹟富韓追。《五代史》曾纂，《廬山高》有詩。何來蒙主嘆，借表走龍龜。小子慚卑弱，門墻敢妄窺。况生千載後，寤寐大賢師。雅頌今誰繼，芳傳久已遺。圯橋垂二字，心印亦稀奇。夢筆固應的，敚顰良自疑。山川今古共，華國意孜孜。

嘉靖辛酉三月十六日，余同三司至旺溪竪封舟桅回，宿新□□橋，夜夢謁歐文忠公，几上有一卷□詩警□，公峩冠博帶，起迓余曰：「道德文章之要，不□芳雅二字，君今得之。」遂以卷授余。余寤，因紀以是詩。詩中雅頌芳傳之説，蓋有指云。公余鄉先正。（以上卷三）

## 奉使東藩舟至天津

西風孤棹泊天津，四望迷茫海若鄰。北極烟光時上下，東華山色日嶙峋。夜闌徙倚青萍看，歲晏飄摇鴻鴈吟。承乏皇華將祀典，重嗟周室厚懿親。

## 奉使琉球潞河解纜

風静波恬曉放舟，夾堤垂柳隱鳴鳩。晴雲漸隔長安望，彩鷁新貪天漢流。杳裊岸花開遠樹，英明使節起輕鷗。人生蹤跡真難擬，笑向滄溟萬里浮。

## 九月樂邑道中

小逕迂途曲曲迴，山行惟覺鳥聲催。寒雲細逐岩花落，甘橘遥依野水開。海外恩光勞使節，人間愁思作離杯。鄉園咫尺頻翹首，旅雁一聲天際來。

## 八閩道中

萬山稠疊古閩中，竟日攀緣路未窮。絶壁亂雲盤鳥逕，小溪流水渡鳴淙。孤危樓閣多依竹，杳裊風烟半入松。童叟焚香迎道左，傳呼嘖嘖羨王封。

## 琉球長史至

冬暮殊方候吏來，山庭微雨故銜杯。長風破浪舟應捷，寶劍摇光斗自迴。聽令魚龍先浄海，迎恩夷部幾發臺。乘春花滿南薰奏，嫋裊旌旗對日開。

## 和賓峰魯齋重登凌雲臺韻

綺閣喬雲晝日開，重隨冠蓋泛清醅。羽觴不盡仍邀月，鼉鼓頻催勝擊雷。遠樹春深花劇密，平沙草暖鴈遲回。西臺侍史黄門客，却羡輶軒共此來。

## 賓峰魯齋約觀海舟

淡日踈風裊桂舲，揚帆預卜海波寧。遥將雨露霑夷國，敢擬龍文焕斗星。横笛舞蛟他夜事，淺杯浮蟻此時銘。二豪旌節期雙假，瀸鶄鸕鷀眼自青。

## 同張顧二丈觀舟南臺

共客郊行值雨餘，春風淡淡襲肩輿。曲欄水長凫鷖密，村逕凉生桃李疎。岸仄花絲迴錦浪，日斜檣影躍珠魚。渼陂歌罷無人再，此會風流可並書。

## 和雙江先生南臺韻

當年攬轡臨閩省，聞説豺狼盡號呼。詩句漸成塵土滓，姓名應取壁紗鋪。旁階石碣留前烈，隔岸林光獻晚圖。對客劇談忘促騎，歸途明月在冰壺。

## 留別賓峰給諫同鄉

幸從瑣闥接菁華，此地承看泛海艖。抗疏功名多汝賴，錫封榮命愧予加。片雲鄉國腸堪斷，杯酒天涯日未斜。握手臨岐重相勗，歲寒同擢上林花。

## 立　秋庚申寓福州作。

短髮颼颼暮雨催，憑秋人倚越王臺。孤槎未卜星河去，一葉驚看海樹來。鴉鵲雲林迷夜月，魚龍濤浪遲春雷。中流我欲横簫鼓，莫擬桓王小笛哀。

## 車盤道中

秋雨秋風客鬢斑，蒼雲蒼霧失蒼山。潺潺遠水斜穿逕，落落征鴻徑度關。鄉國兵戈音信杳，程途車馬夢魂艱。三年苦戀東封役，驛吏相看嘆往還。

## 公署東軒

余與賓峰、斗山、魯齋聚首三山，而諸君皆旋朝矣，余三載猶伥伥東封之役。過延平公署東軒，讀諸君壁題因賦。

蒼筠翠柏鎖東軒，旅寓幽閒故到門。雙澗玉流秋色吐，九峰龍立暮雲吞。凉颸吹鬢頻横劍，明月懷人獨倚罇。讀罷壁題添感慨，寸心何日更同論。

## 端陽劉帶川中丞請城樓觀渡

蒲觴共泛中丞酒，曲度梨園樂事饒。愧我三年淹玉節，多君此際競龍標。湖波蕩漾飛鳧急，山霧冥蒙暮雨飄。却記瑣闈傳賜扇，清風摇珮下雲霄。

## 開洋

摐金伐鼓出梅花，燠日調風送海槎。變幻樓臺何處接，支離雲樹望中遮。魚龍濤浪驚旌節，島嶼烽烟急暮笳。自是皇仁能遠被，使臣銜命到天涯。

## 琉球哪嚻港

孤槎萬里鼊鼉國，落日飄飄那嚻陰。雪浪排空時數級，雲花到眼霎千尋。稜稜鷹隼窺魚出，肅肅征鴻帶雨吟。泊岸帆檣一矯首，烟波迢遞故園心。

## 波上寺寓琉球作。

海日爍的波上寺，微風習習吹客裾。弁飛何處忽雙鳥，潑剌潮迴仍數魚。黄花酩酊殊方酒，白鴈蕭條故國書。陡覺登臨添感慨，薜蘿松逕引歸輿。

## 茶亭觀渡寓琉球作。

八月龍舟戲曲湖，秋花錦石爛雲鋪。横空旖旎懸標賞，過麓茅堂入宴圖。鳥度夷歌天外落，波洄縵舞鏡中徂。憑欄不是躭奇玩，魚藻須占聖澤敷。

璘璘蟒玉日相鮮，賓主華夷對綺筵。翠管銀箏秋水上，魚吹燕蹴羽觴前。洪濤閃色來孤樹，落葉餘哀急暮蟬。異樂衹增鄉國思，溪橋携手撇風烟。

## 秋　眺寓琉球作。

野曠波澄海氣清，望鄉懷國幾登城。孤洲鴈語寒雲起，曲檻鳧飛遠水生。勳業華夷慚抱志，萍蹤天地獨含情。興來激切三山揖，萬里長風可計程。

## 四月廿日至京嘉靖壬戌

首夏輶軒返上林，淡紅穠緑布芳陰。萬家人倚層城密，五鳳雲連永壽深。乳鴨新蜓時逐水，老梅疎李盡垂金。海天幾載扶摇客，一旦黄扉聽玉音。

## 尚寶李槐亭使封併歸壽乃翁時李新舉子

蓬孤晻映五雲初，上國新迴星使車。香報蘭蓀添壽盞，光摇龍節襲仙裾。嵩林赤日來玄鶴，河水凌冰躍錦魚。頌祝未能分綺席，梅花悵望獨憐余。（以上卷四）

## 琉球歸棹

肅肅歸飛翼，搖搖去棹聲。他年山海國，愧我亦留名。

## 封王十咏嘉靖辛酉使琉球，王城門有瑞泉坊。

大明皇帝德天同，禮樂車書萬國通。一自中山歸化後，王封世世邁夷東。
干羽三苗沿舜舞，越裳重譯爲周來。虞周千古誰能繼，銀印金章我祖開。
聖業巍巍祖有光，况兼聖壽慶無疆。中山喬梓承恩渥，三十年間詔兩行。
夾路松花引旆旌，龍亭高結瑞泉楹。不妨烏雀疑簫笛，却有飛雲罩海城。
山作宮庭海作湖，戎盔戎甲簇歡呼。爐烟浮處夷王拜，法駕堪傳外國圖。
布巾角髻走僮夷，廠服籠頭婦女馳。隊隊驚誇唐禮樂，人人詫説漢官儀。
島嶼難兼風日好，今朝風日實殊常。夷王踴躍夷官蹲，大侈天恩厚小邦。
夷邦居服半中朝，拜舞嵩呼禮度調。可是皇明文化盛，嚶嚶幽谷亦遷喬。
倭寇連年枉自疲，血腥潮水益堪悲。何如脩貢中華主，蒼玉珠弁耀海湄。
四載馳驅慚重命，玉麟此際敢云衷。鑾臺展讀綸音畢，一笑萍蹤到此中。

## 新築茅亭夷子移花來蒔

畚土誅茅構小亭，桄榔晻映隔林青。移花且卜秋能盛，看月須教夜不扃。
新結茅亭亦可憐，勸時肱枕覺清編。夷僮也識凭欄意，幾鉢幽花置檻前。
群群鴉雀繞簷喧，蜂蝶紛紛亦㤺奔。信是名姿終不掩，便多香氣襲芳樽。
海島專名鳳尾蕉，重苔茉莉亦嬌嬈。蒼雲入户時流采，皓月穿簾故引標。
内園爛熳皆春霽，此地栽培又後時。屈指重陽萸酒熟，菊花好放莫教遲。
海雪飛濤日日風，難將紅紫即成功。祇應遍取霜筠插，倏忽青鸞入短桐。
鄉國秋風露氣凉，蘭芝桂玉趁天香。不争小景能消日，反惹青雲客思長。
自有茅亭日日來，况兼花蕚倚雲栽。搴枝弄蕊休言苦，灌水編籬亦可哀。
覓桃覓榿少陵居，海賦流連萬怪書。朝客暫來排俗慮，時人休擬學玄虚。
浩刼乾坤俱逆旅，堯夫到處即行窩。誰云小館居夷嶠，他日還能入夢麽。（以上卷五）

## 奉聶雙江先生

去臘抵此，意今歲必渡海，不謂夷使來傳其國有領封微情，具狀按院，有司乃爲轉題，而部議世子未具印本，遂欲復往。但海汛常以五月初旬南風爲長，二三月當往海口，庶賊未登岸，乘隙可行。報到已五月終，而主張行舟之人又在漳州途中阻賊，非二三十日不能來，來則風汛已過，何能行也。前地方既題，即淹遲修艌，海水狼厲，舟半年則生烏蛤蠶蟲，此舟二年矣，必須改造，中間事狀，亦有非常見聞者，談更僕亦未易了。每思鈍拙不堪用世，惟有退耕教句讀鄉閭乃其宜耳。而有此牽縶，不能進，不能退，天實爲之，謂之何哉！學問功夫，雖不敢莽焉棄置，終不免悠悠不切。近罹困頓中，乃知惟此爲可用力，惟此爲可得力，而一真一切，須良知天機自迸出，亦難從人結抹轉移。秋末冬初，圖歸省老母數日輒復來，其時或得一請教也。

## 辭琉球王宴

蓋聞酒以成禮，不繼以淫，義也。霖等欽奉上命前來，佳禮既行，華筵亦既洽矣。兹又辱過招，無乃大繁乎？敬此以辭。向祭封之日，兼承裹蹄之惠，雖執事中心致敬之誠，而辭受以義，又使人素有成規而不敢失者也。敢併全璧。伏惟以德相愛，以道相處，共守天朝之大閑，安臣子之大義，而不區區於儀物之末，幸甚。

## 辭琉球王贐金

封舟瀕行，領宴餞兼惠裹蹄，已嘗面辭矣。兹辱法司、大夫、長史等復來。夫承筐是將，雖賢王好我之誠，而不受爲寶，實使人自守之矩。且天朝清議光昭，非禮授受，具有明辟，余雖欲於王，如朝廷之大法何？惟王知所以愛，而克其非所以愛可也。傳有之：私惠不歸德，君子不自留焉。王其念之。

## 答樊斗山侍御

向差舍回，意即得晤談，不謂阻隔如此。賊自前月十一日駐省會近郊，焚燒劫掠，慘不可言，竟無一介創之，宜其肆無忌也。城守諸司内警外拒，未敢或怠，第事權不一，責任不專，賊之多寡去留，未能諜一真實，况望角力而摧其鋒。閩中人心叵測，若復乘以惠安餘徒，兄謂可虞，不信然哉。召募宜取之别郡，若此中則怯弱已甚，鼓而使前，難矣。朱仙之走兀术，武穆非一日能然，其所由來者遠，今時寧可遽談。要救目前之急，惟多募援兵，以張聲勢，此切務耳。琉球風汛，此月十五以後不敢行。去臈急急促船，已卜有今日。今船雖出泊梅花，然舵、猫各件未完，且賊徒滿目，移一文於閩安鎮，崎嶇數時，何言舉棹而窺海洋。

## 寄樊斗山

荷亭别袂，轉眼兩秋，追思往事，悵然者再。去歲走尺牘都下，想未遽達。今夏初海口頗靖，乘隙開洋，十月中從彼國回，十一月初抵閩省。仰托尊庇，幸保無虞，然亦九死一生，其狀備載録中，不盡述。今往一册，觀之可見。第身險倖脱，而家鄉又遭流寇之慘，老母而下，預遷府城，雖托生全，而蕩析離居，家業罄掃，柰何，奈何！兹者同貴衙門近麓年兄挽舟從邵武等處圖回，然兵寇山賊，諜報交馳，未知何時始得抵賃舍，與家人輩一接。世道之變，行路之難，極矣，極矣！每思時方多故，大率詭隨者多而慷慨者少，肉食者衆而任事者稀，度材量力，淺陋如弟輩固行當退伏草茅，以全其拙，若兄之懷奇抱瑋，豈可不乘時建業，以報明主？而久卧草廬，徒爲静養計哉！狂言不罪。東望都仙，雲泥懸隔，何時合并，縷析百懷。（以上卷六）

## 奏疏

吏科左給事中臣郭汝霖謹奏，爲乞查例賜祭，以報神功事。臣等於嘉靖三十七年四月初二日奉命册封琉球。琉球在海島中，道由福建，遭值連年倭寇，臣等淹留至嘉靖四十年夏五月二十八日始得開洋行至閩。五月初三日涉琉球境界，地名赤嶼，無風平浪，大魚出躍，船阻不行，顛頓播蕩，篷扇損壞，舟人驚訝，若有水怪。如此三日，軍民慌甚，呼祝海神天妃求救。臣等亦以歸時當如例乞祭以報神功。中夜紅光燭舟，次日遇風而行，初九日到岸。封拜禮畢，守候風汛。至十月初九日登舟，十八日從彼處開洋歸國。行至二十日，忽有雙雀來舟，颶風大作，陰雲四塞，白浪滔天，舵幹摺去，舟顛危甚，舉舟痛哭，擔願祈保，風未能止。至第三日，臣等僅存殘喘，乃爲文以檄天妃，再以歸乞聖皇賜祭申請，風遂稍止。因得换舵整纜，完舟而迴。臣等到岸，思念神功顯著，各發願心，脩醮脩廟，以抒報答。但思臣等危急之時，非不以此祈神，而神之響應者率以乞祭而然，於此見臣等五百生靈蟻命，莫非荷藉聖德遐孚，百靈效順，而神之歆享者蓋有在也。臣聞聖王之制，社稷山川之神，有功於民則祀之。今海神天妃當風濤危急之中，而能垂紅光、飛雀報，禦災捍患，異蹟昭著，俾五百人命不塡巨壑，其有功於民甚大。臣等謹按嘉靖十三年給事中陳侃、行人高澄奉使琉球往迴，風濤危急，亦藉天妃顯異救援，歸乞賜祭一壇。臣等二次危急，與彼相同，天妃靈應，與彼亦同，臣等以賜祭祈禱又同。至其他危急於上界者甚多，而天妃之隨處救應者亦甚力，臣不敢瑣舉以瀆。蓋海波無際，人力難施，所恃者惟神耳，臣等非敢妄誕也。伏乞聖慈敕下該部查例，相應仍遣福建布政司與祭一壇，庶幾允答神功，而臣等亦不負心於幽冥矣。等因。奉聖旨。（以上卷七）

## 刻使琉球録序

《使琉球録》者，録自陳、高二公始也。琉球歸化聖朝，前此嘗有使矣，而弗録焉，遺也。遺則後將何述？滄溟萬里，不無望洋之歎，此録之所以作也，二公之心仁哉！嘉靖戊午，世子尚元乞封，上命汝霖與李君際春往，首訪是録，如獲梯航。解舟潞河，漳人鄭教授者來，語余渡海事，余出録詢之，曰：「得矣，而未盡也。」暨入閩省，造船、用人，惟録是據，間詢舊行故老一二弗協，豈時變不相沿乎？將作之竣事之餘，二公前所行者或未逮也。且事屬渾論，要實未覈。余是年值海警淹遲，船更再造，人亦數新，視之前役頗詳，然其發端則前録資益弘多，而又懼其久且漫或遂遺也，後之使者將傷今而罪我矣。舟旋之日，因類編之。首以詔敕，尊君命也。次以使事、禮儀，述宏綱也。次以造船、用人、敬神，見要務也。次以「群書質異」，則山川風俗，夷語貢物，併前使姓名、詩文而題奏終焉，具始末，備稽考也。

原録云云者列于前，而是歲所行者附于後。嗚呼，後之使者，一舉目而星槎海濤，燦然指諸掌矣。若夫登之天府，備史苑稽查，則二公先之，愚何敢再瀆。

## 遊鼓山詩序

閩人謂登鼓山可望琉球，陳、高使録辨其誣，又謂可見者或小琉球。余三載阻倭寇，未能輒達皇命，心沾沾，圖登山眺之。上年寇充斥城外鄉村，至是出城無慮矣，作五言律詩一首。觀郊野農叟力耕，作七言絶句一首。山之趾有寺，老樹蔦蘿，橋門頂負高山，山之半亦有寺，作五言律二首。山半之寺荒落，片瓦斷垣，門欹壁毀，狐兔豺狼之所嘷，茅葦蕭蕭，無住僧，第存升巔之路。路僻嶮，往往梯石梘，可驗寺舊盛也。從者欲於是止，余念存觀海不已，攀而躋，風旆飛揚，天日朗霽。余頗壯，乘高興，而閩之衆山俱入覽。山頂寡石，有小石偃于旁，鐫朱子「天風海濤」四字。時海波漫漫，五虎、閩安鎮一指顧間，作《望海歌》，不盡盤旋良久，則海颶驟發，雲霧晦藹黯慘，波濤洶湧，作五言古詩四首下焉。然所謂小琉球，卒莫見，益知人言不信，而二公者亦未登此也。下至山半，僧言東有靈泉，乃過石橋，入小亭，旁竪石，多宋人紀遊刻。泉謂昔從山窪出，禪僧劒而東之。瑩然冷然，縷縷然。余去冬飲麻姑泉，意値水涸時故細而潏。兹則春二月矣，亦若是，知其出於靈異，寒甘不可多也，作五言絶句一首。是日從遊者閩尹周子舜岳、侯尹陳子節、懷尹唐子朝宗。餘詩不録，唯靈泉、觀海歌、寺詩，周子録置之寺。鼓山者，閩縣地也。

## 星槎録序

郭子曰：余讀李君星槎贈言，豈不忻忻然壯向往之心哉！嘉靖戊午，琉球世子尚元航章匄封，上命給事中吴時來、行人李際春往，瀕行而吴有戍事，上繼命汝霖偕李君往。舊事宦京師者出行，其親友薦紳多爲贈言榮之，矧兹海國之役，然必處時久而後能備。方李君初承命時，諸儀物尚未製，故得稍緩其行，聚兹華章。若霖之備乏，則朝捧節而夕都門，所以徼惠於群公者後。李君入閩，亟鋟之梓，而以序謀於霖。霖曰：余與君同役，又可叙君之贈言乎？屢辭不獲已。乃考琉球國海島中，漢以前逖矣。隋大業時伐之，不能服也。宋、元絶跡往來。獨明興，首入朝貢，祖宗嘉之，遂代賜封册寵焉，所以柔懷屬夷，示文德來遠也。我皇上十三年嘗封國王尚清，及兹又册其子，聖壽萬齡，仁恩洋溢，視祖宗有光矣，是故諸薦紳得而颺言之也。或以昭體統之尊焉，或以宣皇仁之沃焉，或侈國家幅員之廣焉，或張瀚海之洪焉，或誇錫服之章焉，或揚使節之美焉，或奇遊覽之盛焉，炳炳烺烺，可興可愛可傳，余故曰讀之而向往之心忻忻壯也。雖然，十三年陳、高奉使時，海洋無事，所念念者惟風濤之危。今余與君憑恃聖明，寵靈天命，若所云姑置之勿論，而邇來倭寇縱横，當海風之期，彼且旋棹，此不有甚於風波者？斯録之言，吾與若何日酧之？李君曰：余北人不舟，昨下濁河、淮揚，循兩浙而閩也，亦惟舟之便。見其篷櫓桅舵器棋舟子能備之，其乘駕之法能習之，至於風有逆順，水有曲摺，曰此不在我。今春與君，亦惟盡其在我若，乃行止遲速者時也，予將佇以俟。（以上卷八）

# 使事小紀

嘉靖三十七年春二月，琉球王世子遣大夫、長史等官來乞襲封王爵，刑科給事中吴君時來、行人司行人李君際春例當往。吴被命怏怏，病數日，二月初而差，遲之至三月終尚未有行意。時大同右衛事急，吴疏劾總督楊順，上逮繫順。三日後復劾元宰嚴公，上知其意，廷杖之，謫戍廣西。人始議吴處科三載，不一言，及差行未數日兩疏，何前後之相懸也。方吴未差，有星士王鶴麓者，卜其當遠行，及差，縉紳問闗驗其術，亦有送之過余者。余諗之曰：「吴行决乎？」王曰：「意欲求脱。星士謂之曰，若是必獲咎，不如行也。」吴既謫發，霖轉刑科右，幾十日遂繼差。士夫親愛者咸憤然不平，且流聞吴之謀實星士嗾之，會張給諫宅議獄之。余哂曰：「若是，則諸君謂萬里行皆自人矣。往星士對余言，實勸之行，未聞嗾之脱也，豈可以流聞疑似而寘人於獄？」同科魏君勃然曰：「公愛術士，如子奈其毒何？」余曰：「非也。多言倖中，術士之常。彼孤身糊口於外，或寘之非地，命不保矣。斃人之命而自愛，余不忍也。即斃之，能已吾行乎？君父有命，義不避難，敢謝諸君之愛。」諸君乃解散。余召星士，語之速行，星士慌甚，余曰：「第行，無忙也。」吴既出都門，儀制司令隸人取賜衣，隸人不識，誤送之余，余視之，短小不中，請於宗伯易之。宗伯吴筠泉公監前事，惟急余行，曰：「衣姑仍前，至閩時有司當爲處。」余曰：「是何言？僕雖凉，已忝省署三年，一衣豈不能製？但天使威臨外國，位夷王上，服之不衷而衣之，是苟也，不出於君而假以爲榮，是僞也。曾謂堂堂天使，苟且僞乎？夫承差者未必皆吴君也，公何疑之過？」諸老聞皆是余言，余因請詔敕易名，改賜品服。詔敕下，李君河南人，欲分領一道，以便行途。余曰：「詔敕無分領理，若爾當請明之。」李君乃止。時四月初七日也。初八日辭朝，併偕李君入辭元宰嚴公，公曰：「遠行相累。昨見聞命踴躍之疏甚喜。」余曰：「義不避難，臣之職也。死生有命，聞之素也。豈必海上能死人哉！」公又顧李曰：「有此跛男子，君無慮矣。」蓋李初承命，浪傳其流涕惶怖，公故慰之。辭少湖徐公、南渠李公，咸曰：「非君差也而君差，差未有是速也而君速，亦勉之而已。」爲之惋然良久出。辭崦山周公，公曰：「旅得僮僕爲貞，况航海之行，從者須寬之，毋拘拘常法可也。」辭約菴歐公、古和雷公，曰：「他日見出洋報即爲君喜。」辭同鄉、同年諸知愛，皆沾沾爲余惻，而口莫能言。余笑而别。四月十五日，從灣中解纜。六月至淮安，與吴舟前後。吴故避余，余訪之曰：「何遂不相見？」吴面赤，莫能應。七月，余始抵家。老母念霖外已三年，謂姑且緩行，霖泣曰：「君父之命何敢緩？今海報交馳，若稍遲則事日遠矣。」九月初輒入閩，至則軍門王公、按院樊公暨諸司莫不爲余嘖嘖。余未識其意，後乃知諸公預策次年倭寇盛集福州，而余不能行也。及琉球貢使再至，則傳其國有領封之意，呈文按院諸司，皆曰國體所關，倘得止，保全者不小矣。余曰：「國家事，多守舊章，恐未易行。」樊公曰：「事有權宜，今兹非可行而故却也。」余曰：「議論不一，如不行反以相罪何如？」樊曰：「倭寇之盛，孰所不知？夷情之來，因而轉達，以此見罪，無非罪矣。」余曰：「倘有之，余不足惜，如君何？」樊曰：「若然，亦不君怨。」遂差人賫奏，部中果以舊典相持。然勘合到遲，海警益熾，是年尚未能行。余因改造前船，日日往督，偶下洲坎，損左足焉，一月乃愈。次年夏初，航海至琉球，處於使館，屋皆矮窄，海氣炎蒸。余每夜露坐，不覺爲風所襲損足，盛發，浸淫至歸棹日，跛履登舟。李君曰：「跛男子不識乎？宰相口，代天語，果爾。」余愕然。嘗思航海之行險矣，然豈非天哉！觀吴君謀脱反謫，余欲速反遲，諸君覘時事，重國體，私圖公奏，竟莫挽余行，行人人莫不余危，竟如此如此，語曰皆天也，非人之所能爲也，信乎！事之大要具使録中，今不紀，紀其遺者，備省覽云。作小紀。（以上卷九）

## 重建广石廟碑

广石廟，廟海神天妃者也。天妃生自五代，含真藴化，殁爲明神，肇宋歷元，迄我明，顯靈巨海，禦災捍患，拯溺扶危，每風濤緊急間，現光明身，著斡旋力，《禮》所謂有功於民，報崇祀典。而广石屬長樂濱海地，登舟開洋必此，始廟之宜。舊傳自永樂内監下西洋時創焉。成化七年，給事中董旻、行人張祥使琉球，新之。嘉靖十三年，給事中陳侃、行人高澄感墜板異，復新之，板上所書即董、張新廟月日也。皇帝三十七年，琉球世子尚元乞封，上命汝霖充使往，而副以行人李君際春。余承命南下，長老多教余致敬天妃之神。弭節閩臺造舟，百凡按陳、高使録行，惟广石廟遭倭寇焚，乃耆老劉仲堅等聞余至，亦來言廟事。余檄孫通判大慶，考其遺趾，并材料工價值百金，余與李君循例捐俸二十四金，并歛之從行者得三十金以助，餘五十金無從得。余因言於代巡樊公斗山，樊遂標罰贖佐成其事。不兩越月，廟貌鼎新，巍然焕然，瞻趍有所，人心起敬。他日飛航順便，重荷神貺者，樊之功哉！

或因是以鬼神事質於余。余曰：是説也，薦紳先生難之矣。考孔子曰敬而遠。夫謂之敬，必有以也；謂之遠，特不專是以徼媚云耳。故其祭神如神在，鄉人儺，朝服立阼階，孔子豈無見耶？而初學小生，稍談鬼神，則冒然稱茫昧，避諂瀆譏，及遇毫髮事，輒俛首叩禱不暇，果能知事人事鬼者乎？今夫航海之行，尊皇命也。一舟而五百餘人在焉，彼溟洋浩蕩，中無神司之，人力曷能張主。學者知是説則知余非惑，樊非狥，而是廟之祀可以勒諸將來。樊名獻科，字文叔，浙縉雲人。其巡閩也，酌時幾，務省約，而事之開體要者獨無所惜云。

## 广石廟碑後

前廟完，寇繼至，復燬。濱海漁民猶不忘建，愬於縣令戴時望曰：某等方鳩僝工，不敢靡公帑，惟得人司成。戴遂捐俸若干助，而董以某，仍請于余。余與李君再縮廪得八金協濟，於是廟貌重新。適余届行，戴子求鐫石前文，見所以順民敬神無射之意。余曰可。石竪之廟廊。（以上卷十）

## 息思亭説

琉球天使館，自門而入，正堂三間，自正堂引至書房三間，余處於東，李君處於西。房之後再三間，官舍輩處之。兩旁翼以廊房各六間，門書輿皂寓焉。暑月藴隆，促促數步内，琉之人爲余弗安也，卜後垣空地，砌土瓦茅，竪柱而亭之，余因扁曰息思。夫人情久相離則思，余馳驅上命，何敢言思？然舍桑梓，涉波濤，遠君親，旅外國，而鴻賓鴈弟，玉樹芝蘭，數月各天，寥寥音問，余安能不用情哉？昔謝太傅江海人豪，中年與親知别，數日作惡。余嘗竊歎其懷。陽明子曰：七情之發，過處爲多。余又惡夫情之過而惡也，斯亭之登，願少息焉。圖書在前，琴瑟在御，以吟以咏，以絃以歌，庶幾造化者游而忘其身之在異鄉矣。

## 航海漫稿小引

余自嘉靖戊午奉使琉球，道沿閩省，值海警未寧，淹留者四載。辛酉夏至始獲開洋，有慶心焉。間從波濤中及海國咏所見，以舒一時意氣，亦感也，忘其爲險也。他日卸篷之暇，一寓目焉，其景象將無宛然而在者乎？

## 檄天妃海神

霖等欽奉上命，册封琉球，仰荷神祐，公事既竣。兹當歸國，洋中摺舵，無任驚惶，惟爾天妃海岳，偕國家廟祀正神，兹朝使危急，華夷五百生靈所係，豈可不施拯救？若霖有貶心之行，即請殛之於床，無爲五百人之累。若尚可改過而自新也，神其大顯靈威，俾風恬浪静，更置前舵，庶幾可以圖全。神其念之，毋作神羞。

## 遣官祭馬立等

嗚呼！男兒生則赴義，死則垂名，斯爲不負。余奉朝命渡海册封，爾等趍役前來，皆勇於大義，深爲可嘉。不意爾等冒觸風露，抱疾喪軀，魂遊異邦，零落可憫。雖爾等命數合終，亦余不德所累，余深痛焉。今發，道士既脩齊超度，又遣各官致祭，爾等耿耿義心，斯亦少慰。古人有言曰：骨肉歸於土，命也，若魂氣則無不之也。爾等盍各乘風駕霧，歸爾鄉土，祔爾家廟，庶幾哉令名不墜焉。（以上卷十二）

# 附録

## 一厓先生石泉山房文集序

王時槐

予曩在京師，一厓先生爲京城少尹，予爲符卿，得相與，朝夕共砥切於身心之學。先生真誠淳靜，恬澹質直，與人不設畛域，而世味塵機不涉于衷。獨其汲汲於學，雅志内脩，常若不及。每見同志向學者，欣然引重，傾懷酬答，必效忠告，無少曲狥。即後學咸窺先生言出根心，非由外襲，而一念懇至，莫不信其爲慥慥君子，尊信而感服焉。一日，同鄉宴集，有舉巵浮白酌予者，予受不辭。少頃，先生作色誡予曰：「子學道人也，何至濫觴同於俗客乎？」予乃悚然引過，敬謝之。蓋先生直諒愛人，惟恐其淪於非僻如此。已而先生與予相繼解組南歸，予寓榻金牛禪院，先生時一至郡，必信宿金牛，叩予静中所詣，商訂可否，又時時共對於青原西原，顯証密參，加勤弗懈。蓋先生以予資雖闇鈍，而志知嚮往，乃於予契合最深。予乃蒙指導督勸之益，於先生者厚矣。先生立朝端恪，祇慎諫垣，論列動中機宜。奉使肅將，夷邦讋服。歸田息軌，躬示典刑。蓋先生以實德措諸日履，故所至矩矱有常，不愆于度，足彰儒者真積之學。識者尤以先生經世之藴，未及大用，以究其施，爲世道惜也。先生既没，其子庠生賓舜委贄問學於予，因輯先生所遺石泉山房詩文書疏諸稿，編次成集，謁予爲序。予惟先生之遺言，讀是集者可得而知也；先生之冲凝淵粹，顥一渾成，不外飾而全其天，非親炙而面承如予者，殆未易以測其涯涘也，故不辭而備述予所見知於疇昔者綴于篇端，庶覽者得尚論而興仰止之思焉。

時萬曆丙申中秋吉旦，賜進士出身、嘉議大夫、南京太常寺卿，得請致仕，前詔起鴻臚寺卿，友弟安成王時槐頓首拜撰。

## 郭一厓先生文集序

鄒元標

予蓋得侍郭太常一厓先生青原山中，既予登第，先生亟索予文讀之，語予友劉司成曰：「鄒生文氣深厚，必有樹也。」廼鄒生漂泊浮沉，未能副先生望許萬一，歸而先生已爲泉下人，不見先生，見先生季子甫韶趣操如見先生面焉。今年甫韶刻先生《石泉集》成，請鄒子爲序。予受而卒業。讀先生詩歌，直窺古作者閫奥，至論學諸語，浸浸有見。世固以浮海事難先生，不知我明浮海者代有人，然藉是益有所砥，俾學之有所証，則惟見先生一人耳。世譚學者遞相塗説，聞之令人掩耳。夫學譚何容易，不有所舍則不能有所入，不有所奮則不能有所發。人最畏者死，最貪者生。生可棄也，世間更復有何物足以罣靈襟？此先生之得于海者深也。先生之被使命，蓋因巧避者而忽及云。巧者曰：「等死耳，死海寧死諫？猶不失萬世名。」公曰：「吾業被聖天子命使異國，脱有全軀念，如臣道何？死官下與死諫一也。」欣然就道，卒生全以歸。彼巧避者雖能博一時嬰童村婦之口，不能逃天下正人君子真心，卒之顛倒末路，以是知虚名不可假也，皇天不可欺也，獨波濤異域能死人哉？嗟乎！人之初終，係于一念。一念而真，萬死萬生，歷久不變，予於兹益信矣。往在長安，人頌先生城通州功最高，爲官家省金錢數萬緡，卒以是媒忌。使先生私囊橐，出緒餘，結奥援，何顯位不可致，奚必優游泉石老耶？然太極之隈，石甘泉洌，先生樂之，必不以彼易先生之得于泉石者固矣。

萬曆丁酉歲孟冬月，吉水通家眷晚生鄒元標頓首拜譔。

# 弇山堂别集

〔明〕王世貞　撰

# 校點説明

《弇山堂別集》一百卷，明王世貞撰。

王世貞（一五二六—一五九〇），字元美，號鳳洲，又號弇州山人，江蘇太倉人。嘉靖二十六年（一五四七）進士，歷官主事、按察使、布政使，官至南京刑部尚書。王世貞是明代著名文學家、史學家，「後七子」領袖。著有《弇州山人四部稿》等。

《弇山堂別集》與王世貞另一著作《弇州史料》并爲作者盡畢生精力所成，分盛事、異典、奇事、史乘考誤、諸王大臣年表、職官考等門，《四庫提要》評云：「世貞承世家文獻，熟悉朝章，復能博覽群書，多識於前言往行，故其所述，頗爲詳洽。」

本書所録輯自中華書局一九八五年魏連科點校本卷十八《皇明奇事述三》及卷七十七《賞賚考下》。

（張　喆）

# 弇山堂别集

## 中國夷官互居

權貴妃父光禄卿永均、任順妃父鴻臚卿添年、李昭儀父光禄少卿文、吕婕妤父光禄少卿貴真、崔美人父鴻臚少卿得霏，皆朝鮮人也，雖貴至列卿，而尚居朝鮮。至宣德中，永均以訃聞，賜白金米布。又琉球國相程復，饒州人也，自言相其王四十年，年八十乞致仕歸饒州，許之，命以國相兼左長史，賜四品誥。夷人以中國官居夷，而中國人以夷官居中國，亦異事也。又宣德中，蘇門葛剌王弟哈剌之漢入朝，病卒，贈鴻臚少卿，賜葬。

## 東西南夷之賞

洪武初，以即位賜占城王阿答阿者《大統曆》一本，織金綺段紗羅四十疋；安南王陳日煃如之，各國王俱文綺紗羅二十四疋，《大統曆》同；高麗王顓《大統曆》一本，錦繡絨綺十疋，母妃錦綺紗羅各四疋，國相辛旽、侍中李春富、李仁人文綺紗羅十二疋。以徙陳理、明昇高麗，賜其王紗羅文綺四十八疋。又以占城王阿答阿者破海寇功，賜織金文綺紗羅四十疋，使者紗羅各二疋，文綺四疋，衣一襲，錢一萬二千。七年，賜琉球王察度文綺二十疋，陶器一千事，鐵釜十口。十六年，賜琉球中山王察度鍍金銀印，鐵金文綺帛紗羅凡七十二疋，山東王承察度亦如之；占城、暹羅國王各織金文綺二十二疋，磁器一萬九千事。三十年，烏思藏都指揮司灌頂國師及尼八剌國各遣使貢方物，賜灌頂國師及尼八剌國王銀各一百五十兩，文綺帛各十疋；乩列工國師察里巴、烏思藏都指揮仰卜羅沙魯、萬户列思巴端竹、都指揮答里巴遠毋爾監卒銀一百兩，文綺帛各一十疋，并賜其使人衣紗有差。

永樂三年，賜日本國王源道義九章冕服，鈔五千錠，錢一百五十萬，織金文綺紗羅絹三百七十八疋。四年，賜白金千兩，織金諸色綵幣二百疋，綺繡衣六十件，銀茶壺三，銀盆及綺繡紗帳、衾褥、枕席、器皿諸物，海舟二艘。又賜白金千兩，錢一千五百萬，錦紵絲紗羅絹四百十二疋，僧衣十二襲，帷帳、衾褥，器皿若干事。王妃白金二百五十兩，錢五百萬，錦紵絲紗羅絹八十四疋。王卒，賻絹布各五百疋，賜嗣王錦綺紗羅六十疋。九年，賜義持金織金綺紗羅綾絹百疋，錢五百萬。四年，賜占城王占巴的賴鍍金銀印、紗帽、金帶，黄金百兩，白金五百兩，金織文綺衣二襲，錦綺紗羅有差。六年，又賜其王金印及黄金百兩，白金五百兩，錦綺紗羅五十疋，彩絹百疋。十年，賜爪哇國西王都馬板錦綺紗羅彩絹千疋，并金織文綺襲衣等物。又賜烏思藏闡化王螭紐玉印、誥命，白金五百兩，綺衣三襲，綺繡五十疋，彩絹百疋，茶二百斤。十二年，賜琉球國王誥命、冠服及鈔萬五千錠。十五年，賜朝鮮國王李芳遠敕及白金二千兩，文綺表裹二百疋，紗羅絨錦五十疋，馬二十四疋，妃文綺表裹八十疋。

# 條麓堂集

〔明〕張四維　撰

# 校點説明

《條麓堂集》三十四卷，明張四維撰。

張四維（一五二六—一五八五），字子維，號鳳磐，蒲州（今山西永濟）人。嘉靖三十二年（一五五三）進士，改庶吉士，授編修，進右中允，直經筵，尋選左諭德。萬曆間以張居正薦，得爲禮部尚書、東閣大學士，入贊機務。居正卒，四維當國，力反前事，時望頗屬。

《條麓堂集》三十四卷，大多爲政論、典誥、序跋之文辭。兹據《續修四庫全書》集部第一三五一册之明萬曆二十三年（一五九五）張泰徵懷慶刻本，輯與琉球相關詔諭二則。

（李夢生）

# 條麓堂集

## 擬封尚永琉球王詔

朕受天明命，奄甸萬方，薄海内外，罔不來享。延賞錫慶，恩禮攸同。惟爾琉球國遠處海濱，恪遵聲教，世修職貢，足稱守禮之邦。故國王尚元，紹序膺封，臣節寀謹，兹焉薨逝，悼切朕衷。念其侯度有常，王封當繼，其世子永德惟象賢，惠能得衆，宜承國統，永建外潘。特遣正使某、副使某，齎詔往封爲琉球國中山王，仍賜以皮弁、冠服等物。凡國中官僚、耆俊，尚其恊心翼賛，畢力匡扶，懋猷勿替于承先，執禮益虔于事上。綏兹有衆，同我太平，則亦惟爾海邦無疆之休。故兹詔示，咸俾知悉。

## 擬諭琉球王尚永

皇帝勑諭琉球國故中山王尚元世子尚永，惟爾先世守此海邦，代受王封，克承忠順，以迨于爾父尚元，畏天事大，益用小心，誠節屢彰，寵恩洊被。遽焉薨逝，良用悼傷。爾爲冢嗣，克濟厥美。群情既附，宜紹爵封。兹特遣正使某、副使某齎勑諭封爾爲琉球國中山王，并賜爾及妃冠服、綵幣等物。爾宜恪守王章，遵述先志，秉禮循義，奠境安民，庶幾彰朕無外之仁，以永保爾有終之譽。欽哉！故諭。

# 敬事草

〔明〕沈一貫 撰

# 校點説明

《敬事草》十九卷，明沈一貫撰。

沈一貫（一五三一—一六一五），字肩吾，又字不疑，號龍江、蛟門，浙江鄞縣人。隆慶二年（一五六八）進士，歷官左春坊左中允、侍讀學士。萬曆二十三年（一五九五）入閣爲東閣大學士，預機務。著有《啄鳴集》、《吴越遊稿》等。

兹從明萬曆刻本卷十七録揭貼二通。按，萬曆中琉球請封，朝廷命夏子陽、王士楨往，二十八年（一六〇〇）受命，時海氛不寧，直至三十四年方成行。時諸臣紛紛議奏，或請以武臣往，或請中止遣使，或請令琉球使臣至福建領詔敕，沈一貫所上揭貼即其中之一。事詳參夏、王所作使録及《明實録》。又，所録揭貼第二通又見朱賡《朱文懿公奏疏》卷五，末署時爲「萬曆三十三年四月二十四日」。

（李夢生）

# 敬事草

## 琉球册封遣使揭帖

題竊惟琉球册封，在福建撫按請以武臣往，在奉使給事夏子陽等請以身往，在禮部則請并罷文臣、武臣俱弗往，但令彼差官前來福建恭領。三議不同，臣等籌之，竊謂禮部議宜從也。謹按《皇明祖訓》，限山隔海之國，禁不許無故興兵。夫既不加兵矣，豈得加禮？若遣使行禮，而萬一彼有侮慢不恭之罪以加于我，不爲無故矣，將置之弗問乎？抑舉兵征之乎？置之則損天威，征之則悖祖訓，當如之何？故宜預爲節制而絶啓寵納侮之端，但與封而不遣官可也。況今海上多警，不獨憂在琉球，而倭奴之跳梁，諸番之出没，波濤之叵測，誰保其必無？倘有差跌，罪將安歸？彼必有詞于我，而我則空損國威耳。尚寧之自立在戊子年，不戴天朝累代之恩，而懾于關白一時之威，陰持兩端，觀望逡巡，經十餘載不來請封，特未告絶耳。惟是王靈赫昭，關白震死，海外悚慄，而始修故事，豈真能恭順如朝鮮者乎？是以二十三年聖旨遣官頒封福建省城，聽彼國使臣面領，正爲此發。古之王者不治夷狄，來不拒，去不追，朝廷赦而不誅，付之不較，德已弘甚，何必奉如驕子，求册封即予册封，求文官即予文官，惟其意而莫之違乎？天下事不可知，倘倭使在其國，而彼之所以待吾使者不及待倭使之厚，禮意頓衰，變起倉卒，當此時也，將如之何？此謀國者不審于今而貽患于後，臣等不敢不慮。至于舟資裝送，爲閩人費者不下數萬金，造舟數年，尚欠一桅，則費未能半。當茲財匱帑乏之時，騷動地方，徵發旁午，敝所恃以奉夷狄，甚可以已。彼不能爲吾海外長城，亦無能爲吾海上蝥螯，無毫釐輕重于我，而于典制、于時宜、于邊防、于財計種種妨礙，乞垂覽而明斷之。

## 二

題琉球册封一事，前日臣等據所見聞，直攄胸臆，而未暇想時事之宜也。因奉諭旨，静夜三思，有踧踖不寧者，敢再一言，以備採擇。按先臣尚書鄭曉《吾學編》云，陪臣請命于京師，王人致命于海上，乃至當之論，斷在可行。但以今日言之，照舊遣官，久奉明旨，差去文臣，業抵閩境，使舟亦將具備，使臣又請必行，彼國來迎亦復兩次，勢難中止，聖慮高明，非臣等所及，遲久不決，益致擔閣。此番宜照前遣行，使彼國君臣知感特恩，即令差去使臣宣諭，以後朝使往來，彼此俱免煩擾，著爲定制。嗣有乞封，許陪臣于福建領封，照北虜、安南事例而行。如此則朝命不致輕褻，而中國懷柔之體常尊；封典刊有定儀，而彼國供億之煩亦省。臣等一得之愚，敢再布聞。謹將北虜、安南請封事略并呈聖覽，見聖朝之封外夷，在境受命，原係典故，用待琉球，非爲簡也。原本發臣等票或特諭禮部施行。

# 日本一鑑·桴海圖經

〔明〕鄭舜功 撰

# 校點説明

《日本一鑒》，明鄭舜功撰。

鄭舜功，生卒年不詳，廣東新安人。嘉靖年間，倭寇屢犯東南邊境，明政府在不斷調整剿滅倭寇對策的過程中形成了遣使赴日宣諭之策。鄭舜功以布衣身份請命，於嘉靖三十四年（一五五五）奉使宣諭日本國，嘉靖三十五年（一五五六）仲夏在廣州五羊驛起航，同年六月抵達日本豐後國，次年正月返回廣州。他在日本宣諭明政府的政策，勸諭日本各地土守官員禁緝盜寇，并進行實地調查采訪，搜羅資料，歸國後寫成《日本一鑒》一書，是現可考之明代最早、基於赴日考察的日本專著。《日本一鑒》收書凡三種：《絶島新編》、《窮河話海》和《桴海圖經》。《桴海圖經》三卷，包括「萬里長歌」、「滄海津鏡」和「天使紀程」，用文字和海圖詳細記録了從廣東經大小琉球至日本的航海針路，并記載了日本國内各地的交通地理狀況。卷二「滄海津鏡」，是簡易海道圖，海圖與「萬里長歌」互爲佐證。海圖中開卷就繪制了從小琉球至大琉球國沿途及附近島嶼。

本書約成於嘉靖末隆慶初，僅見民國二十八年（一九三九）商務印書館影印舊鈔本，兹據以輯録其中有關琉球部分。

（秦　潔）

# 日本一鑒·桴海圖經

歲乙卯，功方奉使日本，取道嶺南。惟時治事偵風，故召司方之人以供其事，司方者司趨向方之人也。爰究指南之書而詢蹈海之要，廣求博采者久之，人有以所録之書應者，謂之曰「鍼譜」。按考日本路經，言之未詳。後得二書，一曰《渡海方程》，一曰《海道經書》，此兩者同出而異名也。歷按是書多載西南夷國方程，而日本程途雖有其名，亦鮮有詳者。一曰《四海指南》，内載三□□□王進之使日本，取道太倉田韭山，放洋而往，取野顧寄音次抱里寄音，沿入其都。夫彼路經如斯而已。近考前代日本之役，魏、晉、隋、唐各亦遣使，皆緣朝鮮往焉。今國家前所遣使，皆由寧波郡，往來之役雖勞，俱未見其方程也。國初僧宗泐爲詩僧使者行云：「滄茫熊野山，一發青雲際。」按考熊野在彼南海紀伊間，秦逋方士徐福祠堂在焉。據夫詩言，莫非取道其右歟？又學士宋濂之跋云：自翁州揚帆五日至其國，又踰月入其都。言雖如此，亦未見其詳也。自嘉靖初，給事中陳侃出使琉球，取道福建以往，其從人有識日本路程者，故閩海人因知取道於小、大琉球，沿諸海山一路而去。又廣海人郭朝卿，販稻航海市漳、泉，因風漂流至其國，故廣海人自後亦知其道矣。若浙海人，則因彼來朝，向館寧波，雖聞彼島之名，未聞向方之的。逮今廿有餘年，中國私商，絡繹市彼，各有路經，但抵其域、市諸貨財而已，誰究彼都之城之詳耶？

# 萬里長歌

欽奉宣諭日本國，驅馳嶺海乘槎出。當是時也，中國姦宄勾引倭寇，出没淮、揚、吴、越、閩海之上，海隅蒼生，塗炭極矣。功因軫自生民，又念先世忠義，輒奮狂愚，奏行開諭，取道嶺海而往焉。嶺海者，廣東别號也。五羊歌鼓渡三洲，先取虎頭出幞頭。五羊，廣省驛名。三洲水中之地，約去五羊廿餘里，而我取道其上。虎頭，海山，在東莞之東，約去三洲百餘里。二山對峙如虎把門，故曰虎頭門。幞頭亦海山也，在東莞東北，約去虎頭百餘里，二山對峙，形如幞頭，故曰幞頭門。我俱正出其間。大鵬飛鳴平海札，看看碣石定鐵甲。大鵬，所名，約去幞頭六十里。平海，所名，約去大鵬六十里。而我皆道其右。碣石，衛名，約去平海二百五十里。鐵甲，山名，約去碣石六十里。皆惠海地方，我俱取道其右。靖海東頭馬耳還，大家井里傍牛田。靖海，所名，約去鐵甲百里。馬耳，海山澳名，毗連牛田，約去靖海百十里。昔因風沮，曾泊澳之石牌村。大家井，地名，約去馬耳二十里，牛田曲傍其隈。皆潮海地方，而我俱道其右。天道南陽王莽滅，詔安走馬心旌節。南陽，地名，約去大家井五十里。王莽，地名，約去南陽九十里。皆潮海地方。詔安，縣名，約去王莽六十里。走馬，溪名，約去詔安八十里。皆漳海地方，而我俱道其右。鎮海先須定六鼇，下門平静金門高。鎮海，衛名，約去六鼇六十里。六鼇，所名，約去走馬百六十里。若往走馬至鎮海，必須先過六鼇。下門，寨名，在月港東，約去鎮海四十里。皆漳海地方。金門，所名，泉海地方，約去下門五十里。而我俱道其右。永寧東覓烏邱側，有馬行之是準則。永寧，衛名，約去金門廿餘里。烏邱，山名，在興化海中，約去永寧百五十里。《海航秘訣》乃於烏邱取道日本挨里馬，即有馬島寄音押利邁，若西南風用艮寅縫鍼，東南風甲卯縫鍼，西北風正丑鍼，西風正艮鍼，徑取有馬，此蓋行彼上海。夫鍼之論更次，凡一更者鍼着經盤之底又更换也。每一更鍼若值順風，約行六十里。凡一晝夜，燒香爲度，鍼約十更程，計六百里，驗風遲疾，可約計鍼更數。又按驗風遲疾之法，先取小薪之於船頭擲於波上，疾行船尾，按薪先後，則知遲疾，一約計鍼更數矣。一自回頭定小東，前望七島白雲峰。回頭，地名，泉海地方，約去金門四十里，下去永寧八十里。或自回頭徑取小東島，島即小琉球，彼云大惠國。按：此海島，自泉永寧衛間，抽一脉渡海，乃結彭湖等島，再渡諸海，乃結小東之島，自島一脉之渡西南，乃結門雷等島，一脉之渡東北，乃結大琉球、日本等島。夫小東之域，有雞籠之山，山乃石峰，特高於衆，中有淡水出焉。而我取道雞籠等山之上，徑取七島。七島之間，爲琉球、日本之界。夫七島也，七山交錯，島峽水緊，宜慎避趨。盡島，用正寅鍼，約至五更，取野顧，即屋久島寄音耀固世遇，島有白氣尋浮，故日人曰白雲島。此昔我之使程也。《航海秘訣》：「一日回頭，用艮寅縫鍼，徑取日本，凡七八日。」或自梅花東山麓，雞籠上開釣魚目。梅花，所名，約去永寧八十里，自所東山外，用乙辰縫鍼或艮巽縫鍼，約至十更，取小東島之雞籠山。自山，南風，用卯乙縫鍼，西南風，正卯鍼或正乙鍼，約至十更取釣魚嶼。自嶼遠近多巨鯋，長約十數尺，見風帆影逆於波上，夜則躍而有光。按海鯋魚，族類頗多，因訪魚漁，略言知者曰珠鯋，曰鋸鯋，曰刺鯋，曰虎鯋，曰青鯋，曰丫髻鯋，曰犁頭鯋，曰狗頭鯋，曰和尚鯋，曰白蒲鯋。曰吹鯋螺者，鳴則風雨大作，嘗食魚害人。又虎鯋者，有化爲虎啖島人畜。其餘不盡聞也。而小東巨鯋，審類白蒲，向不知名。誰某自梅花渡彭湖之小東至琉球到日本，爲昔陳給事出使琉球時，從其從人得此方程也。一自彭湖，次高華，次黿鼊，次大琉球，亦使程也。而彭湖島在泉海中，相去回頭百六十里。釣魚嶼，小東小嶼也。盡嶼，南風，用正卯鍼，東南風，卯乙縫鍼，約至四更，取黄麻嶼。黄麻赤坎古米巔，馬齒琉球迓迤先。黄麻、赤坎、古米、馬齒、琉球、迓迤，皆海山也。盡黄麻嶼，南風用甲卯縫鍼，西南風正甲鍼，東南風正卯鍼，約至十更，取赤坎嶼。 盡嶼，南風用正卯鍼，或寅甲縫鍼，西南風艮寅縫鍼，東南風甲卯縫鍼，約十五更，取古米山。 盡山若西南風用寅甲縫鍼，南風正卯鍼約十五更，取馬齒山，山北多礁。 盡山南風用正卯鍼，或正寅鍼，徑取華山，即高華山，次取七島。 否盡古米，南風用寅甲縫鍼，或正卯鍼，約至五更，取馬齒山。 盡山，南風用甲卯縫鍼，或寅甲縫鍼，約至五更，取大琉球。 若使大琉球，用正卯鍼，或寅甲縫鍼，入哪霸港。 否，自港外用正子鍼，約至四更，取運迤嶼。 盡嶼之外，南風用正癸鍼，約至三更，取熱壁山。 熱壁行行夢家刺，大羅前渡七島峽。 熱壁、夢家、大羅，俱海山名，皆在琉球洋中。 盡熱壁山，南風用正癸鍼，約至四更，取硫黄山。 山産硫黄，在於本山河蘭埠。 按：硫黄之山非特一處，小東、日本皆有之。 夫此山島，日則障烟迷目，夜如野燒燭天。 山麓則有湯泉，泉水可癒瘡疥。 盡山，南風，用癸丑縫鍼，約至五更，取田嘉山。 自山左右海洋間，有種䲢魚，形不滿尺，翼不過尾，飛約數尋。 盡山，南風，用癸丑縫鍼，約三更半，取夢家刺。 盡夢家刺南風用正癸鍼，或癸丑縫鍼，約至三更，取大羅山。 盡山，用正癸鍼，約二更半，取七島。 此七島者，在日本南，爲琉球、日本之界。 又考略圖日本東海有七島，於我未詳。 盡南七島用正寅鍼，約至五更，取屋久島。（以上卷一）

東
南
西
島
石山
島
土石山
花瓶嶼
硫黃山
雞籠山
小東島即
小琉球彼
云大惠國
島
土石山
瓶架山

島
小山
島
馬齒山
古米山
赤坎嶼
黃麻嶼
釣魚嶼
彭嘉山

島
石峽
人目之
曰石劬
門
粧山
大琉球國
熱壁山
運連嶼
黿鼊嶼

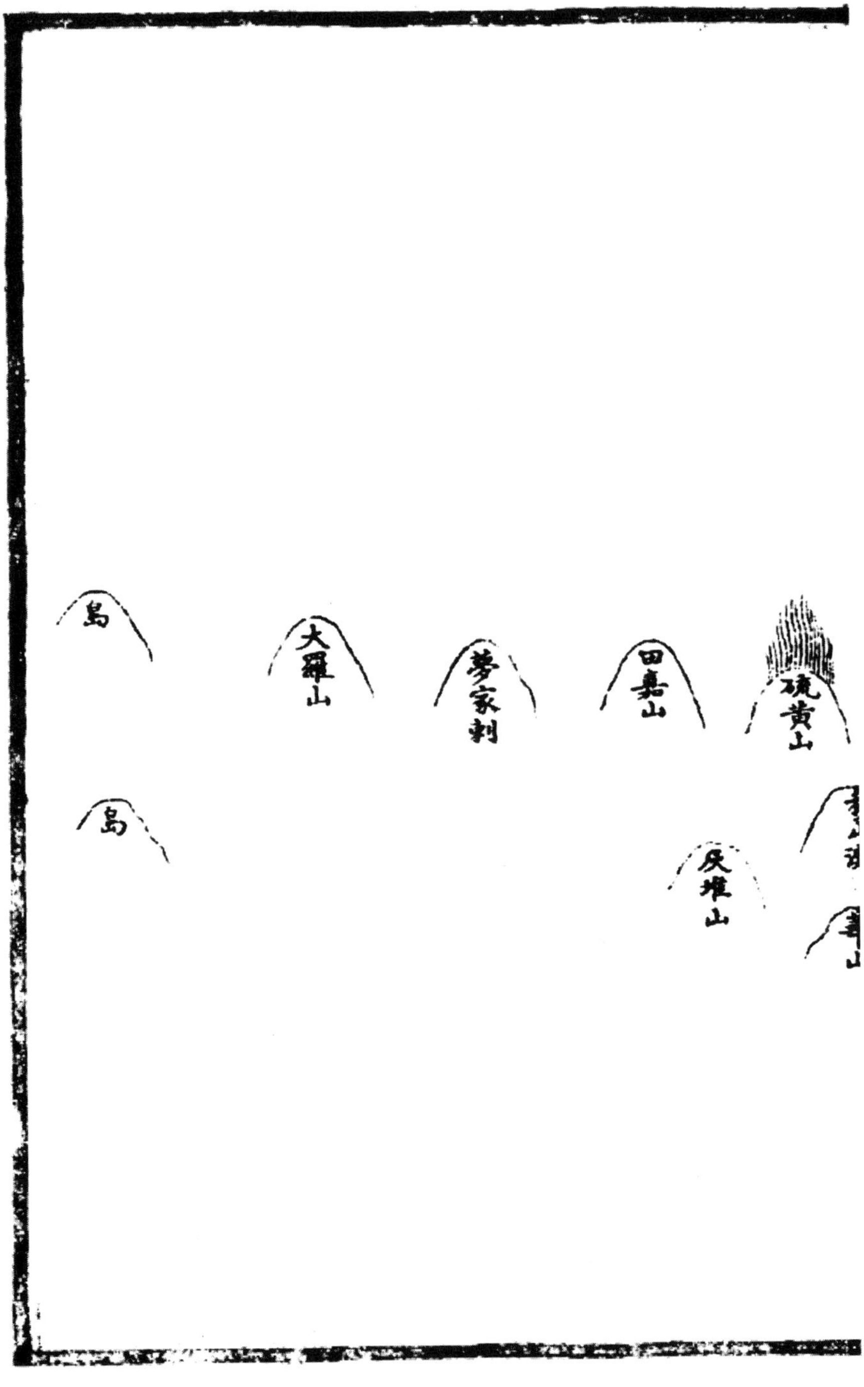
島
大羅山
夢家剌
田嘉山
硫黄山
島
灰堆山

之島
屋久島
人目之曰
白雲島
臬
島
島
島
島
高島
島
黑島
硫黃島
湯

# 焦氏筆乘

〔明〕焦竑　撰

# 校點説明

《焦氏筆乘》正集六卷，續集八卷，明焦竑撰。

焦竑（一五四〇—一六二〇），字弱侯，又字從吾，號澹園，又號漪園，南京人。萬曆十七年（一五八九）狀元，官翰林修撰，南京國子監司業。著有《澹園集》，編有《國朝獻徵録》、《國史經籍志》等。

《焦氏筆乘》是焦竑讀書和講學的筆記，内容繁富，訂經子之譌，補史傳之闕，網羅時事，綴輯藝文，雖多剿襲，然亦不乏真知灼見。

本書輯自上海古籍出版社一九八六年李劍雄點校本續集卷五，記琉球官生事。

（李夢生）

# 焦氏筆乘

## 送琉球生詩

樂天《題岳陽樓》：「春岸緑時連夢澤，夕波紅處近長安」，張芸叟用之爲詞：「回首夕陽紅盡處，應是長安」，人喜誦之，不知實出樂天也。友人王元善《送琉球生歸國》詩：「風卷晴沙送客歸，片帆南去疾於飛。春濤萬里重回首，紅日中天是帝畿。」尊中國最得體，雖語類前人，而氣韻則勝之矣。

# 李文節集

〔明〕李廷機 撰

# 校點説明

《李文節集》二十八卷，明李廷機撰。

李廷機（一五四二—一六一六），字爾張，號九我，福建晉江人。萬曆十一年（一五八三）進士，歷官祭酒、禮部侍郎，三十五年（一六〇七）以禮部尚書入參機務。

今從明崇禎刻本卷二録奏疏一通，係論敕封琉球事，時當在萬曆三十一年左右。

（李夢生）

# 李文節集

## 乞罷使琉球疏

奏爲航海封夷艱危煩擾，懇乞聖明斷行初旨，以尊安中國事。

臣切惟琉球繼襲必請册封，宣德間遣内監，其遣正使給事中、副使行人定于正統之年。近查得萬曆二十三年五月内，該福建撫臣許孚遠題，據琉球使者于灞等呈，琉球中山王世子尚寧父王殁，因關白擾害，以世子當國，乞奏請封。該撫臣孚遠議，遣使臣一員，賫敕到福建省城，聽其差官面領，或遣慣經海濤武職一員，同彼差官前去。該部覆從頒領爲便等因。奉聖旨：「琉球襲封待其世子具表申請，你部裏具題，遣官頒封福建省城，聽彼國使臣面領。」欽此。又查得萬曆二十八年正月内，尚寧具表請封，隨據差來長史鄭道等稟稱，乞照舊遣官，該部覆仍頒領爲便等因。奉聖旨：「琉球世子尚寧請封，具見恭順。但該有通國印結及世子特具表文，方見敬順天朝。行與他知，其差官一節，陪臣既來敦請，著選慣海廉勇武臣一員，同他請封使臣前往行禮，不必採木造船，以滋煩費，亦不許多帶人役，騷擾彼國，有失朝廷柔遠至意。餘依擬。」欽此。又查得萬曆二十九年九月内，尚寧進貢，乞差文臣等因。該部覆，奉聖旨：「尚寧准襲封琉球國中山王，既遣官懇請，照舊差文官去。」欽此。

臣切惟琉球一封，明旨三易，而頒封則初旨也，繼因其貇而遣武臣，繼又因其貇而仍遣文臣，於是遣給事中洪瞻祖、行人王士楨，令待海寇寧息，渡海行禮。及瞻祖丁憂，改遣右給事中夏子陽。二使銜命至閩，伺警待渡二年餘矣。今年三月内，該福建按臣方元彦會同撫臣徐學聚疏，爲海氛未息，國體當重，乞慎封使之役，以隆君命，以綏遠夷事。揭到臣部，大略言，倭奴出没不常，薩摩紅番叵測，而閩去琉球萬里，匝月始通，以一舟而數百命之安危，隨之以二使，而中國之體統繫之，請遣武臣，今次暫駕成舟，或附彼舟以往，免採造之役。疏上月餘，未奉旨下部。蓋撫按目擊甚真，而所爲君命國體、外夷内地計者甚周悉矣。而臣愚見，切以爲莫若初旨之直截頒領之省便。何者？海與江河不同，外海與内海不同。浪大如山，波迅如矢，風濤洶湧，極目連天，無處可泊，數百人以一舟爲命，至危也。琉球東隔葉壁山即爲倭國，天使館去倭使館不二里而近，况海外諸夷不知若干國，率浮游海中，剽刼殺戮，至不測也。使臣之舟木必合抱，造必數年，及舟成定艫，猶有壞裂重造，如丁丑之事。即昨撫臣移臣書言，舟成矣，獨一桅無處可覓，蓋採造一節至不易也。舟設桴翼，造水帶，至載棺而函銀牌於棺，首書云某使臣棺，令見者收而瘞之，至不祥也如此，而使給事、行人天子之近臣，冒萬死一生以榮海外之裔夷，不亦可已乎？即武臣亦臣也，若不採造而與之一葦，分明棄之魚腹中矣。况且欲擇廉勇者，有此武臣，不以干城禦侮，而使冒萬死一生，以榮海外之裔夷，又不亦可已乎？夫尚寧以戊子嗣位，雖未請封號，而王其國者若而年矣。國體使臣關繫匪輕，非萬不可已不必行，非萬無一失不宜遣。萬一海若爲難，有問諸水濱者；萬一或敢侮予，有委嘉貺於草莽者；萬一彼國將迎稍有不虔，何以處之？其爲國體之傷，君命之辱，亦不小矣，寧獨有司採造之累，彼國供億之難也。先臣刑部尚書鄭曉《吾學編》有云，海島之夷勤我封使往來，禮歟？四夷來王，八蠻通道，未聞有報使焉。然則領封可乎，奚爲而不可也。夷官請命于京師，使臣致命于海上，兩得之矣。鄭曉此言，良獨有見。藉令當年建白，在先朝亦必變通。臣伏誦初旨，善繼善述，所惜者成命中移，而所幸者使航未發也。臣今請斷行初旨，一舉文武臣之遺而罷之。自古明王以無事治天下，計中國便否耳，於外夷何有哉？伏惟聖明省覽按臣之琉，裁察愚臣之言，臣不勝云。

奉聖旨：册命已頒，使臣久出，無中止之理。禮部便行該省撫按，作速完造海艘，令差去二員渡海竣事，以昭大信。仍傳諭彼國，以後令其領封海上，著爲定規。

# 大明會典

〔明〕申時行等　修

# 校點説明

《大明會典》二百八十卷，明申時行等修，趙用賢等撰。作爲官修書，《大明會典》集歷朝典章制度彙輯成編，依各部職責分類。其中有關外夷内容，大多是通用規定，本書在輯録時僅對其中專門針對琉球部分予以鈎摘，主要是禮部對琉球貢使接待方面的相關内容。

本書所輯，據上海古籍出版社《續修四庫全書》影印本。

（秦　潔）

# 大明會典

**卷三十九　户部二十六廪禄二廪給**

琉球、安南、占城、朝鮮國差來使臣，支廪給。

**卷七十二　禮部三十宴禮・大宴禮**

宣德八年，命朝鮮、黑婁、琉球陪臣列千殿内東西班後侍坐。

**卷七十三　禮部三十一大宴樂**

琉球舞四人，皆服綿布花手巾，青羅大袖襖子，銅帶，白硍光絹間道踢袴，皂皮鞋。

**卷一百四　禮部六十二教坊司録應樂舞**

舞畢，奏樂，奏撫安四夷之舞。引舞樂工二人，歌工四人，樂工十七人，高麗舞、琉球舞、北番舞、回回舞各四人。舞畢，奏三奏感帝德之曲。

**卷一百五　禮部六十三主客清吏司朝貢一・東南夷上**

《祖訓》列不征諸夷，朝鮮、日本、大小琉球、安南、真臘、暹羅、占城、蘇門答剌、西洋、爪哇、彭亨、百花、三佛齊、浡泥，凡十五國。職掌所載，又有瑣里、西洋瑣里、覽邦、淡巴、須文達那諸國，與《祖訓》稍有不同。洪武初，分遣使臣奉詔往諭諸番，以平定四海之意，多隨使來朝貢者。八年，諭安南、高麗、占城等國，每三年一朝貢，國王嗣立則世見。永樂中數有事于西洋，遣中使以舟師三萬，齎金帛諭賜之，隨使朝貢者十有六……

琉球國

《祖訓》：「大琉球國朝貢不時，王子及陪臣之子皆入太學讀書，禮待甚厚。小琉球國不通往來，不曾朝貢。」按：琉球國有三王。洪武初，中山王察度、山南王承察度、山北王帕尼芝，皆遣使奉表箋貢馬及方物。十六年，各賜鍍金銀印。二十五年，中山王遣子姪入國學，以其國往來朝貢，賜閩人三十六姓善操舟者。永樂以來，國王嗣立皆請命册封，後惟中山王至，中山王世稱尚氏。諭令二年一貢，每船百人，多不過百五十人，貢道由福建閩縣。貢物：馬、金銀酒海、金銀粉匣、瑪瑙、象牙、螺殼、海巴、擢子扇、泥金扇、生紅銅、錫、生熟夏布、牛皮、降香、木香、速香、丁香、檀香、黄熟香、蘇木、烏木、胡椒、琉黄、磨刀石。

右象牙等物進收，硫黄、蘇木、胡椒運送南京該庫，馬就於福建發缺馬驘站走遞，磨刀石發福建官庫收貯。

**卷一百八　禮部六十六主客清吏司朝貢四**

凡交通禁令，各處夷人朝貢領賞之後，許於會同館開市三日或五日，惟朝鮮、琉球不拘期限。俱主客司出給告示，於館門首張掛，禁戢收買史書及玄黄、紫皂、大花、西番蓮段疋，并一應違禁器物。各鋪行人等將物入館，兩平交易。染作布絹等項，立限交還。如賒買及故意拖延、騙勒夷人久候不得起程，并私相交易者問罪，仍於館前枷號一箇月。若各夷故違，潛入人家交易者，私貨入官，未給賞者量爲遞減。通行守邊官員不許將曾經違犯夷人，起送赴京。

凡會同館内外四鄰軍民人等，代替夷人收買違禁貨物者問罪，枷號一箇月，發邊衛充軍……凡貢回定限，萬曆七年議准，分爲三等：朝鮮國朵顔等衛、女直，限一箇月零十日；安南、琉球、暹羅各國，陝西大崇教、大能仁、崇隆、慧濟、扯巴等寺，岷、洮及莊浪等處，四川金川寺、加渴瓦寺、長河西、雜谷、長寧、達思蠻等處，各番僧番族，限一箇月零二十日；四川烏思藏番王，董卜韓胡、番僧、寨官人等，陝西贊善王，弘化、浄寧等寺番僧，土魯番、天方國、魯迷、哈密等夷，罕東等衛，限兩箇月。

**卷一百十一　禮部六十九給賜二外夷上**

琉球國。洪武十六年，賜國王文綺等物，山南王亦如之。後賜中山王、山南王、山北王紵絲、紗羅、冠服，王妃紵絲、羅，王姪、王相、寨官絹公服。後又回賜國王錦四段，紵絲、羅各六疋，紗八疋。王妃錦二段，紵絲、紗各四疋。差來王舅綵段四表裏，羅四疋，紗帽一頂，鈒花金帶一條，織金紵絲衣一套，靴韈各一雙。長史、使者每員綵段二表裏，摺鈔綿布二疋。通事每員綵段一表裏，摺鈔綿布二疋。從人每名摺鈔綿布二疋。留邊使者、通事、從人賞同。正貢外附來賞物，官抽五分，買五分。

**卷一百十三　禮部七十一給賜四給賜番夷通例**

凡番貨價值，弘治間定，回回并番使人等，進貢寶石等項，内府估驗定價例：赤金每兩直鈔五十貫，足色銀每兩十五貫，錫每斤五百文，琉球八貫。鐵每斤三百文，腰刀每把三貫，番弓每張二貫，番箭每枝一百文，鶴頂每箇一貫，玳瑁盒每箇一貫，玳瑁盂每箇一貫，珊瑚枝每斤三十貫，珊瑚珠每兩二貫，大玻瓈瓶椀每箇三貫，小玻瓈瓶椀每箇二貫，玻瓈燈甌每箇二貫，粟米珠每兩五貫，象牙每斤五百文，暹羅十貫。　翠毛每斤三百文，古剌水内大合一貫，小合五百文，回回石青每斤一貫，烏爹泥每斤五百文，油血石每兩二貫，番砂每斤二百文，膽礬每斤二貫，妥剔牙每斤一貫，黄蠟每斤五百文，雄黄每斤五百文，阿魏每斤二貫，蓽茇每斤二貫，没藥每斤五貫，滿剌加十貫。　肉荳蔻每斤五百文，暹羅白荳蔻十貫。　荳蔻花每斤五百文，蓽澄茄每斤一貫，悶蟲藥每斤二百文，大楓子每斤一百文，暹羅十貫。　木鱉子每斤三百文，血竭每斤一十五貫，龍涎每兩三貫，蘇合油每斤三貫，乳香每斤五貫，暹羅四十貫。　沈香每斤三貫，速香每斤二貫，丁香每斤一貫，木香每斤三貫，金銀香每斤五百文，降真香每斤五百文，暹羅十貫。黄熟香每斤一貫，暹羅十貫。　安息香每斤五百文，梔子花每斤一貫，丁皮每斤五百文，暹羅二貫。　蘇木每斤五百文，琉球十貫，暹羅五貫。　烏木每斤五百文，暹羅、滿剌加俱四十貫。　紫檀木每斤五百文，胡椒每斤三貫，琉球三十貫，暹羅二十五貫，滿剌加二十貫。　鹽每斤一百文，藤竭裹襄每斤一貫，夕牙吸答納每斤五百文，八的阿納每斤四百文，三額阿剌必每斤五百文，別模剌每斤五百文，厥枯露每斤二百文，加定每斤五百文，哈都味思每斤五百文，阿思模達塗兒氣每斤五百文，蘇麻達每斤二百文，花氈單每條一十貫，大花手巾每條二貫，小花手巾每條一貫，絲手巾每條二貫，紅紋節知被每條五貫，苾布每疋一十五貫，撒哈剌每疋一百貫，兜羅布每段一十貫，油紅布每段一貫五百文，青布每段一貫五百文，花布每段一貫，暗花打布每段一貫，沙連布每段一貫，青查禮布每段一貫，加籠宜布每段一貫，烏連布每段一貫，勿那朱布每段一貫，各樣麤布每段一貫。　日本國附進刀劍，每把鈔三貫，内一分與錢，九分支絹。　每鈔一百貫，該絹一疋。其名檀香，每十斤銀一兩，摺錢七百文。暹羅、滿剌加檀香，俱每斤鈔十貫。暹羅藤黄，每斤鈔十五貫。紫莖，每斤鈔三十貫。琉球、暹羅、滿剌加每鈔二百貫，摺絹一疋。

**卷一百十四　禮部七十二精膳清吏司膳羞一・筵宴**

管待番夷土官筵宴

凡諸番國及四夷使臣土官人等進貢，例有欽賜筵宴一次、二次。禮部預開筵宴日期，奏請大臣一員待宴，及行光禄寺備辦，於會同館管待，教坊司用樂，鴻臚寺令通事及鳴贊供事，儀制司領宴花，人一枝。若使臣數多，分二日宴。如遇禁屠齋戒，移後三四日舉行。回還之日，差官伴送，沿途備辦飯食，經過去處，茶飯管待，各有次數，許鎮守總兵或三司，或府衛正官二三員陪席。

朝鮮國筵宴二次，宣德三年，使臣回還，薊州永平府茶飯管待。

占城國、琉球國、爪哇國、暹羅國各筵宴二次，使臣回還，至廣東，布政司茶飯管待一次。

**卷一百十五　禮部七十三精膳清吏司膳羞二・下程**

朝鮮國、安南國、占城國、琉球國、爪哇國、暹羅國各下程一次。朝鮮等國每五人，琉球國每十人，羊、鵞、雞各一隻，酒十瓶，米五斗，蔬菜廚料。朝鮮國加果子茶食各四般，柴炭各二百斤，暹羅國加酒十瓶……

萬曆四年，題准朝鮮、琉球、暹羅、安南差來使臣下程，除欽賜及常例日支外，每三人五日加給鵞一隻，雞二隻，酒四瓶，米一斗，果子五斤，隨從人等不加給……

凡使臣進貢，沿途關支廩給口糧，回還亦如之。惟朝鮮、占城、琉球、爪哇、暹羅、滿剌加、日本、錫蘭山、迤北、哈密、瓦剌、撒馬兒罕、土魯番使臣回還，沿途除廩給口糧外，仍日支下程一處。朝鮮等入國并迤北每人肉半斤，酒半瓶，哈密等每十人羊一隻，酒二瓶半。

**卷一百十七　禮部七十五南京禮部儀制清吏司**

凡琉球國起送陪臣子弟赴南京國子監讀書習禮，本部轉行各該衙門供給廩米、柴炭及冬夏衣服。回國之日，差通事伴送至福建回還。

**卷一百四十八　兵部三十一驛傳四·應付通例**

一、朝鮮國使臣，支廩給，應付下等馬一匹。安南、琉球、占城等國使臣，支廩給，應付驛驢、站船或馬快、船隻。凡諸國從人，俱不支米。陸路應付驛驢各一頭，水路本使船内帶去其賞賜物件，驗包撥車……

凡琉球國貢使回還，隆慶五年題准，自京至徐州給馬匹車輛，徐州至福建給船隻，中經常山、玉山等處不通舟車者，照扛給夫。

**卷二百八　工部二十八南京工部虞衡清吏司**

凡琉球國就學官生、人伴衣服鋪陳，俱本司料造。

**卷二百八　工部二十八南京工部屯田清吏司**

琉球國就學官生，每名日支柴五斤，炭二斤。

**卷二百二十　國子監南京國子監**

凡日本、琉球、暹羅諸國官生，洪武、永樂、宣德間俱入監讀書，賜冬夏衣、鈔、被、靴襪及從人衣服。成化、正德中，惟琉球官生有至者，或五名，或三四名，俱入監。

**卷二百二十三　欽天監**

九年，令以十月初一日進曆，頒賜百官。凡頒曆後，各王府差人於内府司禮監關領。其内府各衙門亦於司禮監給散。如琉球、占城等外國，正統以前，俱因朝貢，每國給與王曆一本，民曆十本。今常給者惟朝鮮國王曆一本、民曆一百本。

# 綸扉奏草

〔明〕葉向高　撰

# 校點説明

《綸扉奏草》三十卷，明葉向高撰。

葉向高（一五五九—一六二七），字進卿，號臺山，福建福清人。萬曆十一年（一五八三）進士，歷官左庶子、吏部侍郎，三十五年（一六〇七）進禮部尚書兼東閣大學士，天啓間任首輔。著有《蒼霞草集》、《説類》等。

此次從明天啓刊本卷十七録揭一通。萬曆三十七年（一六〇九）薩摩入侵琉球，擄走國王，旋放歸，明廷以「琉球新經殘破，財匱人乏」爲由，令其十年後入貢。此揭係萬曆四十年針對琉球仍入貢到閩所上奏本。

（李夢生）

# 綸扉奏草

## 琉球入貢揭

蒙發福建巡撫丁繼嗣一本，爲琉球封貢事。此本曾於夏間來奏，已經部覆催請兩次擬上，俱未蒙發，今又來催前疏。臣聞琉球已爲倭奴所併，其來貢者半係倭人，其所貢盔甲等亦係倭物，蓋欲假此爲窺伺中國之謀，心甚叵測。茲巡撫疏中言，倭將明檄琉球，挾其代請互市。又聞浙亡命郭安國亦寄書其家，暗指入犯之期。其檄與書語多狂悖，巡撫不敢上聞，而抄以寄臣。東南之事甚爲可憂，乃夷使又未奉明旨，地方官無憑發遣，覊留日久，非但窺見内地之虛實，且將謂朝廷百事遲延，奏請不報，益長其驕慢之心而速其猖狂之舉矣。今北虜未寧，四川又在告急，加以東南再有倭警，轉餉募兵，將大騷動。而又在在空虛，束手無措，其將何以應之？臣謹將此疏即據日前部覆擬上，伏望聖明即賜批發，使地方官得以奉行，其於銷萌弭變，所關非淺鮮矣。

萬曆四十年十一月十二日。

# 盟鷗堂集

〔明〕黄承玄 撰

# 校點説明

《盟鷗堂集》三十卷，明黄承玄撰。

黄承玄，字履常，號與參，浙江嘉興人。萬曆十四年（一五八六）進士，歷官工部主事、福建巡撫。除文集外，尚著有《河漕通考》等。

茲從明天啓刊本卷一録奏疏一篇，所奏爲琉球遣人來報倭情事。據《歷代寶案》第一集卷八所録福建布政使司咨，知本奏呈於萬曆四十四年（一六一六）。

（李夢生）

盟鷗堂集

## 題琉球咨報倭情疏

題爲飛報琉球船隻事。據福建按察司巡視海道副使韓仲雍呈，本年四月二十七日，奉臣令牌，據北路參將劉思祖稟報，琉球國通事官蔡廛稱，彼國有日本七島夷人來説，各島見在造船，欲收小琉球。彼國王慮風色不常，流突中國，令其先行馳報，亟請投畢咨文，領有回照，趁風極早歸國等情，據此，合行查審備牌仰道，即便差官速取通事蔡廛及有職役夷人一名，伴送前來，面審緣由。速報，奉此。案查先據小埕寨把總劉承慶報稱，本月二十三日據捕盜周龍報稱，本日寅時瞭見進嶼外洋有異船一隻駕駛，查係琉球人衆，旗懸「報倭」二字，攔在長澳外海拋泊，飛報到職。該職親自駕船到彼，據通事蔡廛手執執照一張、咨文一角，吐報在船人衆止十七名。隨蒙北路劉參將巡汛到寨，令職督兵，日夜防範，不許夷人登岸等情備報到道。隨行福州府海防官，督行水陸官兵及沿海衛縣印官，各加謹防範，毋令擅入内地及潛自登岸外。今差把總龔默齋文着落小埕寨該總將通事官蔡廛并隨帶夷伴來福、他魯共三員名，差哨官護送前來，轉送本院譯審，及將咨文、執照令赴布政司拆驗去後。又奉臣批，據布政司呈，爲馳報倭情，以防中外事。本年五月初一日，准琉球國中山王尚寧咨稱，今特遣通事蔡廛捧咨文一通，前赴貴司告投。切以蕞爾藩邦，自太祖高皇帝准貢以來，二百餘年，仁恩極天之大，故父子之國，情同一體，唇齒之地，勢實相聯。痛昔倭寇肆毒侵害，舉國君臣素蒙天朝卵翼之恩，銘心感記。邇聞倭寇造戰船五百餘隻，本年三月内協取雞籠山等處。竊思雞籠山雖是外島野夷，其咽喉門户，有關閩海居地，藉令肆虐鷄籠，則福省之濱海居民焉能安堵如故？寧忝藩臣，屢蒙君父聖恩，宜先移咨，火速奏報，以憑裁取。雖天朝備禦之有方，亦防微杜漸之長策等因，准此。看係緊急夷情，合就呈報等緣由。奉批：屬夷告警，飭備宜嚴，仰巡海道速行查議報。又奉臣令牌，仰道速行沿海各道路將海防備總等官，嚴督哨兵，遠出偵探，分布要害，加謹隄備等因，奉此。案查先奉臣批，據泉州府海防官呈報，紅毛番有大船六隻、小船十隻，于正月十六等日來到吕宋攔把港口，候打洋船貨物。幸吕宋國王討船與洋商林懷貴等先回報知各商，不得再往等情。又據銅山寨把總汪伯泓報稱，三月十七日督兵于廣東赤澳遇三賊船，攻沉斬級，獲賊擄盧十二等，合夥往販日本唧野沙機、長旗港等處。又稱琉球降伏日本，倭王造船二十餘隻，挑選倭衆奪占東番山，意在互市等情，批道已經差官前往偵探，及通行加謹防範隄備各去後。今奉前因，看得倭號桀黠，而其洲嶼地脉陰相聯亘于鯨波鮫宫之中。北則借徑對馬島可窺朝鮮，是向來平酋所經營也。南則歷薩摩博多度大琉球國，是國乃天朝素所親厚寵禮，欲以斷日本右一臂者，而近年已摺入于倭，疆理其畝，使吏治之矣。稍南則鷄籠、淡水，俗呼小琉球焉，去我臺礵東湧等地不過數更水程。又南爲東番諸山，益與我彭湖相望。此其人皆盛聚落而無君長，習鏢弩而少舟楫。儻令倭奴遂得裝艦率徒，以下琉球之餘勁，撫而有之，偵我有備則講市争利，乘我偶瑕則闌入攻剽，閩及浙廣之交，終一歲中，得暫假其枹燧乎？本道治兵泉州，曾結正私度東番捕採葉德等一獄，而因知倭有鳥尾數船，時時收買鹿獐錦魴等皮于番中及領海道，又斥絶妄援三十八、九年例，請添給淡水洋引之陳文陽輩，而益疑閩有奸民，必將勾引倭奴接濟貿易于此港，今果見萌兆矣。或謂琉球警報徒借倭事以相恐嚇，且温貢道以示款誠，而不必有是情實。然未雨綢繆乃完，不虞預備何害。儻匪茹之謀果真，則必勝之畫宜定。先之文告，令彼夷衆自堅；繼以濟師，使我聲靈遠暢。籬落故難置諸度外，飛走正自羅在目中。其原來通事夷伴似應一面具題，以伸屬國效順之義，一面犒賚發回，以示天朝軫恤之意。仍請咨會浙直、廣東軍門，戒嚴隄備，恐有風勢衝突，并各計會資糧，整搠船兵，以備臨期犄角，共收掃蕩膚功等因，具呈到臣。該臣會同巡按福建監察御史李覆看得，倭酋狡謀非一日矣。服中山以爲役，餌吾民以爲用，市吾舟以爲資，包藏禍心，由來有漸。而薦食上國，羽翼既成，故臣自入閩受事以來，夙夜拮据，無日不討軍實而申儆之。蓋逆知豺狼之不可邇，而宴安之不可懷也。今果以協取鷄籠見告矣。夫倭豈真有利於鷄籠哉？其地荒落，其人鹿豕，夫寧有子女玉帛可中倭之欲也者，而顧眈眈伺之也。蓋往者倭雖深入，然主客勞逸之勢，與我不敵也。今鷄籠實逼我東鄙，距汛地僅數更水程，倭若得此而益旁收東番諸山，以固其巢穴，然後蹈瑕伺間，惟所欲爲。指臺礵以犯福寧，則閩之上游危；越東湧以趨五虎，則閩之門户危；薄彭湖以瞷泉、漳，則閩之右臂危。即吾幸有備無可乘也，彼且挾互市以要我，或介吾瀕海奸民以耳目我。彼爲主而我爲客，彼反逸而我反勞，彼進可以攻，退可以守，而我無處非受敵之地，無日非防汛之時，此豈惟八閩患之，兩浙之間恐未得安枕而卧也。及查倭之入閩，必借徑取水於南麂而後分艅南發，西北風則徑指鷄籠諸島，東北風則慮右突福寧。故南麂實上游之要衝，前撫臣金學曾曾請改設副總兵於此，如南澳故事，誠見及此也。若過南麂直下獵外洋，以趨鷄籠，則我臺礵、東湧之哨或遠不及偵，即偵及之，而一哨舟兵勢難望番遠躡，又不敢輕撤烽火、嵛埕諸哨舍門户而預逆之籓籬也。聞警之後，臣業檄南中二路，各借調十舟協防北路，而復移咨浙撫，亟督温、處將領，設備南麂。但隔省望援，一時未能使臂，而千里徵發，往返未必如期。容再伺其緩急，以爲之備耳。若夫琉球之告有謂借以相恐喝者，有謂假以温貢道者，又有謂中山不能自專，直狡倭遣以窺我虚實者，臣不能逆覩，抑不必深求。總之，倭必不能一日忘我，毋問屬夷之告不告也；我必不可一日忘備，毋問倭夷之來不來也。今日備倭之策，凡臣所得爲者，容臣次第條畫上請，仍乞明旨通行申飭浙直、廣東等處督撫諸臣，一體嚴行沿海將吏，務各加謹偵探修備，即倭夷卒至，在我已得勝筭，可收掃蕩之功矣。

# 五雜組

〔明〕謝肇淛 撰

# 校點説明

《五雜組》十六卷，明謝肇淛撰。

謝肇淛（一五六七—一六二四），字在杭，福建長樂人。萬曆二十年（一五九二）進士，歷官湖州推官，工部主事、郎中，雲南布政使司左參政、廣西左布政使。著有《小草齋文集》、《滇略》等。《五雜組》分天、地、人、物、事五部，按類考録歷代典實，尤注重當時朝事及鄉邦掌故，爲後世所重。

本書所録輯自上海書店出版社二〇〇一年《歷代筆記叢刊》本卷四《地部二》，涉及琉球朝貢、風俗、册封等事。

（李夢生）

# 五雜組

元之盛時，外夷朝貢者千餘國，可謂窮天極地，罔不賓服，而惟日本崛强不臣，阿剌罕等率師十萬往征，得返者三人耳。國朝洪武初，四夷王會圖共千八百國，即西南夷經哈密而來朝者三十六國。永樂中，重譯而至又十六國，其中如蘇禄、蘇門答剌、彭亨、瑣里、古里、班卒、白葛達、吕宋之屬二十餘國，皆前代史册所不載者，漢、唐盛時所未有也。然其中惟朝鮮、琉球、安南及朶顔三衛等，受朝廷册封，貢賦惟謹，比於藩臣，其他來則受之，不至亦不責也，可謂最得馭夷之體。

琉球國小而貧弱，不能自立，雖受中國册封而亦臣服於倭，倭使至者不絶，與中國使相錯也。蓋倭與接壤，攻之甚易，中國豈能越大海而援之哉？其國敬神，以婦人守節者爲尸，謂之女王，世由神選以相代云，自國王以下莫不拜禱惟謹。田將穫，必禱於神，神先往，采數穗茹之，然後敢穫，不者，食之立死，禦災捍患，屢顯靈應。中國使者至，則女王率其從二三百人，各頂草圜，入王宫中，視供臆厨饌，恐有毒也。諸從皆良家女，神特攝其魂往耳。中國人有代彼治庖者，親見神降，其聲嗚嗚如蚊焉。

封琉球之役，無不受風濤之險者。萬曆己卯，予從祖大司農公杰以大行往，至中流，颶風大作，雷電雨雹一時總至，有龍三倒挂於船之前後，鬚捲海水入雲，頭角皆現，腰以下不可見也。舟中倉皇無計，一長年曰：「此來朝璽書耳。」令扶使者起，親書「免朝」示之，應時而退。天子威靈，百神效順，理固有不可誣者，若非親見，鮮不以爲妄矣。至丙午夏，給事子陽往，其險尤甚。先是，舟側一巨魚狎擾不去，舟人謂可膾也，餌而獲之，其大專車，未及下筯而風濤大作，舵裂桅摺，自分必死矣，盡舟中所得寶物投水中，僅得免。有金香爐百餘，兩宮中祀天之用，亦爲中國取去，至是盡入水府矣。琉球小而貧，雖受中國册封爲榮，然使者一至其國，誅求供億，爲之一空，甚至后妃簪珥皆以充數。蓋從行者携貨物往而高貴其售直也。然向者皆嚴行禁約，少知斂戢，至丙午，稱狼藉矣。聞其國將請封，必儲蓄十餘年而後敢請。堂堂天朝，何忍以四夷爲壑，而飽駔獪之欲哉？可爲長太息者此也。

往琉球海道之險倍於占城，然琉球從來無失事者，占城則成化二十一年給事中林榮、行人黄乾亨皆往而不返，千餘人得還者麥福等二十四人耳。蓋亦物貨太多，而不能擇人故也。

# 湧幢小品

〔明〕朱國禎 撰

# 校點説明

《湧幢小品》三十二卷，明朱國禎撰。

朱國禎（?—一六三二），字文寧，號平涵，烏程（今浙江湖州）人。萬曆十七年（一五八九）進士，歷官祭酒、禮部尚書，官至文淵閣大學士。另撰有《皇明史概》一百二十卷。

《湧幢小品》所記涵蓋極廣，幾乎無所不包，《四庫全書總目》云其「在明季説部之中，猶爲質實」，然「貪多務得，使蕪穢汩没其菁華」。

本書輯録自上海古籍出版社二〇〇五年《明代筆記小説大觀》王根林校點本卷三十，記陳侃等出使琉球等事。

（李夢生）

# 湧幢小品

## 差往海外

琉球一差，最爲煩費。嘉靖間，給事中陳侃、行人高澄之奉使也，以壬辰夏五月；其行也，以甲午四月。萬曆初年，給事中蕭崇業、行人謝杰之奉使也，以丙子秋九月；其行也，以己卯夏五月。巨艦造作，文移來往，非經年不能成。桅木尤艱，丁丑歲造成，復破。一造費可九千金，官吏從人餼廩不與焉。及到國，日有饋，旬有問安，月有筵宴。隨從四五百人，淹留四五月，糧食犒賞，不可勝計。故《吾學編》有彼國遣陪臣至省城領封之説。

萬曆三十年壬寅當封，吾師許敬庵申請於朝，允領封之説，不從。次年，遣給事中夏子陽、行人崔德，丙午年方歸。夏，余同年生，相厚，駐閩，與撫臣徐學聚抵牾，徐困之，月給十金爲費，交章不休。

出使琉球所用舟，其形制與江河間座船不同。座船上下適均，出入甚便。坐其中者，八窗玲瓏，開爽明睿，真若浮屋然，不覺其爲船也。此則艙口與艙面平，官艙亦止高二尺。深入其中，上下以梯，艱於出入。面雖啓牖，亦若穴中之隙。所以然者，海中風濤甚巨，高則衝，低則避也。前後艙外，猶護以遮波板。高四尺許，長一十五丈，闊二丈六尺，深一丈三尺，分爲二十三艙。前後竪以五桅，大桅長七丈二尺，圍六尺五寸，餘者以次小而短。舟後作黄屋二層，上安詔敕，中供天妃。舟之器具，舵用四副，其一見用，其三防不虞也。櫓用三十六枝，風微逆，或求以人力勝，備急用也。大鐵錨四，約重五千斤。大椶索八，每條圍尺許，長百丈，惟船大，故運舟者不可得而小也。艕船二，不用則載以行，用則藉以登岸也。水四十櫃，海中惟甘泉爲難得，勺水不以惠人，多備以防久泊也。通船以紅布爲圍幔，五色旗大小三十餘。而刀槍弓槍之數，多多益辦，佛郎機亦設二架，凡可以資戎事者靡不周具。正副使各用一船，後從陳侃之奏，共一船。

# 萬曆野獲編

〔明〕沈德符　撰

# 校點説明

《萬曆野獲編》三十卷，補遺一卷，明沈德符撰。

沈德符（一五七八—一六四二），字景倩，一字虎臣，浙江嘉興人。萬曆四十六年（一六一八）舉人。《萬曆野獲編》爲作者博採見聞所作，分門别類，舉凡典章制度之沿革、政教禮儀之興替，及秘聞異事、地理風俗，莫不收入，巨細畢舉，精核該博，向爲史家所重。

本書所録輯自上海古籍出版社《明代筆記小説大觀》楊萬里校點本卷三十《外國》及補遺《外國》，記册封琉球事及琉球國相程復回華事。

（李夢生）

# 萬曆野獲編

## 册封琉球

本朝入貢諸國，唯琉球、朝鮮最恭順，朝廷禮之亦迥異他夷。朝鮮以翰林及給事往，琉球則給事爲正，行人副之。琉球小國，最貧，其隨中朝奉使者，皆海上無俚游手，充中軍諸名色官，造船於閩，先奉檄行八府，指林索價，云此堪桅，此堪柁，滿欲飽橐，則又轉他郡，動經數年始成。其船廣不必言，深亦數丈，梯而下之，所貯皆麾下私貨。一至彼行禮畢，其王即遁去，懼爲天使諸役所需索，且責以償物價也。其往返有程，在途不過半年，而留閩必四五歲，奉使近臣與守土長吏，未有不成深仇者。近年夏鶴田黄門子良出使，以壬寅銜命，丁未復命，在閩時，適福州缺守，阮堅之自華以司理署篆，因公事相構，撫臣徐石樓學聚又不善調停，幾激大變。夏還，循例升太常少卿，以海中悸疾發，尋告歸不起，阮亦用前事謫去。當廷遣時，夏不當行，而其僚有不願去者，至穢詈禮官得免。夏以先上封事犯時忌，遂非次用之。往時，曾議置敕境上，令彼國來取，省費巨萬，似亦可行。

## 出使琉球得罪

刑科給事中陳傅，福建人，奉命使琉球，道過其家，未行，禮科都給事中章瑾劾傅閩人，地鄰琉球，當避嫌，乃朦朧給內府金織衣及鈔以往。上命使回治之，比及反命訊治，法司比盜內府財物律，當贖斬爲民，上命謫戍大同邊衛。此正統間事也。至嘉靖末年，浙之仙居人給事中吴時來，以奉命使琉球未行，疏劾嚴分宜下獄，以避遠差，詭托建言訊治，罪至遣戍。今上辛丑，省中有當使琉球者，其人亦浙之戊戌庶常也，時署宗伯爲其姻家，因恨怨相詈，始改遣夏子陽，而浙給事至乙巳大計，以不及謫外，遠差辭受，蓋俱不免云。

## 華人夷官

弇州紀琉球國相程復，以饒州人爲琉球相四十年，至年八十乞致仕歸故鄉，許之，命以相國兼長史賜四品服，以爲奇事。然正統元年更有爪哇國入貢使臣，名財富八致滿榮者，自稱福建龍溪縣人，姓洪名茂仔，取魚爲業，被倭虜去，逃至爪哇，爲改今名，遣充使進方物，今乞復業。上命給口糧脚力送還其家。正堪與程復作對。時爪哇同遣使臣名郭信，其國王名楊惟西沙，上賜特敕具海船遣回，并以永樂間真臘等十一國貢使附之同行。至正統三年，爪哇使臣亞烈馬用良、通事良殷、南文旦奏：臣等俱福建龍溪人，因漁飄墮其國，今殷欲與家屬同來者還鄉，用良、文旦欲歸祭祖造祠堂，仍還其國。上命殷冠帶還鄉閑住，用良、文旦但許祭祖，蓋援洪茂仔例也。弘治十年，又暹羅國通事奈羅自言爲福建清流縣人，因渡海飄至其國，今使回，便道乞展墓歸國，許之。至正德間，鄞人宋素卿爲日本國王婿，更異矣。

成化十三年，暹羅使臣坤祿郡謝提素英必、美亞二人入貢，其名美亞者，汀州士人謝文彬也，官拜岳坤，即中華學士。

# 棗林雜俎

〔明〕談遷 撰

# 校點説明

《棗林雜俎》六集十八門，明談遷撰。談遷（一五九四—一六五七），字孺木，海寧人。明末諸生，入清隱居不仕。除著有本書外，尚有《國榷》、《北遊録》等。

《棗林雜俎》多記史實典故，本書輯自中華書局標點本聖集「先正流聞」，記琉球學者對著名書畫家董其昌作品的看重。按董其昌書畫聞名海内外，琉球使者慕名而求，自是情理中事。然陳繼儒所撰董其昌行狀，有董其昌「請送歸海上飄來三十口琉球之遠夷」句（見《陳眉公先生全集》卷三十六），恐琉球使者之聞其昌之名，于此不無關係。又，清姜紹書《無聲詩史》卷四記琉球使者請書事更詳，今連類録之：

在禮部時，高麗進貢使詢知公名，以爲異事，蓋筆跡亦流傳彼中。夏子陽黄門使琉球歸，追請公書，以應琉球使人，曰彼國中所寶如白香山故事云。

（賀聖遂）

# 棗林雜俎

華亭董玄宰宗伯坐部堂上，朝鮮貢使謂爲異人。夏給事子暘使琉球歸，求董書貽其來使。

# 懸榻編

〔明〕徐芳　撰

# 校點説明

《懸榻編》六卷，明徐芳撰。

徐芳（一六一七—一六七〇），字仲光，號拙庵，别號愚山子，江西南城人。崇禎十三年（一六四〇）進士，官知州，明亡隱居不仕，另著有《松明閣詩選》等。

《懸榻編》爲雜記類著作，内容有論、序、雜説、傳記、題跋、異聞等。今從清康熙刊本卷四輯文一篇，中節引嘉靖間（文中言萬曆，誤）册封使李際春《海舟筆記》之内容。然郭汝霖、李際春使歸撰有《使琉球録》，未聞李際春有《海舟筆記》，而此引内容頗類志怪，恐是託名附會之言。

（李夢生）

# 懸榻編

## 海舟記

予覽《海南襍志》，載海中事多怪誕若不可信。而近行脚過雍丘大佛寺，主僧爲述其鄉先輩李公《海舟筆記》數事異甚，則近而可徵者，因識之。

李公諱某，萬曆中以給諫奉命使流球。未發，先造木牌數萬，上書欽遣事繇、日月，抛海中流去，俾得先事戒舟迎候。既開洋數日，遥見波中雙檣隱漾，高可十餘丈，從者大喜，曰：「彼國舟來迓矣。」有老柁工登高諦視曰：「非舟，此海蝦乘霽曝雙鬚也。」又踰日，遥見遠山漸近，蒼翠可愛，給諫命艤而登，舟子諦視，又報曰：「此處無山，蓋海魚晴日晒翅耳，疾退，毋犯其怒。」又行過一島，舟中人胥登岸散足，少頃風發，張帆去。遺一僕，舟發不可復返，僕臨崕大號，良久，有女子近身，慰曰：「無苦，此間有穴可同居也。」僕黽勉隨去，至一石巖，甚深絜，女進飦，狀如黄粟，香美特異。又時襍採山菓佐食。宵則同寢，一如伉儷。女子語言肌態盡類中土人，但體上微有青毛，因名毛女。踰年生一子。此島箐谷深杳，毛女日穿林獨往，戒僕勿從。僕無事亦時于島邊跂眺，冀海舟之復至。未幾給諫還過是島，念僕，命小泊，遣人登岸尋探。僕適于波間望見，號呼使近，遂得返，但倉卒不及挾毛女并遺其子。

給諫又于彼國中得古本《大學》所闕格致章，經文皆在，因熟誦之，又携一册寘篋中。一日舟急膠不動，波濤驟湧，柁工進曰：「此中必有海外異珍，不肯入中國者，搜擲毋緩。」給諫懼，盡將彼國所贈珍玩次第投棄，濤終不止。最後得篋中古本《大學》，曰：「豈此物乎？」自念已誦熟，併投之，其舟應手而穩。迨夜，給諫還憶所誦，則已不能得一字矣。蓋僧所記如此。語有之，「少所見多所怪」，西北人有官廣南守者，朝出望有物，鱗角霍霍，以爲龍也，拜之，不知巨蛇方捕鹿食之，狀若是也。以理言，蛇豈吞鹿之物哉？物之輕莫如蝶，海上人得之，其大若蒲帆，剥之得肉數十斤，味極美。使執經之士有不與數丈之蝦鬚，如山之魚翅，同笑而詆其謾者鮮矣。雖然，此不足道也。獨念格知圖文一章，世儒蠡測，紛紛未已，雖有紫陽補釋，而終未滿後人之意。乃何以中國不傳而海外傳之，又何以竟爲海物之所忮，必投擲之乃已，雖黽勉記憶，亦竟懵然不能得耶？豈紫陽之書其傳已久，不欲入而相軋，又豈中國人之機械澆詐，其于海外，子輿氏所棄而不屑教也耶？

# 外國竹枝詞

〔清〕尤侗 撰

# 校點説明

《外國竹枝詞》一卷，清尤侗撰。

尤侗（一六一八—一七〇四），字同人，更字展成，號悔庵，晚號艮齋、西堂老人，江蘇長洲人。康熙十八年（一六七九）中博學鴻辭科，授翰林院檢討。著有全集五十卷，餘集七十卷及《鶴棲堂集》十卷等。

尤侗與修《明史》，纂《外國傳》十卷，遂以竹枝詞咏外國風俗地理，凡一百首，附土謠十首，頗多風趣，然非親歷，亦多附會。

本書據《龍威秘書》本録詠琉球詩二首。

（張　喆）

# 外國竹枝詞

## 琉球

歡會門中蘆扇開，美姬含米上行盃。金簪長史雍容甚，鼓篋新從太學來。

門名歡會，以金葫蘆團扇爲儀衛。美姬含米造酒，名曰米奇。官皆金簪，子弟入國子監讀書，歸爲長史。

布帽毛衣曳珮璫，雙雙纖手繡鴛鴦。女君曉入奉神殿，舞也婆娑歌滿堂。

婦人以羅紋白布爲帽，雜毛爲衣，螺爲飾，下垂小具，其聲如珮。以墨黥手爲花鳥之形。有奉神殿，神以婦人爲尸，名女君，三四百人各戴草圈，攜樹枝，乘騎入王宮遊戲，一唱百和，音甚哀慘。

# 池北偶談

〔清〕王士禛 撰

# 校點説明

《池北偶談》二十六卷，清王士禛撰。

王士禛（一六三四—一七一一），字子真，又字貽上，號阮亭，別號漁洋山人，山東新城（今桓臺）人。順治十五年（一六五八）進士，歷官揚州推官、户部郎中、刑部尚書。著名文學家，論詩標舉神韵，著有《帶經堂集》、《居易録》等。

《池北偶談》分談故、談獻、談藝、談異，記述了有關典章制度、名人佚事、時人神怪，内容繁富。

本書所録輯自中華書局一九八二年靳斯仁點校本卷二《談故二》及卷十八《談藝八》，所記册封外國事，一爲汪楫在琉球得《世纘圖》事，一爲琉球僧所作詩事。《池北偶談》卷二尚有「琉球入學」一則，内容即本集成所收《琉球入太學始末》而簡；卷十八有「林舍人使琉球詩」一則，已輯入林麟焻《琉球竹枝詞》，故於此不録。

（李夢生）

# 池北偶談

## 外國封使

國朝聲教之遠，梯航至者數十國，而受封遣使者惟安南、琉球二國。安南又凡三遣：始則康熙三年諭祭黎維禔，奉使者侍讀學士程芳朝。繼則康熙五年册封黎維禧，奉使者編修吴光也。六年八月維禧逐都統使莫元清，奪其諒山高平地，元清奔皈朝，兩廣守臣以聞。七年遣使宣諭，則侍讀李仙根、職方主事楊兆傑爲正副使。琉球封王：順治中遣給事中張學禮、行人王垓爲正副使，居閩數年，罷歸。康熙初復遣，時張已改御史，王已遷户部郎中矣。康熙十二年暹羅請封，上以海道窵遠，令以敕印付其使臣帶往，於事理甚便，而亦不失柔遠之體。按嘉靖二十年降安南國爲安南都統使司，仍以莫登庸爲都統使。國初定粤，莫敬耀來歸，未受爵，卒，授其子元清都統使。黎維禔亦來歸，未受封，卒，子維禧立，康熙五年册封維禧安南國王。康熙二十一年琉球、安南復入貢，遣編修孫卓、儀制司郎中周燦往安南，檢討汪楫、中書舍人林麟焻往琉球。二十三年暹羅復入貢云。

## 琉球世纘圖

琉球國，或云流求，或云留求，自元已前不通中國，明洪武五年中山王察度始遣使入貢，入本朝爲屬國，職貢不絶。然紀載諸書，不詳其世次。予門人汪翰林舟次檝使琉球歸，作《中山沿革志》進呈御覽。云世系沿革，彼國有厲禁，秘不以告。多方購得琉球《世纘圖》一卷，令譯者以漢文釋之。知其國自南宋始稱王，元延祐間國分爲三。中山、山南、山北。明宣德時，復合爲一。明初，山南王承察度、山北王帕尼芝亦遣使入貢受封。自宋及今，代已四易，所謂姓歡斯者無據；謂皆尚姓者，亦非也。《世纘圖》載之如左：

大琉球國中山王舜天以來《世纘圖》：舜天、舜馬順熙、義本、英祖、大城、英慈、王城、二城、或作成。西威、察度、始通中國。武寧、尚思紹、尚巴志、尚忠、尚思達、尚金福、尚泰久、尚德、尚圓、尚宣威、尚真、尚清、尚元、尚永、尚寧、尚豐、尚賢、尚質、尚貞。即今襲封世子。

## 琉球二僧詩

琉球天王寺有僧，號瘦梅道人。賦七夕詩云：「陶公簾外〔亦〕〔赤〕龍下，漢武殿前青鳥來。」又萬松院僧不羈有詩云：「黄葉落三〔經〕〔徑〕，白雲歸數峰。」予門人汪翰林舟次檝、林舍人石來麟焻，康熙癸亥奉使其國，見之。石來有詩云：「瘦梅道者人不識，梵夾吟題聳兩肩；賦得赤龍青鳥句，樊南甲乙可同傳。」「浮屠亦有不羈人，祇樹蕭蕭絶世塵；唐體詩中風格好，白雲黄葉鬬清新。」

# 堅瓠集

〔清〕褚人穫　編撰

# 校點説明

《堅瓠集》六十六卷，清褚人穫編撰。

褚人穫（一六三五—？），字學稼，又字稼軒，號石農，没世農夫，長洲（今蘇州）人。除編有本書外，尚刊行、評點小説《隋唐演義》，著有《退佳瑣録》、《讀史隨筆》等。

《堅瓠集》爲作者積十餘年採擷而成，上至經史子集、天文地理，下至里謡雜説、志怪風俗，無不包括，文筆生動，叙事有序，不惟可供談助，亦足資考證。

本書輯自康熙年刊巾箱本《堅瓠餘集》卷三，記郭汝霖出使事。

（李夢生）

# 堅瓠集

## 過海封王

明嘉靖中，郭給諫汝霖《使琉球録》，載風濤之險，景物之奇不必言，中一條云：舟中艙數區，貯器用若干。又藏棺二副，前刻天朝使臣某人之柩，上釘銀牌若干兩。倘有風波之惡，知不可免，則請使臣仰卧其中，以鐵釘錮之，舟覆而任其漂泊，庶使見者取其銀物而置其柩於山崖，使後之使臣得以因便載歸。奉使者其危若此，亦可畏矣。

# 指南正法

〔清〕佚名 撰

# 校點説明

《指南正法》不分卷，清佚名撰。

《指南正法》約成書於清康熙末年，與《順風相送》同爲流傳下來的重要航海針經；所述内容亦同，即介紹海上航行羅經定向，海中路程、山形水勢等。

本書輯自中華書局二〇〇〇年向達校注本，并保留了向達先生的注釋。所録福州往琉球的往返針路，可與《順風相送》所記互參。

（李夢生）

# 指南正法

## 福州往琉球針

梅花開舡，用乙辰七更取圭籠長。用辰巽三更取花矸嶼。單卯六更取釣魚臺北邊過。用單卯四更取黄尾嶼北邊。甲卯十更取枯美山。看風沉南北用甲寅，臨時機變。用乙卯七更取馬齒北邊過。用甲卯寅取濠灞港，即琉球也。

## 琉球回福州針

琉球回舡，用單申一更取包而是麻山。用辛酉取枯美山。用辛酉四更，又用辛戌十五更、單酉十九更，又用辛酉十五更取南杞山。坤未三更取臺山。用坤未三更取霜山。用單坤取官塘，收入定海千户所。去針從閩江口南岸梅花所放洋，回針收閩江口北岸定海所。

# 觚賸

〔清〕鈕琇　撰

# 校點説明

《觚賸》正編八卷，續編四卷，清鈕琇撰。鈕琇（？—一七〇四），字玉樵，江蘇吴江人。康熙十一年（一六七二）拔貢生，歷官陝西白水、廣東高明知縣。著有《臨野堂集》等。

《觚賸》以筆記體録作者在各地遊歷時所見所聞，除地土風貌、社會變遷外，尚收不少同時人詩文，爲研究清代文史的重要參考資料，即在當時就爲名家王士禛等人引用。

本書録自上海古籍出版社一九八六年南炳文等點校本正編卷八《粵觚下》，記張學禮等出使事。

（李夢生）

# 觚賸

## 琉球使

康熙二年，科臣張立庵學禮、王巢雲垓，奉使琉球，册封國王尚質。其所紀入海之舟，爲梭子形，上下三層，廣二丈二尺，高如之，長十八丈，桅之高如之。桅頭有斗，可容數人。舟設水井二口，官司啓閉。柁用廣西鐵力木。入洋有白水一線，横亘南北，謂之分水洋。過此洋，水緑白紅藍，歷歷如繪，汲而視之，其清則一。行三日後，見一山横於舟前，首尾約長千丈，以鏡照之，乃巨魚也。緇黄贊唄，其魚漸沈，然鱗鬣矗峙，猶沙嶼蘆葦然，至晚潛消，舟始得進。又數日，將近伊藍埠，誤泊龍潭，一龍垂天而下，風雲四起，恍惚晦冥，舟師大怖。風稍定，急移帆而南，次温鎮，抵那壩港，入琉球界矣。凡宴使臣，擊鼓而歌者大夫以下等官，舞則十齡幼童，皆貴官子弟爲之。考之舊册，大約渡海以夏至前後兩三日，歸以冬至前後兩三日，故使臣之在其國也，有迎風宴，中秋宴，重陽宴，冬至宴，餞别宴。是役於五月啓行，十一月始回舟復命。

# 琉球竹枝詞

〔清〕林麟焻　撰

# 校點説明

《琉球竹枝詞》一卷,清林麟焻撰。

林麟焻(一六四六—?),字石來,福建莆田人。康熙九年(一六七〇)進士,授中書舍人,歷禮部郎中,出爲貴州提學僉事,旋告歸,葺北村别墅,不與外事,優游以終。著有《玉巖詩集》、《竹香詞》等。康熙二十二年(一六八三),清廷遣汪楫、林麟焻爲正、副使,往封琉球尚貞爲中山王,六月二十三日出洋,十二月初四日返福州。

林麟焻所著《玉巖詩集》,前有康熙二十年陳維崧序,檢集中詩亦作於康熙二十年前,故無題詠琉球事。今康熙刊本前又有林麟焻自序一篇,讀其文,實爲專爲使琉球詩編集後所作,蓋爲此集後印時移入。序中言「每因暇日登臨觸望,振衣策馬于山顛水涯,覩大海之紫瀾,想蓬萊絳宫之明滅,一時花院苔龕,流連歌詠,或酒酣耳熱,落筆如風雨,爲球人好事者從旁掣去,蓋不可勝計矣……計在琉球日述琉球事得七言絶句五十首,略倣古竹枝之遺,外有作者,别爲一集……爰付剞劂」。序作於康熙二十三年由琉球歸國後不久,可知其歸國後即編集在琉球所作刊行。

林麟焻曾從王士禛學,與當時詩壇諸名家均有唱和,王士禛《漁洋詩話》言其詩「温潤縝密,孚尹旁達,扶疎直上,譬之徑尺之璧,豫章之材」。惜其詩除《玉巖詩集》外,康熙二十年以後所作所刊今均不見。其《琉球竹枝詞》首見於王士禛《池北偶談》卷三《談故三》，今據中華書局排印本輯録，僅存十六首。後此，乾隆中周煌《琉球國志略》、潘相《琉球入學見聞録》亦録存相同十六首；此外，《晚晴簃詩匯》卷三十六録有十四首，《國朝全閩詩録》初集卷七録六首，均未出《池北偶談》之範圍。兹特將王士禛、陳維崧及林麟焻三序附後，以供參考。

（李夢生）

# 目録

# 琉球竹枝詞

手持龍節渡滄溟，璀燦宸章護百靈；清比胡威臣所切，觀風先到却金亭。明使臣陳侃建。

徐福當年採藥餘，傳聞島上子孫居；每逢卉服蘭闍問，欲乞嬴秦未火書。

日斜沙市趁虚多，村婦青筐藉緑莎；莫惜籌花無酒盞，人歸買得小紅螺。

疋練明河牛斗横，鼕鼕衙鼓欲三更；思鄉坐擁黄紬被，静聽盤窗蜥蜴聲。蜥蜴能鳴，聲如麻雀。

三十六峰瀛海環，怒潮日夜響潺湲；樓西一抹青林裏，露出煙蘿馬齒山。

射獵山頭望海雲，割鮮挏酒醉斜曛；紙錢挂道松楸老，知是歡斯部落墳。

心齋生白室能虚，棐几焚香把道書；讀罷憑闌笑幽獨，藤牆西角對棕櫚。

廟門斜映虹橋路，海鳥高巢古柏枝；自是島夷知向學，三間瓦屋祀宣尼。

王居山第兔園開，松櫪棕花倚石栽；多少從官思授簡，不知若箇是鄒枚。

奉神門内列鵷行，乞把天書鎮大荒；唤取金縢開舊詔，侏㒧感泣説先皇。

閟宫甍桷壓山原，將享今看幾葉孫；二十七王禋祀在，鼇圭錫卣見君恩。

譯章曾記荏都夷，槃木白狼歸漢時；何似島王懷聖德，工歌三拜鹿鳴詩。

宗臣清俊好兒郎，學畫宫眉十樣妝；翹袖招要小垂手，簪花斫帽舞山香。

望仙樓閣倚崔嵬，日看銀山十二回；笙鶴綵雲飛咫尺，不教弱水隔蓬萊。
纖腰馬上側乘騎，草圈銀釵摺柳枝；連臂哀歌上靈曲，月明齊賽女君祠。
久稽異域歲將徂，自笑流連似賈胡；三老亦知歸意速，時時風色相銅烏。

# 附録

## 玉巖詩集序

王士禛

采玉於于闐、葧律之間，而或遺徑尺之璧，玉人相之，登以華篋，襲以緹巾，十五城不以易焉，而玉重矣。求木於鄧林、豐尋以往，皆足備欂櫨逌峭之用，而或遺豫章之材，工師度之，獻諸明堂，任以桴梁，飾以雕鏤文采，而木重矣。文章之士亦然。夫以邯鄲竺、楊修、繁欽之才，生同建安而不得與於《典論》數子之列，即何論下此者乎？莆田林君石來，少以詩有聲閩中，弱冠上京師，取進士高第，幾入館閣之選，已乃厪以才望推擇爲中書舍人，日儤直禁中，能於其職。旬日休沐，間偕二三同志，遞相倡和，若忘乎官曹之宂散者。康熙十七年，有詔求宏博之士，四方耆碩名流，雲集嚮赴，既而試弘仁閣下，拔其尤者五十人皆入翰林爲史官，而君先是以奉諱歸莆陽矣。論者謂以君之文章才具，宜在文學侍從之列，或直史局，發凡起例，繼扶風、順陽之後，或爲左右史，紀言紀事，既再值其會而不得一遇，宜其怫鬱無聊，不平有動於中矣。而君顧處之泰然，彈琴賦詩，近於古之樂天知命者，其旨趣如是，則其詩之工也固宜。君之詩温潤縝密，孚尹旁達，扶疎而直上，譬之玉與木然，愧予不能爲玉人工師也。今次其集爲二卷，凡古近體詩若干首，成一家之言。濟南王士禛序。

# 玉巖詩集序

陳維崧

若乃星入女牛，疆開甌粵。梅還作漈，仙人種菜之園；鯑欲成山，龍女昇天之島。碧蒲滿縣，洞壑峥泓。紅荔垂街，人文光麗。則有門風簡劭，才地瑰奇。驍騰彩筆，人居延壽村中；的爍丹輪，家傍望壺樓畔。韶齡釋褐，夙簉金閨；綺歲登朝，旋簪銀筆。蔚然名位，洵稱九牧高甍；籍甚聲華，詎數四門博士。無何而烽摇犀浦，浪激鮫宮。王審知既豕突於南荒，陳寶應復鯨呿於炎海。無諸城上，萬帳蠻雲；歐冶池邊，一軍毒霧。家分兩地，信斷三年。王仲宣之邑井，一半凋殘；庾子山之關河，大都蕭瑟。吟成荘舄，愁極鍾儀。姑染翰以告哀，或拔毫而寫恨。既而降王就縛，蜃市長消；叛帥遭擒，鯨帆大去。文人返國，重尋甘蔗之洲；才子還鄉，再訪桄榔之樹。而乃君謨舊宅，一片斜陽；漁仲空園，無邊蔓草。披葛謁九仙之廟，斷鏃猶紅；攀蘿緣雙闕之峰，沉戈半紫。縱復相逢蜑户，一問蚶田；而風月徒存，山河頓異。上幔亭而躑躅，老籛難認曾玄；撫榕蔭以躊躇，樵客應迷巷陌。越禽向暖，不知棲何樹之枝；海燕歸巢，未審上誰家之壘。獨流連而自惜，長顑頷以疇依。假兹側理，以睠宗邦；藉彼喻糜，而瞻故國。一山一壑，盡平生射獵之塲；某水某丘，咸羈貫遊從之地。吟謡不少，篇籍遂多。况復京華仕宦，厥有羊何；臺閣翱翔，頗多潘陸。一門標令，王家則渾濬聯鑣；群從風華，阮氏亦藉咸並轡。何常不吟盡林巒，賞窮烟月。疊縹囊於珊架，緡翠帙以珠繩也乎。且夫玉巖山者，固閩疆之巨嶂，而烏石之靈源也。金膏玉乳，瀑皆觸石以斜飛；石屋珠扉，樹盡摩空而怒拔。洵塵寰之初地，信欲界之仙都。爰將二酉之山，勒作一家之集。攜之嶺上，赤烏迴繞以群來；藏向船中，赬鯉盤旋而不去。

康熙二十年，陽羨弟陳維崧拜題於燕京邸舍。

## 自序

琉球，東南一島夷也，地孤懸漲海中，無城郭闤市之美，桑麻物產之饒，土田磽瘠，户口寡少，人跡所涉到而稀矣，曾不敵中國一下郡。獨其延頸舉踵，喁喁向風，悦詩書，樂文雅，無所謂驍健擊鬬攻刺之俗，蓋自漸被我皇上聲教後，亦駸駸乎盛矣。康熙癸亥夏六月，予奉命渡海，三晝夜即至其國，宣布德意。典禮告成，必候風始克遄返，淹留異域，寒暑所歷殆遍焉。每因暇日登臨矚望，振衣策馬于山顛水涯，覩大海之紫瀾，想蓬萊絳宫之明滅，一時花院苔龕，流連歌詠，或酒酣耳熱，落筆如風雨，爲球人好事者從旁掣去，蓋不可勝計矣。時而獨處官舍，簾閣焚香，蘿月乍窺，松風徐動，蕉葉翳天，竹陰拂席，意渢渢有所得，則又未嘗不起去國懷鄉之思，振登樓吟越之響者也。計在琉球日述琉球事得七言絶句五十首，略倣古竹枝之遺，外有作者，别爲一集。詩不足傳也，凡彼中山川人物，饗禮宴游，冠珮之奇尨，鞮鞻之節奏，與夫亭臺之兀硉，樹卉之菁葱，日月雲霞之吐吞變幻，悉繪之於詩，一披覽而外國風景宛然在目。事屬覩記，言非鑿空，度幾爲好奇者所欲知，而後來輶軒者周爰咨諏所必及。是予之詩雖不足傳，要不可廢而不録也。歸而就正於阮亭先生之前，先生亦以爲然，曰盍傳之以廣異聞，且以彰聖朝聲教之遠。予曰唯唯。爰付剞劂，不敢擬圖經於山海，聊以當荆楚之歲時云爾。

康熙甲子六月望日，林麟焻石來識。